고1,2
주제별
영어독해

고 1,2 역대 7개년 모의고사, 공무원 기출 최중요 지문

수능X내신
고등영어독해

[기본지식편]

고1,2 역대 7개년 모의고사, 공무원
반복되는 주제를 엄선하여 학문별 분류

배경 지식과 영어 독해를 한 방에!

중요문장 구문분석 pdf파일 제공

taborm.com | 타브름

역사가 반복되듯
수능도 반복된다!

고1,2 역대 7개년 모의고사, 공무원
반복되는 주제를 엄선하여 학문별 분류

배경 지식과 영어 독해를 한 방에!

불안해? 스트레스 받아? 화나? 그럼 하품해~! (생물)

어떻게 핑크 코끼리를 모르는 척 할 수 있어? (언어)

솔직히 내가 예쁜건 아니지만 좀 귀엽긴 하지? (심리)

#빅테이터 #우선순위 #빈출순

수능X내신 고등영단어

수능, 내신, EBS 연계 교재,
교육부 지정 어휘 모두 포함

수능X내신 고등 영단어

저자: 김찬수
편집: 타보름 교육 편집팀
발행인: 이선미
발행일: 초판 1쇄 2021년 11월 10일
　　　　　2쇄 2023년 2월 20일
발행처: 타보름 교육

단어장 설명

1. 수능, 내신, EBS 연계교재의 빈출 필수 영단어 10,000개 포함

2. 자주 사용되는 순서대로 2,500단어씩 총 4개의 파트로 구분

3. 유사 어원/파생어군 통합 배치하여 암기 작업 최소화

4. 독해에 꼭 필수적인 뜻만 포함하여 불필요한 암기 최소화

5. 1페이지에 25단어씩 동일하게 배치

6. 단어 테스트지 생성기 무료 다운로드 http://taborm.com

목차

※두뇌 최적화 암기 요령

1. 쓰지 않고 눈으로만 보고 외운다.

2. 한 번 외우고 10분 이내에 복습한다.

3. 다음날까지 3번 이상 복습한다.

4. 시간을 측정하면서 최대한 빨리 외운다.

+@ 단어 테스트지를 풀어본다.

	in order to V ɪn.ˈɔr.də.tuː	~하기 위하여	1
	in order that ɪn.ˈɔr.də.ðæt	~하기 위하여	2
부	thus ðʌs	따라서	3
접	in that ɪn.ðæt	~라는 점에서	4
접	so that soʊ.ðæt	그래서, ~하려고	5
접	now that naʊ.ðæt	~이므로	6
동	do away with də.ə.ˈweɪ.wɪθ	~을 없애다[버리다]	7
동	do without də.wɪð.ˈaʊt	~없이 지내다	8
동	undo ʌn.du	풀다, 되돌리다 ③ undo | undid | undone	9
	dos and don'ts duːz.ənd.ˈdoʊnts	행동 수칙	10
동	be likely to bi.ˈlaɪk.li.tu	~할 것 같다	11
형부	likewise ˈlaɪk.waɪz	마찬가지로, 또한	12
형	unlike ʌn.ˈlaɪk	다른, 같지 않은	13
형부	alike ə.ˈlaɪk	비슷한, 닮은, 같게	14
형	unlikely ʌn.ˈlaɪ.kli	~할 것 같지 않은	15
명	likelihood ˈlaɪk.li.hʊd	가능성, 십중팔구	16
동	dislike dɪs.ˈlaɪk	싫어하다	17
형	like-minded ˈlaɪk.maɪnd.ɪd	마음 맞는	18
	on the other hand ɑn.ði.ˈʌð.r.hænd	다른 한편으로는	19
부	otherwise ˈʌð.r.waɪz	그렇지 않으면, 다르게	20
	one another ˈwʌn.ə.ˈnʌð.r	서로(서로)	21
부	sometimes ˈsʌm.taɪmz	때때로	22
부	somewhere ˈsʌm.wer	어딘가에, 대략	23
부	somehow ˈsʌm.haʊ	어떻게든, 어쨌든, 왠지	24
부	someday ˈsʌm.de	언젠가, 훗날	25

형부	**sometime** sʌm.taɪm	언젠가, 이전의	26
부	**somewhat** sʌm.wət	약간, 어느 정도	27
부	**someplace** sʌm.ples	어딘가에	28
동	**have to V** həv.tə	~해야 하다	29
동	**had better V** həd.be.tər	~하는 편이 낫다	30
동	**have difficulty ~ing** həv.dɪ.fik.əl.ti	~하며 고생하다	31
동	**have to do with** həv.tə.də.wɪθ	~와 관련 있다	32
동	**be able to V** bi.eɪb.l.tə	~할 수 있다	33
명	**ability** ə.bɪ.lə.ti.tə.vi	능력	34
동	**enable** e.neɪb.l	가능하게 하다	35
형	**unable** ʌ.neɪb.l	~할 수 없는, 무능한	36
명	**inability** ɪ.nə.bɪ.lə.ti	무능, 무력	37
명	**disability** dɪ.sə.bɪ.lə.ti	무능, 무자격, 장애	38
동	**disable** dɪ.seɪb.l	무력하게 하다, 불구로 만들다	39
형	**disabled** dɪ.seɪb.ld	불구의, 고장난	40
동	**rehabilitate** ri.hə.bɪ.lə.tet	재활하다	41
	not only ~ but also nɑt.oun.li ~ bət.ɒls.ou	~뿐만 아니라 ~도	42
	not just ~ but also nɑt.dʒəst ~ bət.ɒls.ou	~뿐만 아니라 ~도	43
부	**nonetheless** nʌn.ðə.les	그럼에도 불구하고	44
형부	**none** nən	없(-다), 않(-다)	45
전부	**notwithstanding** nɑ.twɪθ.stænd.ɪŋ	그럼에도 불구하고	46
	not at all nɑt.ət.ɔl	전혀 아닌, "전혀"	47
	none at all nən.ət.ɔl	전혀 없는[않는], "전혀"	48
동	**be good at** bi.gʊd.ət	~에 능숙하다	49
	at best ət.best	잘 해봐야	50

형	goody (pl. goodies) gʊ.di	맛있는 것	51
동	be better for bi.be.tər.fər	~에 좋다	52
형	better off be.tər.ɔf	더 잘 사는	53
동	do one's best də.wʌnz.best	최선을 다하다	54
형	good for nothing gʊd.fər.nʌ.θɪŋ	쓸모 없는	55
	in ~ing ɪn	~하는데 있어서, ~할 때	56
형	inner ɪ.nər	내부의, 내적인	57
	in 색상 ɪn	~색으로, ~색 옷 입고서	58
형	insofar ɪn.sofar	~하는 한	59
	in most ɪn.moʊst	대부분	60
형	innermost ɪ.nərmoʊst	가장 깊은	61
동	be into bi.ɪn.tu	~에 관심가지다	62
동	come from kəm.frʌm	~출신이다, ~에서 오다	63
동	overcome oʊv.ə.kʌm	극복[정복]하다 ③ overcome | overcame | overcome	64
동	come to kəm.tu	~이 되다, ~에 오다	65
동	come in kəm.ɪn	들어오다	66
동	come up kəm.ʌp	나오다, 생기다	67
동	come at kəm.æt	오다, 덤비다	68
동	come into kəm.ɪn.tu	~하게 되다, ~로 들어가다	69
동	come up with kəm.ʌp.wɪθ	~을 마련하다, 떠올리다	70
동	come about kəm.ə.baʊt	생기다, 이뤄지다	71
동	come down kəm.daʊn	내리다, 떨어지다	72
형	upcoming ʌpk.əm.ɪŋ	임박한, 다가오는	73
동	come across kəm.ə.krɒs	~을 우연히 보다, 제공하다	74
동	come as kəm.æz	~이다	75

동	**come down with** kəm.daʊn.wiθ	병 걸리다, 내놓다	76
동	**come on** kəm.ɒn	"빨리", 나오다, 작동하다	77
동	**come together** kəm.tə.ge.ðər	합치다, 모이다	78
명	**comeback** kʌm.bæk	복귀, 재기	79
명	**newcomer** nuk.ʌ.mər	신인, 이민자	80
동	**come by** kəm.baɪ	~을 얻다, 들르다	81
동	**come close to** kəm.kloʊs.tu	~에 근접하다	82
동	**come up to** kəm.ʌp.tu	~에 이르다[오다]	83
동	**come upon** kəm.ə.pʌn	~을 우연히 보다, 오다	84
동	**come in handy** kəm.ɪn.hæn.di	도움되다	85
동	**come naturally to** kəm.næ.tʃə.rə.li.tu	~에게 쉽다	86
동	**come off** kəm.ɒf	떼어지다, 성공하다	87
동	**come to terms with** kəm.tə.tɜrmz.wiθ	~와 타협하다	88
동	**come under fire** kəm.ʌnd.r.faɪər	비난 받다	89
동	**work on** wɜrk.ɒn	진행[열중]하다	90
	work(s) of art wɜrk.es.əv.ɑrt	예술 작품	91
동	**work at** wɜrk.æt	~에 일하다[몰두하다]	92
명	**workplace** wɜrk.pleɪs	직장, 작업장	93
	at work ət.wɜrk	직장[업무]에서, 작동하는	94
동	**work out** wɜrk.aʊt	운동하다, 잘 풀리다	95
명	**workshop** wɜrk.ʃɒp	작업장, 연수회	96
명	**workout** wɜrk.aʊt	운동, 연습	97
형	**working-class** wɜrk.ɪŋ.klɑs	노동자 계급의	98
명	**coworker** kowɔrkər	동료	99
동	**work up** wɜrk.ʌp	~을 내다, 자극하다	100

명	workforce w3k.fɔrs	노동력	101
명	workload w3k.lood	작업량	102
명	workflow w3k.floʊ	작업 흐름	103
동	overwork ooɣ.ə.ɣuɣ	과로하다	104
동	get[set] to work get[set].tə.w3k	업무에 착수하다	105
형	hard-working w3rkiŋ	근면한	106
형	irksome 3k.səm	귀찮은, 지루한	107
형	out-of-work aʊt.ʌv.w3k	실직 중인	108
동	be willing to V bi.wɪl.ɪŋ.tə	~을 기꺼이 하다	109
부	willingly wɪ.lɪŋ.li	자진해서, 기꺼이	110
형	unwilling ʌn.wɪl.ɪŋ	내키지 않는	111
명	willingness wɪ.lɪŋ.nəs	기꺼이 함	112
명	willpower wɪl.pɑ.wər	의지력	113
명	goodwill go.dwɪl	호의, 친선	114
형	wilful ≡ willful wɪl.fəl	고의의, 고집 센	115
형	freewill fri.wɪl	자유 의지의	116
형	would-be wʊd.bi	~지망의, 자칭 ~, ~할 작정인	117
동	would sooner A than B wʊd.su.nər.ðən	B 하느니 A 하겠다	118
	for ~ing fər	~하는데, ~하느라	119
	for the first time fər.ðə.fɝst.taɪm	처음으로	120
	for a while fər.ə.waɪl	잠시 동안	121
동	take place teɪk.pleɪs	시행[개최]되다	122
동	take away teɪk.ə.weɪ	~을 빼앗다, 없애다	123
동	take over teɪk.oʊɣ.r	대신하다, 빼앗다	124
명	takeover teɪko.o.və	인수인계, 탈취	125

6

동	take advantage of	~을 이용해 먹다	126
동	take care of	~을 돌보다[맡다]	127
동	take into account	~을 고려하다	128
동	take in	섭취하다, 들이다	129
명	intake	섭취(량), 흡입	130
명	uptake	이해, 흡수	131
동	take part (in)	참가하다	132
동	take up	차지[계속]하다	133
동	undertake	책임지다, 착수하다 ③ undertake | undertook | undertaken	134
동	take after	~을 닮다[쫓다]	135
동	take apart	분해하다	136
동	take off	이륙하다, 벗다, 쉬다	137
동	overtake	추월[압도]하다 ③ overtake | overtook | overtaken	138
동	take a trip	여행하다	139
동	take a[the] risk (of)	위험을 감수하다	140
동	take aback	깜짝 놀라다	141
동	take down	내리다, 걷어내다, 기록하다	142
동	take for granted	~을 당연시하다	143
동	take notice of	주목하다	144
동	take out	가지고 나가다, 빼다, 얻다	145
명	takeout	포장 음식(점)	146
동	take pride in	~이 자랑스럽다	147
동	take a close look at	~을 자세히 보다	148
동	take a picture	사진을 찍다	149
동	take against	~에 대항하다	150

동	**take sides** teɪk.saɪdz	편들다	151
동	**take the place of** teɪk.ðə.pleɪs.ʌv	~을 대신하다	152
명	**undertaker** ʌn.dər.teɪkər	장의사, 인수인	153
명	**party** pɑːr.ti	정당, 단체, 잔치	154
명	**department** də.pɑːrt.mənt	부서, 학과	155
명	**partnership** pɑːrt.nər.ʃɪp	동업 관계	156
명	**counterpart** kaʊn.tər.pɑːrt	상대(방), 대응물, 사본	157
형	**third-party** θɜːd.pɑːr.ti	제3자의	158
동	**partake** pɑːrteɪk	참가하다 ③ partake | partook | partaken	159
동	**participate** pɑːrtɪ.sə.peɪt	참가하다	160
명	**participant** pɑːrtɪ.sə.pənt	참가자	161
명	**participation** pɑːrtɪ.sə.peɪʃ.n	참여, 참가	162
형	**participatory** pɑːr.tɪ.sə.pə.tɔː.ri	참가하는	163
형/부	**partly** pɑːrt.li	부분적으로, 조금은	164
형	**partial** pɑːr.ʃl	부분[편파]적인	165
명	**partiality** pɑːr.ʃi.æ.lə.ti	편애, 편파	166
형/부	**apart** ə.pɑːrt	떨어져, 분리된, 별개로	167
전	**apart from** ə.pɑːrt.frʌm	~빼고는	168
동	**depart** də.pɑːrt	출발하다, 떠나다	169
명	**departure** də.pɑːr.tʃər	떠남, 출발, 벗어남	170
명	**partition** pɑːrtɪʃ.n	칸막이, 분할	171
명	**compartment** kəm.pɑːrt.mənt	구획, 칸막이	172
형	**part-time** pɑːrt.taɪm	시간제의	173
동	**impart** ɪm.pɑːrt	알리다, (나눠)주다	174
형	**impartial** ɪm.pɑːr.ʃl	공정한, 편견 없는	175

명	impartiality	공정(성), 공평	176
	im.pur.ʃi.æ.lə.ti		
명	personality	개성, 성격, 기질	177
	pər.sə.næ.lə.ti		
형	interpersonal	대인관계의	178
	ɪn.tər.pɜ.sən.l		
명	persona	등장 인물, 사람, 인성	179
	pərso.o.nə		
명	personnel	인사(과), 인력, 직원	180
	pər.sə.nel		
형	impersonal	비인간적인, 비특정인의	181
	im.pɜ.sən.l		
명	personalization	개인화	182
	pər.sə.nə.lə.zeɪ.ʃən		
동	personalize	개인화[인격화]하다	183
	pɜ.sə.nə.laɪz		
	in person	직접적으로	184
	in.pɜ.sn		
명	숫자-person	~인칭	185
	pɜ.sn		
동	be used to V	~에 사용되다	186
	bi.just.tə		
동	be used to ~ing	~하는데 익숙하다	187
	bi.just.tu		
동	get used to ~ing	~에 익숙해지다	190
	get.just.tu		
동	used to V	~하곤 했다	188
	just.tə		
동	use up	~을 다 쓰다	189
	juz.ʌp		
형	useful	유용한	191
	ju.sfəl		
형	useless	쓸모없는	192
	ju.sləs		
동	reuse	재사용[재생]하다	193
	ri.jus		
형	reusable	재사용 가능한	194
	ri.u.zəb.l		
명	usage	사용, 활용, 용도	195
	ju.sədʒ		
명,동	misuse	오용[남용, 학대](하다)	196
	mɪ.sjuz		
형	unused	미사용의, 미숙한	197
	ʌnjuzd		
동	overuse	과용[남용]하다	198
	oʊv.ə.juz		
명	usability	실용성	199
	ju:zə.bɪ.lə.ti		
형	usable	사용 가능한	200
	ju.zəb.l		

명	usefulness ju.sfəl.nəs	유용성	201
명	end-user end.juz.ər	소비자	202
동	peruse pə.ruz	정독하다	203
	so far sou.far	지금까지	204
	so[as] far as sou.far.æz	~하는 한, ~라고 까지	205
	with all lc.θɪw	~에도 불구하고	206
명	widow wɪdo.ʊ	과부	207
명	widower wɪdo.ʊə	홀아비	208
	less than les.ðæn	~미만의	209
접	unless ən.les	~이 아니라면	210
접	lest lest	~하지 않게, ~할까봐	211
동	lessen les.n	줄(이)다	212
	much less mʌtʃ.les	더 적은, 하물며	213
	no less nou.les	마찬가지로, 역시	214
	a little ə.lɪt.l	조금, 약간	215
동	belittle bə.lɪt.l	얕보다	216
명	interaction ɪn.tə.ræk.ʃn	상호작용, 교류	217
동	react ri.ækt	반응[대답]하다	218
형	active æk.tɪv	활동적인, 유효한	219
명	reaction ri.æk.ʃn	반응, 반발	220
동	activate æk.tə.veɪt	활성화[작동]하다	221
동	deactivate di.æk.tɪ.veɪt	비활성화[정지]시키다	222
동	interact ɪn.tə.rækt	상호작용[소통]하다	223
형	interactive ɪn.tə.ræk.tɪv	상호적인	224
명	activation æk.tə.veɪʃ.æk	활성화	225

동	**act as** ækt.æz	~의 역할을 하다	226
형	**actionable** æk.ʃə.nəb.l	소송[기소]가능한	227
명	**activist** æk.tɪ.vəst	운동가	228
동	**enact** e.nækt	입법하다	229
명	**enactment** e.nækt.mənt	입법	230
형	**inactive** ɪ.næk.tɪv	비활성의, 나태한	231
명	**inaction** ɪ.næk.ʃn	나태, 무행동	232
동	**overreact** oʊv.r.ri.ækt	과잉 반응하다	233
형	**proactive** proʊ.æk.tɪv	사전의, 예행의	234
동	**transact** træn.zækt	처리[거래]하다	235
명	**transaction** træn.zæk.ʃn	처리, 거래	236
부	**reactor** ri.æk.tər	원자로	237
형	**reactive** ri.æk.tɪv	반응하는	238
동	**counteract** kaʊn.tə.rækt	대처[해소]하다	239
동	**act out** ækt.aʊt	실행하다	240
명	**Act** ækt	법령, 조례	241
부	**anyway** e.ni.we	어쨌든, 결국	242
부	**anyhow** e.ni.haʊ	어쨌든, 아무렇게나	243
	any given e.ni.gɪv.n	어떤 ~(상황)에서도	244
	any longer e.ni.lɔŋ.gər	더 이상	245
동	**go on** goʊ.ɑn	계속하다, ~에 가다	246
동	**go out** goʊ.aʊt	나가다, 탈락하다	247
동	**undergo** ʌn.dərgo.ʊ	겪다, 견디다 ③ undergo | underwent | undergone	248
동	**go through** goʊ.θru	통과하다, 겪다, 가다	249
동	**go ahead** goʊ.ə.hed	진행하다, 앞서다	250

동	**go for** gou.fɔr	~하러 가다, ~을 좋아하다	251
형	**bygone** baɪ.gɒn	과거의	252
동	**go over** gou.ouv.r	~로 건너가다, 검토하다	253
동	**forgo** fɔrgo.ʊ	포기하다, ~없이 살다 ③ forgo | forwent | forgone	254
명	**goer** gouə	행인	255
형	**ongoing** ɑn.gou.ɪŋ	진행 중인	256
형	**outgoing** aʊtgo.ʊɪŋ	출발하는, 외향적인	257
형	**easy-going** gouɪŋ	느긋한, 게으른	258
동	**go at** gou.æt	~에 열중하다	259
동	**go by** gou.baɪ	~타고 가다, 지나가다	260
동	**go in** gou.ɪn	~로 들어가다	261
동	**go into** gou.ɪn.tu	업계[검토, 장소]에 들어가다	262
동	**go off** gou.ɒf	떠나다, 터지다	263
동	**go through the roof** gou.θru.ðə.ruf	치솟다	264
동	**go under** gou.ʌnd.r	파산하다, 가라앉다	265
	and then ənd.ðen	그러고는	266
	and so on ənd.sou.ɑn	기타 등등	267
	no longer nou.lɒŋ.gər	~을 더는 않(-하다)	268
동	**long for** lɒŋ.fɔr	갈망하다, 그립다	269
동	**prolong** prə.lɒŋ	연장하다[시키다]	270
	in the long run ɪn.ðə.lɒŋ.rʌn	결국에는	271
부	**long before** lɒŋ.bɪ.fɔr	오래 전에	272
동	**elongate** ə.lɒŋ.geɪt	늘리다	273
명	**longevity** lɒn.dʒev.ət.i	장수, 수명	274
형	**longitude** lɑnd3.ə.tud	경도 *지구의 동서 위치	275

형	long-standing	lɔŋ.stænd.ɪŋ	오래된	276
형	long-range	lɔŋ.reɪndʒ	장기적인, 장거리의	277
명	long shot	lɔŋ.ʃɑt	승산 없음	278
명	length	leŋkθ	길이, 시간	279
형	lengthy	len.θi	장황한, 긴	280
동	lengthen	leŋ.θən	연장하다	281
	at length	ət.leŋkθ	길게, 상세히	282
형/부	lengthwise	leŋ.θwaɪz	세로의, 길게	283
동	linger	lɪŋ.gɚ	시간 보내다, 오래 남다	284
	about 숫자	ə.baʊt	대략 ~쯤	285
	at about	ət.ə.baʊt	쯤에	286
형	selfish	self.ʃ	이기적인	287
명	selfishness	self.ʃ.nəs	이기주의, 이기심	288
형	unselfish	ʌn.sel.fɪʃ	이타적인	289
	by oneself	baɪ.wʌn.self	홀로 *by itself 저절로	290
동	may have p.p	meɪ.həv.pi..pi	~했을지 모른다	291
동	may well V	meɪ.wel	~하는 것은 당연하다	292
형	mighty	maɪ.ti	강한, 굉장한	293
형	almighty	ɔl.maɪ.ti	전능한	294
동	make sure	meɪk.ʃʊr	확실히 하다	295
동	make sense	meɪk.sens	말[이해] 되다	296
동	make up for	meɪk.ʌp.fɔr	~을 보상[보충, 대체]하다	297
동	make a difference	meɪk.ə.dɪ.fə.rəns	차이[변화]를 만들다	298
동	make (both) ends meet	meɪk.boʊθ.endz.mit	수지타산 맞다	299
동	make for	meɪk.fɔr	~에 기여하다, ~로 향하다	300

동	make of meik.ʌv	~라 생각하다, (~로) 만들다	301
동	make up meik.ʌp	화장하다, ~을 이루다	302
동	make a[the] case for meik.ə[ðiː] keis.fɔr	~을 정당화[입증]하다	303
동	make a point of meik.ə.pɔint.ʌv	~을 꼭 하다	304
동	make believe meik.bə.liv	~인 체하다	305
동	make do with meik.də.wiθ	~로 때우다	306
동	make happen meik.hæ.pən	실현하다	307
동	make one's way meik.wʌnz.wei	출세하다, 가다	308
동	make over meik.oʊv.r	바꾸다, 내다, 건네다	309
동	remake ri.meik	개조하다	310
형	man-made meid	인공의	311
형	human-made hju.mən.meid	인간이 만든	312
동	make a allowances for meik.ə.ə.laʊən.səz.fər	~을 감안하다	313
동	make a fortune meik.ə.fɔr.tʃən	부를 쌓다	314
동	make A into B meik.ə.in.tu.bi	A를 B로 만들다	315
동	make off meik.ɒf	도망치다	316
동	make out meik.aʊt	~을 알다, 작성하다	317
동	make the most of meik.ðə.moʊst.ʌv	~을 최대한 이용하다	318
형	ready-made re.di.meid	기성품의	319
부	mostly moʊst.li	대개, 거의	320
형	utmost ʌtmoʊst	최대의, 최고의	321
	most often moʊst.ɔf.n	거의 항상[대부분]	322
형	uppermost ʌ.pərmoʊst	가장 위의	323
	at most ət.moʊst	기껏해야	324
	for the most part fər.ðə.moʊst.part	대부분	325

14

명	way	방법, 길	326
동	convey	나르다, 전달하다	327
전	via	~을 경유[통]하여	328
	in this way	이런 식으로	329
	no way	절대 안 되는, "안 돼"	330
	by the way	그런데, 도중에	331
	on the way	도중에	332
	under way	진행 중	333
	on one's way to	~로 가는 길에	334
형	one-way	일방적인, 편도의	335
형	two-way	양방향의, 쌍방의	336
형	halfway	중간에, 절반의	337
	in no way	결코 ~않(-다)	338
	way off	잘못된, 먼	339
	the other way around	반대로	340
	숫자 times	~번, ~배, ~곱하기	341
	at the same time	동시에	342
	in time	제시간에	343
	on time	제시간에	344
	at that time	그때(에)	345
	by the time	~(할)때에	346
	at times	가끔	347
	from time to time	가끔	348
명	timetable	시간표	349
	for the time being	당분간	350

	in no time ɪn.noʊ.taɪm	즉시, 곧	351
형	real-time riː.l.taɪm	실시간의, 동시의	352
형	time-consuming taɪmk.ən.su.mɪŋ	시간을 잡아먹는	353
형	all-time taɪm	역대의	354
형	big-time bɪg.taɪm	일류의	355
	in the nick of time ɪn.ðə.nɪk.əv.taɪm	아슬아슬한 때에	356
형	full-time fʊl.taɪm	종일(의), 전임의, 상근의	357
	Long time no see lɔŋ.taɪm.noʊ.si	"오랜만이야"	358
형	timely taɪm.li	시기적절한	359
명	overtime oʊv.r.taɪm	초과 근무	360
명	timeline taɪm.laɪn	일정, 연표	361
형	timeless taɪm.ləs	영원한	362
	on scheduled time ɑn.skedʒ.uld.taɪm	정시에	363
명	time difference taɪm.dɪ.fə.rəns	시차	364
명	time span taɪm.spæn	기간	365
명	pastime pæ.staɪm	오락, 취미	366
명동	cause kɔz	원인, 유발하다	367
접	because bɪkɒz.ʌv	때문에	368
명동	excuse ɪk.skjus	변명, 용서하다	369
형	causal kɒz.l	인과적인	370
명형	cause-and-effect kɒz.ənd.ɪ.fekt	인과 관계(의)	371
접	simply because sɪm.pli.bɪkɒz	~라는 이유만으로	372
형	alive ə.laɪv	살아있는, 활발한	373
형	lively laɪv.li	활발한, 의욕적인	374
동	live with laɪv.wɪθ	~와 살다, 감내하다	375

동	**live on** laɪv.ɑn	~을 먹고 살다, ~에 살다	376
형	**short-lived** ʃɔrt.lɪvd	단명하는, 짧은	377
명	**liveliness** laɪv.li.nəs	활기	378
명	**nonliving** nɑn.lɪv.ɪŋ	무생물	379
명	**livelihood** laɪv.li.hʊd	생계(수단)	380
동	**live by** laɪv.baɪ	~에 따라 살다, ~로 먹고살다	381
동	**live up to** laɪv.ʌp.tu	~에 부응하다, ~까지 살다	382
형	**long-lived** lɔŋ.lɪvd	장수하는	383
동	**outlive** owt.lɪv	~보다 오래 살다[남다]	384
동	**enliven** en.laɪv.n	활발하게 하다	385
형	**different from** dɪ.fə.rənt.frʌm	~와 다른	386
동	**differ** dɪ.fər	다르다	387
동	**differ in** dɪ.fər.ɪn	~에서 다르다	388
동	**differ from** dɪ.fər.frʌm	~와 다르다	389
부	**differently** dɪ.frənt.li	다르게	390
동	**differentiate** dɪ.fə.ren.ʃi.et	구별[차별]하다	391
형	**indifferent** ɪn.dɪ.frənt	무관심한, 공평한	392
형명	**differential** dɪ.fə.ren.tʃl	차별(적인)	393
명	**indifference** ɪn.dɪ.fə.rəns	무관심, 냉담	394
형	**needy** ni.di	가난한	395
	in need of ɪn.nid.ʌv	~가 필요하여	396
형	**needless** nid.ləs	불필요한	397
동	**be familiar with** bi.fə.mɪ.ljər.wɪθ	~에 익숙하다, ~을 잘 알다	398
형	**unfamiliar** ʌn.fə.mɪ.ljər	낯선, 모르는, 이상한	399
형	**familial** fə.mɪ.ljəl	가족적인	400

동	familiarize fə.mɪ.ljə.raɪz	익숙하게 하다	401
명	familiarity fə.mɪ.ljɛ.rə.ti	친밀, 익숙함	402
명	family name fæ.mə.li.neɪm	성씨	403
동	look familiar lʊk.fə.mɪ.ljɚ	낯이 익다	404
형	parental pə.ren.tl	부모의	405
명	parenting pe.rənt.ɪŋ	양육	406
명	parenthood pe.rənt.hʊd	부모 역할, 부모 자식 관계	407
명	motherhood mʌð.r.hʊd	어머니 노릇, 모성	408
명	mother-in-law mʌð.r.ɪn.lɔ	시어머니, 장모	409
명	stepmother step.mə.ðɚ	양어머니	410
형	maternal mə.tɜ.nl	모성의	411
명	matrix meɪ.trɪks	모체, 행렬	412
명	maternity mə.tɜ.nə.ti	모성	413
명	fatherhood fʊð.r.hʊd	아버지 노릇, 부성	414
명	father-in-law fʊð.r.ən.lɔ	시아버지, 장인	415
명	forefather fɔr.fʊ.ðər	조상	416
명	godfather gʊd.fʊ.ðər	대부	417
형	paternal pə.tɜ.nl	아버지의	418
명	paternity pə.tɜ.nə.ti	부성, 아버지임	419
명	spouse spaʊs	배우자	420
명	groom grum	신랑	421
명	bride braɪd	신부	422
명	daughter-in-law dɔ.tə.rɪn.lɔ	며느리, 의붓딸	423
명	son-in-law sʌ.nɪn.lɔ	사위, 의붓아들	424
형·명	sibling sɪb.l.ɪŋ	형제자매(의)	425

명	**brotherhood** brʌ.ðər.hʊd	형제애	426
명	**brother-in-law** brʌ.ðə.rɪn.lɔr	매형, 형부, 처남	427
명	**sister-in-law** sɪ.stə.rɪn.lɔr	형수, 시누이	428
명	**nephew** ne.fju	남자 조카	429
명	**niece** nis	여자 조카	430
형부	**overall** oʊv.ə.rɔl	전반적인, 전부, 종합적으로	431
	all over ɔl.oʊv.r	곳곳에	432
	almost all ɔlmoʊst.ɔl	거의 전부	433
	all but ɔl.bʌt	거의	434
	all along ɔl.ə.lɔŋ	내내, 처음부터	435
	all in all ɔl.ɪn.ɔl	대체로	436
	all-out ɔ.laʊt	전면적인	437
	all by oneself ɔl.baɪ.wʌn.self	혼자서	438
	all the way ɔl.ðə.weɪ	내내, 완전히	439
형	**all-in** ɪn	전부의	440
형	**all-in-one** ə.lɪn.wʌn	일체형의	441
명	**knowledge** nɑ.lədʒ	지식, 인지	442
형	**known as** noʊn.æz	~로서 알려진, ~라 불린	443
형	**known to** noʊn.tu	~에게 알려진	444
형	**known for** noʊn.fɔr	~로 알려진	445
형	**unknown** ənnoʊn	알려지지 않은, 셀 수 없는	446
형	**knowledgeable** nɑ.lə.dʒəb.l	많이 아는	447
형	**best-known** best.noʊn	가장 잘 알려진	448
형	**well-known** wel.noʊn	유명한	449
부	**knowingly** noʊɪŋ.li	고의로	450

동	know better than to V nou.be.tər.ðən.tə	~할 바보는 아니다	451
형	knowable nou.eɪb.l	알 수 있는	452
동	look for lʊk.fər	~을 찾다[바라다]	453
동	overlook oʊv.ə.lʊk	간과[감독]하다	454
동	look like lʊk.laɪk	~같다, ~을 닮다	455
동	look up lʊk.ʌp	찾다, 보다	456
동	look up to lʊk.ʌp.tu	~을 존경하다	457
동	look after lʊk.æf.tər	~을 돌보다	458
동	look in lʊk.ɪn	들르다	459
동	look into lʊk.ɪn.tu	~을 살펴보다	460
명	outlook aʊt.lʊk	전망, 세계관	461
동	look back lʊk.bæk	돌아보다, 회고하다	462
형	good-looking gʊd.lʊkɪŋ	잘 생긴	463
동	look on lʊk.ɑn	보다, ~라 여기다	464
동	look out lʊk.aʊt	조심하다, 밖을 보다	465
동	look to lʊk.tu	~에 주의하다[기대하다]	466
동	look around lʊk.ə.raʊnd	둘러[찾아]보다	467
동	look down on lʊk.daʊn.ɑn	~을 깔보다	468
동	look through lʊk.θru	~을 통해 보다, 훑다	469
	such as sətʃ.æz	~와 같은	470
	such a (형) 명 sətʃ.ə	정말~, 이처럼~	471
	as such æz.sətʃ	이처럼	472
명	society sə.saɪə.ti	사회	473
명동	associate əsoʊ.ʊ.siət	제휴[연관, 교제]하다, 동료	474
동	be associated with bi.əsoʊ.ʊ.ʃiəɪ.tɪd.wɪθ	~와 관련되다	475

명	association ə.soʊ.ʃi.eɪʃ.n	협회, 연계, 제휴	476
형	associative əsoʊ.ʊ.sɪə.tɪv	결합된, 연관된	477
부	socially soʊ.ʃə.li	사회[사교]적으로	478
형	sociable soʊ.ʃəb.l	사교적인	479
명	socialism soʊ.ʃə.lɪ.zəm	사회주의	480
명	socialist soʊ.ʃə.lɪst	사회주의자	481
형	sociocultural soʊ.sio.ʊk.ʌl.tʃə.rəl	사회 문화적인	482
형	societal sə.saɪə.l	사회적인	483
동	socialize soʊ.ʃə.laɪz	사회화하다, 어울리다	484
명	sociology soʊs.i.ɑl.ədʒ.i	사회학	485
형	sociological soʊs.iə.lɑdʒ.ɪk.l	사회학적인	486
부	moreover mɔro.ʊ.və	게다가	487
	more often than not nɑn.ɔf.ŋ.ðən.nɑt	주로	488
	more or less mɔr.ɔr.les	거의, 대략	489
형	productive prə.dək.tɪv	생산적인	490
명	productivity prodək.tɪ.və.ti	생산성	491
명	producer prə.du.sər	생산자, 연출가	492
동	reproduce ri.prə.dus	재생[복제, 번식]하다	493
명	reproduction ri.prə.dək.ʃn	재생, 복제(품), 번식	494
형	reproducible ri.prə.dju.səb.l	재생[재현]가능한	495
형	reproductive ri.prə.dək.tɪv	생식의, 번식의	496
명	mass-production mæs.prə.dək.ʃn	대량 생산	497
명	by-product baɪ.pru.dəkt	부산물, 부작용	498
형	counterproductive kaʊn.tər.prə.dək.tɪv	역효과의, 비생산적인	499
명	overproduction oʊv.r.prə.dʌk.ʃn	과잉 생산	500

명	underproduction rn.də.prə.dnk.ʃn	저생산	501
형	unproductive nn.prə.dək.tɪv	무익한	502
부	therefore ðer.fɔr	그러므로, 그 결과	503
부	thereby ðer.baɪ	그 때문에	504
부	thereafter ðe.ræf.tər	그 후에	505
부	thereof θe.rəv	그것에 대하여	506
부	therein ðe.rɪn	그 안에	507
부	thereto ðeə.tu	거기에	508
	over there oʊv.r.ðer	저쪽에	509
	so there soʊ.ðer	그래서	510
명	means minz	수단, 소득	511
형·동	mean min	의미[의도]하다, 비열한, 평균의 ③ mean | meant | meant	512
형	meaningful mi.nɪŋ.fəl	의미 있는	513
명·부	meantime min.taɪm	그동안(에), 동시에, 한편	514
형	meaningless mi.nɪŋ.ləs	의미 없는	515
명	misdemeanor mɪs.də.mi.nər	경범죄	516
동	demean dɪ.min	비하하다	517
	by all means baɪ.ɔl.minz	어쨌든	518
	by means of baɪ.minz.əv	~을 써서	519
	by no means baɪ.noʊ.minz	~이 절대 아니(-다)	520
	at all ət.ɔl	조금도	521
	at least ət.list	적어도	522
	at first ət.fɜrst	처음에는	523
동	realize ri.laɪz	깨닫다, 실현하다	524
	in reality ɪn.ri.æ.lə.ti	사실은	525

형	realistic rɪə.lɪ.stɪk	현실[실질]적인	526
부	realistically rɪə.lɪ.stɪk.li	현실적으로	527
명	realization rɪ.lə.zeɪʃ.n	실현, 깨달음	528
명	realism rɪ.li.zəm	현실주의	529
명	surrealist sə.rɪə.lɪst	초현실주의자	530
형	unreal ʌn.rɪl	비현실적인	531
형	unrealistic ən.rɪ.lɪ.stɪk	비현실적인	532
형	unrealized ʌn.rɪə.laɪzd	미실현의	533
형	surreal sə.rɪl	초현실적인	534
명	thought θɔt	생각, 사상	535
동	think of θɪŋk.ʌv	~을 생각하다	536
동	think about θɪŋk.ə.baʊt	~에 대해 생각하다	537
명	thinker θɪŋkər	사상가	538
형	thoughtful θɔt.fəl	사려깊은, 신중한	539
형	unthinkable ʌn.θɪŋk.əb.l	상상할 수 없는	540
명	afterthought æft.ər.θɔt	뒷전, 뒤늦은 생각	541
명동	rethink ri.θɪŋk	재고(하다), 생각을 고치다	542
동	think back θɪŋk.bæk	되돌아보다	543
동	think highly of θɪŋk.haɪ.li.ʌv	~을 높이 평가하다	544
형	thoughtless θɔt.ləs	생각 없는	545
동	lead to led.tu	~을 야기하다, ~로 통하다	546
동	lead off led.ɒf	개시[시작]하다	547
명	leadership li.dər.ʃɪp	지도력	548
동	mislead mɪs.lid	오해시키다, 잘못 이끌다	549
부	solely soʊ.li	단지, 단독으로	550

형	**solitary** sa.lə.te.ri	혼자의	551
형	**singular** sɪŋ.ɡjə.lər	유일한, 독특한, 유례 없는	552
형명	**sole** soul	유일한, 발바닥	553
명	**solitude** sa.lə.tud	고독, 고립	554
형명	**solo** solou	독주, 단독의	555
명	**singleton** sɪŋ.ɡəl.tən	단독, 독신	556
부	**twice** twaɪs	두 번, 두 배로	557
명	**duo** duo.o	2인조	558
형	**dual** duəl	둘의, 이중의	559
명	**duality** du.æ.lə.ti	이중성	560
명	**duet** du.et	이중주, 한 쌍	561
명	**duel** duəl	결투	562
형	**secondary** sek.ən.de.ri	둘째의, 2차적인, 2류의	563
형	**second-hand** sekənd.hænd	간접적인, 중고의	564
명	**trinity** trɪ.nə.ti	삼위일체, 3인조	565
명	**trio** trio.o	삼중주	566
명	**trilogy** trɪ.lə.dʒi	3부작	567
명	**quarter** kwɔr.tər	4분의 1, 분기	568
형	**quad** kwɑd	4개의	569
형	**quadruple** kwadrup.l	4겹의, 4배의	570
명	**decade** dek.eɪd	10년간	571
명	**millennium** mə.le.niəm	1,000년간	572
형	**myriad** mɪ.riəd	1만의, 무수한	573
명	**billion** bɪ.ljən	10억, 수십억(billions)	574
명	**trillion** trɪ.ljən	1조	575

명	factor fæk.tər	요소, 원인	576
	in fact ɪn.fækt	사실은	577
	as a matter of fact əz.ə.mæ.tər.əv.fækt	사실은	578
형	factual fæk.tʃuəl	사실[실제]적인	579
명	faculty fæk.əl.ti	능력, 태도, 교수진	580
명	feature fi.tʃər	특징, 생김새	581
명	relationship ri.leɪ.ʃən.ʃɪp	관계	582
형명	relative re.lə.tɪv	상대적인, 관련된, 친척	583
명	relation ri.leɪʃ.n	관계, 관련	584
부	relatively re.lə.tɪ.vli	비교적으로	585
명	relativity re.lə.tɪ.və.ti	관련성, 상대성 이론(Relativity)	586
형	unrelated ʌn.rə.leɪ.təd	관계 없는	587
동	relate rə.leɪt	관련시키다, 이해[이야기]하다	588
	in[with] relation to ɪn[wɪθ].ri.leɪʃ.n.tu	~에 비하여[관하여]	589
동	interrelate ɪn.tər.rə.leɪt	밀접하게 하다	590
명	correlation kɔ.rə.leɪʃ.n	상관관계	591
동	correlate kɔ.rə.leɪt	연관이 있다	592
형	relational ri.leɪʃ.nəl	관계 있는	593
접	even if iv.n.ɪf	~라 할지라도	594
접	even though iv.n.ðoʊ	~라 할지라도	595
	even more iv.n.mɔr	훨씬 더	596
	even so iv.n.soʊ	그렇지만	597
형	uneven ʌ.niv.n	불균등한	598
동	get rid of get.rɪd.ʌv	제거하다, 버리다	599
동	get in get.ɪn	들어가다	600

동	get in the way get.in.ðə.wei	방해되다	601
동	get in touch with get.in.tʌtʃ.wiθ	~와 연락하다	602
동	get into get.in.tu	~에 들어가다[들이다], 입다	603
동	get over get.oʊv.r	극복하다	604
동	get to V get.tə	~하게 되다	605
동	get together get.tə.ge.ðər	모으다, 합치다, 만나다	606
동	beget bɪ.get	낳다, 초래하다 ③ beget | begot | begotten	607
동	get ahead get.ə.hed	출세하다, 앞서다	608
동	get away get.ə.wei	~에서 떠나다[도망치다]	609
동	get away with get.ə.wei.wiθ	어물쩍 넘어가다, ~을 훔치다	610
동	get back get.bæk	돌아오다, 돌려받다	611
동	get by get.bai	지나가다	612
동	get cold feet get.koʊld.fit	겁먹다	613
동	get out get.aʊt	나가다, 떠나다	614
동	get through get.θru	통과[통화]하다, 끝내다	615
동	get wrong get.rɒŋ	오해하다	616
동	get well get.wel	병이 나아지다	617
동	get along get.ə.lɒŋ	어울리다, 떠나다	618
동	get at get.æt	~에 도달하다, ~을 알아내다	619
동	get off get.ɒf	내리다, 끝내다	620
동	get off one's chest get.ɒf.wʌnz.tʃest	진심을 말하다	621
동	get on get.ɒn	타다, 계속하다, 잘 지내다	622
동	get on one's nerves get.ɒn.wʌnz.nɜrvz	신경을 건드리다	623
동	get the better of get.ðə.be.tər.ʌv	~을 이기다	624
동	get the hang of get.ðə.hæŋ.ʌv	~을 파악하다	625

동	get the point get.ðə.pɔint	요점을 이해하다	626
형	unwanted ʌn.wɒn.təd	원치 않는	627
	given that gɪv.n.ðæt	~을 고려하면	628
동	be given to bi.gɪv.n.tu	~에 주어지다, ~하기 좋아하다	629
동	give rise to gɪv.raɪz.tu	~이 생기게 하다	630
동	give a hand gɪv.ə.hænd	돕다, 박수치다	631
동	give way gɪv.weɪ	양보하다, 무너지다	632
동	give in gɪv.ɪn	항복[제출]하다	633
동	give back gɪv.bæk	~을 돌려주다	634
동	give off gɪv.ɔf	내뿜다, ~의 분위기를 내다	635
동	give up gɪv.ʌp	포기하다, 내주다	636
동	give away gɪv.ə.weɪ	내놓다, 나누다	637
동	give birth to gɪv.bɝθ.tu	낳다	638
동	give out gɪv.aʊt	나눠주다, 내보내다	639
동	learn lɝn	배우다, ~을 알게 되다	640
명	outlet aʊt.let	배출구, 할인점	641
형	outer aʊ.tər	외부의, 외피의	642
	out there aʊt.ðer	그곳에, 밖에	643
명	outskirts aʊt.skɔrts	변두리	644
명	outback aʊt.bæk	미개척지	645
부	newly nu.li	새롭게, 최근에	646
동	renew rə.nu	재개[갱신]하다	647
형	renewable ri.nuəb.l	재생[갱신]가능한	648
명	renewal rə.nuəl	갱신, 부활	649
형	brand new brænd.nu	신상품의, 새로운	650

부	**nevertheless** ne.vər.ðə.les	그럼에도 불구하고	651
	the beginning of ðə.bɪ.gɪn.ɪŋ.ʌv	~의 시작[초기]	652
명	**beginner** bɪ.gɪn.ər	초보자	653
	to begin with tə.bɪ.gɪn.wɪθ	우선, 처음에는	654
명	**trial** traɪəl	재판, 시도, 실험	655
동	**give it a try** gɪv.ɪt.ə.traɪ	시도하다	656
동	**try on** traɪ.ɑn	~을 해보다, 입어 보다	657
동	**try out** traɪ.aut	시도하다	658
부	**especially** ə.speʃ.li	특히	659
형	**specific** spə.sɪ.fik	명확한, 특별한, 특정한	660
동	**specialize** spe.ʃə.laɪz	전문화[특수화]하다	661
명	**specialization** spe.ʃə.lə.zeɪʃ.n̩	특수화, 전문화	662
명	**specialist** spe.ʃə.ləst	전문가	663
부	**specially** spe.ʃə.li	특(별)히	664
명	**specialty** spe.ʃəl.ti	전문, 전공, 특성, 특산물	665
동	**specify** spe.sə.faɪ	명시[구체화]하다	666
형	**unspecified** ʌn.spe.sə.faɪd	불특정한	667
부	**highly** haɪ.li	매우, 높이	668
명	**height** haɪt	높이, 키	669
명·동	**highlight** haɪ.laɪt	중요한[밝은]곳, 강조(하다)	670
동	**heighten** haɪt.n̩	높이다	671
형	**high-tech** haɪ.tek	첨단 기술의	672
형	**high-end** haɪ.end	최상급의	673
명	**highland** haɪ.lənd	산악지대	674
형	**high-risk** haɪ.rɪsk	고위험의	675

	at the height of	~이 절정일 때	676
형	haughty	오만한	677
	a number of	많은, 몇몇의	678
	the number of	~의 수	679
형	numerous	다수의, 수많은	680
형명	numeral	숫자(의)	681
형	numerical	수의, 수적인	682
동	outnumber	(~보다) 수가 많다	683
동	enumerate	열거하다	684
형	innumerable	셀 수 없는, 많은	685
명	an even number	짝수	686
명	an odd number	홀수	687
	only after	~이후에야	688
	only for	~전용의, ~동안만	689
동	seem	~처럼 보이다, ~같다	690
부	seemingly	겉보기에	691
접	though	비록 ~일지라도	692
접	although	비록 ~일지라도	693
접	even though	비록 ~일지라도	694
접	albeit	비록 ~일지라도	695
접	as though	~인 것 같은	696
명동	disease	병(들게 하다)	697
부	easily	쉽게, 편안히	698
명동	ease	편하게 하다, 편함, 완화, 쉬움	699
형	easygoing	태평한, 게으른	700

형	uneasy ʌ.ni.zi	불안한, 불편한, 어려운	701
동	make it easy meɪk.ɪt.i.zi	편하게 해주다	702
	with ease wɪθ.izɛ	용이하게	703
형	diseased dɪ.zizd	병든	704
부	firstly fɜrst.li	첫째로, 먼저	705
형부	firsthand fɜrst.hænd	직접적으로, 직접의	706
	first of all fɜrst.əv.ɔl	무엇보다도	707
형	first-rate fɜrst.reɪt	일류의	708
명	movement muv.mənt	운동, 움직임	709
형	moved muvd	감동받은	710
형명	moving muv.ɪŋ	이동(하는), 감동(시키는)	711
동	move on muv.ɑn	나아가다, 넘어가다	712
형	movable mu.vəb.l	움직이는, 이동하는	713
형	immovable ɪ.mu.vəb.l	고정된	714
동	move in muv.ɪn	이사 오다	715
동	move out muv.aʊt	이사 나가다	716
접부	whatever hwʌt.ev.r	무엇이든지	717
	what if ~ ? hwʌt.ɪf	"~면 어떡해?[어때?]"	718
	whatsoever hwʌt.sou.ev.ər	무엇이든지, 어떤 ~일지라도	719
	what about ~ ? hwʌt.ə.baʊt	"~은 어때?"	720
	what's up? hwʌts.ʌp	"무슨 일이야?"	721
	seeing (that) si.ɪŋ.ðæt	~을 고려하면	722
동	see A as B si.ə.əz.bi	A를 B라고 간주하다	723
형	unseen ʌn.sin	보이지 않는, 본적 없는	724
동	oversee ouv.ə.si	감시[감독]하다 ③ oversee | oversaw | overseen	725

동	see eye to eye si.aɪ.tə.aɪ	의견이 맞다	726
동	see off si.ɒf	~을 배웅하다[쫓아내다]	727
동	see to si.tu	~을 처리하다	728
동	foresee fɔr.si	예상[예지]하다 ③ foresee | foresaw | foreseen	729
형	foreseeable fɔr.siəb.l	예상 가능한	730
형	unforeseen ʌn.fɔr.sin	뜻밖의	731
	as you see əz.ju.si	보다시피	732
동	communicate kə.mju.nəket	소통[전달]하다	733
부	commonly kɑ.mən.li	흔히, 주로	734
형	uncommon ʌnk.ɑ.mən	드문, 비상한	735
명	commonplace kɑ.mən.pleɪs	아주 흔한(것)	736
명	commons kɑ.mənz	평민, 식사	737
명	commoner kɑ.mə.nər	평민	738
명	communist kɑ.mjə.nəst	공산주의자	739
명	communism kɑ.mjə.nɪ.zəm	공산주의	740
형	communal kə.mjun.l	공동의, 공공의	741
	in common ɪn.kɑ.mən	공동[공통적]으로	742
명	commonality kɑ.mə.næ.lə.ti	공통점	743
명	commonwealth kɑ.mən.welθ	연방, 연합	744
형	communicable kə.mju.nək.əb.l	전염성의, 통하는	745
명	miscommunication mɪ.skə.mju.nək.eɪ.ʃən	불통, 소통 장애	746
형	communicative kə.mju.nək.ə.tɪv	소통하는, 말 많은	747
형	scientific saɪən.tɪ.fɪk	과학적인	748
형	unscientific ən.saɪən.tɪ.fɪk	비과학적인	749
형	few fju	거의 없는	750

	a few ə.fju	몇몇의, 조금의	751
	only a few oon.li.ə.fju	몇 안되는	752
	or so or.soo	~쯤, ~정도	753
	or else or.els	그렇지 않으면	754
동	**stand p.p** stænd.pi..pi	(~입장에) 있다	755
동	**stand in** stænd.ɪn	대신하다, ~에 서있다	756
동	**stand out** stænd.aot	두드러지다	757
형	**outstanding** awt.stænd.ɪŋ	뛰어난, 눈에 띄는	758
동	**stand by** stænd.baɪ	대기하다, ~을 지지하다	759
동	**stand up for** stænd.ʌp.fɔr	옹호하다	760
동	**stand up** stænd.ʌp	일어서다	761
동	**stand for** stænd.fɔr	~을 용납[대표]하다	762
동	**stand alone** stænd.əloon	독립하다, 분리되다	763
동	**withstand** wɪð.stænd	견디다, 저항하다 ③ withstand | withstood | withstood	764
명	**bystander** baɪ.stæn.dər	구경꾼	765
명	**stature** stæ.tʃər	키, 성장	766
명	**statue** stæ.tʃu	조각상	767
동	**standardize** stæn.dər.daɪz	표준화하다	768
명	**variety** və.raɪə.ti	다양성	769
	a variety of ə.və.raɪə.ti.ʌv	다양한	770
동	**vary** ve.ri	다양하다, 다르다, 바꾸다	771
동	**vary from** ve.ri.frʌm	~마다 다르다[다양하다]	772
형명	**variable** ve.riəb.l	(잘) 변하는, 변수	773
명	**variation** ve.ri.eɪʃ.n	변화, 변형, 변주곡	774
명	**variability** ve.riə.bɪ.lə.ti	변동성, 다양성	775

형	variegated ˈver.i.ˌgeɪ.tɪd	다양한, 잡색의	776
명	variance ˈver.i.əns	차이	777
형	invariable ɪn.ˈver.i.ə.bl̩	변하지 않는	778
	anything but ˈen.i.θɪŋ.bʌt	(~이) 절대 아닌	779
접	but for bət.fɔr	~이 없었다면	780
명	development dɪ.ˈve.ləp.mənt	개발, 발전	781
형	developmental dɪ.ˌve.ləp.ˈmen.tl̩	개발적인, 발달상의	782
명	developer dɪ.ˈve.lə.pər	개발자	783
형	undeveloped ˌʌn.də.ve.ˈləpt	미개발된	784
형	underdeveloped ˌʌn.dər.dɪ.ve.ˈləpt	저개발된	785
동	redevelop ri.dɪ.ˈve.ləp	재개발하다	786
부	perhaps pər.ˈhæps	아마도	787
명	happening ˈhæ.pən.ɪŋ	일, 사건	788
동	happen ˈhæ.pən.tu	생기다, 일어나다	789
	as a result ˈəz.ə.rə.zəlt	결과적으로, ~의 결과로	790
동	result in rə.ˈzəlt.ɪn	~을 야기하다, ~이 되다	791
동	result from rə.ˈzəlt.frʌm	~때문이다	792
형·명	resultant ri.ˈzʌl.tənt	그에 따른, 결과	793
동	turn out ˈtɜn.aʊt	밝혀지다, 되어 가다, 끄다	794
명·동	turn to ˈtɜn.tu	~할 차례, ~로 바꾸다	795
	in turn ɪn.ˈtɜn	결국, 차례로	796
동	turn into ˈtɜn.ɪn.tu	~로 변하다	797
동	turn around ˈtɜn.ə.raʊnd	돌다, 바꾸다	798
동	turn off ˈtɜn.ɒf	끄다, 잠그다, 벗어나다	799
동	turn on ˈtɜn.ɑn	켜다, 작동하다	800

동	**turn up** tɜːn.ʌp	나타나다, 찾다, 높이다	801
동	**overturn** oʊv.ə.tɜːn	뒤집다, 전복하다	802
동	**turn back** tɜːn.bæk	되돌아가다	803
동	**turn down** tɜːn.daʊn	거절하다, 줄이다	804
동	**turn one's head** tɜːn.wʌnz.hed	돌아보다	805
명	**turnover** tɜːn.oʊ.və	매출, 이직, 회전	806
명	**turnout** tɜːn.aʊt	참가자, 산출량	807
명	**turnaround** tɜːn.ə.raʊnd	전환, 선회	808
동	**turn away** tɜːn.ə.weɪ	외면하다	809
전	**up to** ʌp.tu	~까지	810
형	**upper** ʌp.ə	위의, 상부의, 상류의, 상위의	811
동	**upend** ʌpend	뒤집다, 거꾸로 놓다	812
	ups and downs ʌps.ənd.daʊnz	기복, 우여곡절	813
접	**whether** we.ðər	~인지 아닌지	814
	either i.ðər	둘 중 하나(의), 또한	815
	neither ni.ðər	둘 다 아닌	816
	either A or B i.ðər.ɔːr	A이거나 B인	817
	neither A nor B ni.ðər.nɔːr	A, B 모두 아닌	818
	whether or no(t) we.ðər.ɔːr.noʊ	어쨌든	819
명	**growth** groʊθ	성장, 발전, 증가	820
형	**grown** groʊn	성장한	821
명	**grower** groʊə	재배자, 사육자	822
동	**outgrow** aʊtgroʊ	더 커지다, 벗어나다 ③ outgrow | outgrew | outgrown	823
형	**ever-growing** e.və.groʊɪŋ	계속 증가하는	824
동	**grow on** groʊ.ɑn	~에서 자라다, 점점 좋다	825

형·영	grown-up groon.ʌp	성숙한, 어른	826
접	even if iv.n.ɪf	~라 할지라도	827
접	as if əz.ɪf	~인 것처럼	828
접	if only ɪf.oon.li	~라면 좋을 텐데	829
	if you insist (on it) ɪf.ju.ɪn.sɪst	정 그렇다면	830
	if anything ɪf.ɛ.ni.θɪŋ	무슨 일이라도, 오히려	831
	if at all possible ɪf.ət.ɔl.pɑ.səb.l	가능하다면	832
	if you ask me ɪf.ju.æsk.mi	내 생각에는	833
형	unstudied ʌn.stʌ.dɪd	자연스런, 배우지 않은	834
전·부	through θru	~을 통해[지나서], 줄곧, 완전히	835
전·부	throughout θru.aot	도처에, 내내	836
통	go through goo.θru	통과하다, 겪다, 가다	837
통	put through pot.θru	이루다, 연결되다	838
통	be through bi.θru	~을 끝내다	839
형	thorough θɝo.o	철저한, 완전한	840
	as well as əz.wel.æz	~뿐만 아니라, 게다가	841
명	well being wel.biiŋ	행복, 복지	842
명	welfare wel.fer	행복, 복지	843
명	farewell fer.wel	작별, "잘 가세요"	844
명·통	handle hæn.dl	다루다, 손잡이	845
	on the other hand ɑn.ði.ʌð.ɾ.hænd	다른 한편으로는	846
	on the one hand ɑn.ðə.wʌn.hænd	한편으로는	847
형	handful hænd.fol	한 줌의	848
	a handful of ə.hænd.fol.ʌv	소수의, 한 줌의	849
명	handicap hæn.dikæp	장애, 불리함	850

	at hand ət.hænd	가까이에	851
동	**hand over** hænd.oʊv.r	넘겨주다	852
형	**handy** hæn.di	편리한, 가까운, 능숙한	853
형	**hands-on** hændz.ʌn	실제의	854
동	**hand down** hænd.daʊn	물려주다, ~을 내리다	855
동	**hand in** hænd.ɪn	제출하다	856
동	**hand out** hænd.aʊt	나누어 주다	857
동	**surround** sə.raʊnd	둘러싸다	858
명	**surroundings** sə.raʊn.dɪŋz	주변, 환경	859
	around the world ə.raʊnd.ðə.wɜːld	세계 일주의	860
부형명	**round** raʊnd	둥근, 회전, 둘레에, 대략	861
동	**go around** goʊ.ə.raʊnd	돌다, 돌아다니다	862
동	**be around** bi.ə.raʊnd	곁에 있다, ~쯤이다	863
형	**rounded** raʊnd.ɪd	둥근	864
	around (the) corner ə.raʊnd.ðə.kɔːr.nər	가까운, 모퉁이를 돌아서	865
동	**round up** raʊnd.ʌp	모으다, 반올림하다	866
형	**roundabout** raʊnd.ə.baʊt	간접적인, 우회하는	867
	around the clock ə.raʊnd.ðə.klɑk	24시간 내내	868
형	**well-rounded** wel.raʊn.dɪd	살찐, 다재다능한	869
명	**creature** kriːtʃ.r	창조물, 생물	870
형	**creative** kri.eɪt.ɪv	창조[독창]적인	871
명	**creativity** kri.eɪ.tɪv.ət.i	창조성, 독창성	872
명	**creation** kri.eɪʃ.n	창조, 창작	873
명	**critter** krɪt.ər	생물	874
형	**recreational** re.kri.eɪ.ʃə.nəl	오락의, 기분전환의	875

명	recreation re.kri.eıʃ.n	오락, 기분전환	876
동	recreate re.kri.et	재현[휴양]하다	877
명	era e.rə	시대, 연대	878
형부	yearly jır.li	연간의, 매년	879
형	year-round jır.raʊnd	1년 내내의	880
	the following year ðə.fɒlo.ʊıŋ.jır	다음 해	881
명	interest ın.trəst	관심, 이자, 이해관계	882
동	be interested in bi.ın.trə.stəd.ın	~에 관심이 있다	883
명	self-interest self.ın.trəst	이기심	884
부	interestingly ın.tə.re.stıŋ.li	흥미롭게, 재미있게	885
형	uninterested ʌ.nın.trə.stəd	무관심한	886
형	disinterested dı.sın.trə.stəd	공평한, 무관심한	887
형	uninteresting ʌ.nın.trə.stıŋ	흥미 없는	888
형	masculine mæ.skjə.lən	남성적인	889
명	mankind mænk.aınd	인류	890
형	manned mænd	사람이 있는[탑승한]	891
형	unmanned ən.mænd	무인의	892
명	manpower mæn.pɑ.wər	인력	893
형	manly mæn.li	남자다운	894
형	unmanly ʌn.mæn.li	남자답지 않은	895
명	womanhood wʊ.mən.hʊd	여자다움, 여자임	896
명	womb wum	자궁	897
명	nature neı.tʃər	자연, 본성	898
부	naturally næ.tʃə.rə.li	자연스럽게, 당연히	899
형	supernatural su.pər.næ.tʃə.rəl	초자연적인	900

형	unnatural / ʌn.næ.tʃə.rəl	부자연스런, 비정상적인	901
형	naive / nɑ.jiv	순진한, 원시의	902
명	naturalist / næ.tʃə.rə.ləst	자연주의자	903
명	supernaturalism / su.pər.næ.tʃə.rə.li.zəm	초자연주의	904
	Mother Nature / mʌð.ər.neɪ.tʃər	대자연	905
형/부	nearly / nɪr.li	가까이, 거의	906
형/부	nearby / nɪr.baɪ	근처의, 가까운, 가까이	907
전	next to / nekst.tu	~옆에	908
형	sensitive / sen.sə.tɪv	세심한, 예민한	909
형	sensible / sen.səb.l	분별[알고]있는, 현명한	910
명	sensation / sen.seɪʃ.ŋ	대사건, 느낌	911
형	sensational / sen.seɪʃ.nəl	선풍적 인기의, 선정적인	912
동	sensationalize / sen.se.ʃə.nə.laɪz	과장(보도)하다	913
형	sensory / sen.sə.ri	감각의, 지각의	914
동	make sense of / meɪk.sens.ʌv	~을 이해하다	915
명	nonsense / nɑn.sens	헛소리	916
명	scent / sent	냄새, 후각	917
명	sensibility / sen.sə.bɪ.lə.ti	감정, 감각	918
명	sensitivity / sen.sə.tɪ.və.ti	민감성, 예민함	919
동	sensitize / sen.sə.taɪz	민감하게 하다	920
명	sensuousness / sen.ʃuə.snəs	감각성	921
형	sentient / senʃnt	지각[감각]있는	922
명	sentiment / sen.tə.mənt	감정	923
	in a sense / ɪn.ə.sens	어떤 의미에서	924
형	sentimental / sen.tə.men.tl	감정[감상]적인	925

형	insensitive ɪn.sen.sə.tɪv	무감각한	926
	nothing to do nʌ.θɪŋ.tə.du	관련 없는, 할 게 없는	927
	nothing (else) but nʌ.θɪŋ.els.bʌt	~에 불과한	928
	first thing fɜst.θɪŋ	맨 먼저	929
	last thing læst.θɪŋ	마지막으로	930
	the thing is ðə.θɪŋ.ɪz	사실은, 문제는	931
부	certainly sɜ.tən.li	확실히	932
명	certainty sɜ.tən.ti	확실성	933
형	certified sɜ.tə.faɪd	증명된, 승인된	934
형	uncertain ʌn.sɜ.tn	불확실한	935
	for certain fər.sɜ.tn	확실히	936
명	certification sər.tə.fək.eɪʃ.n	증명(서)	937
동	ascertain æ.sər.teɪn	규명[확인]하다	938
명	uncertainty ʌn.sɜ.tən.ti	불확실	939
명	certificate sər.tɪ.fɪkət	증명서	940
동	certify sɜ.tə.faɪ	증명하다	941
형	upright ə.praɪt	올바른, 직립한, 정직한	942
부	rightly raɪt.li	정확히, 정당히	943
명	rightness raɪt.nəs	옳음	944
형	outright aʊ.traɪt	완전한, 전면적인	945
형	right-wing raɪt.wɪŋ	우익의	946
형	righteous raɪ.tʃəs	옳은	947
형	rightful raɪt.fəl	합법적인, 정당한	948
형	right-hand raɪt.hænd	오른쪽(용)의, 믿을 만한	949
동	write in raɪt.ɪn	써넣다	950

품사	단어	뜻	번호
동	write down	~을 적다	951
명	handwriting	친필, 필적	952
동	rewrite	다시 쓰다 ③ rewrite | rewrote | rewritten	953
동	underwrite	지급보증[승인]하다 ③ underwrite | underwrote | underwritten	954
동	overwrite	덮어쓰다 ③ overwrite | overwrote | overwritten	955
동	feel like	~을 하고싶다, ~같은 느낌이다	956
동	feel as	~처럼 느끼다	957
동	feel at home	마음이 편하다	958
동	feel free to V	~을 마음대로 하다	959
동	feel small	주눅들다	960
형	political	정치적인	961
명	policy	정책	962
명	politics	정치(학), 정책	963
동	poll	선거[투표]하다	964
명	politician	정치가	965
명	policymaker	정책 입안자	966
명	policymaking	정책 입안	967
형	politically correct	정치적으로 옳은	968
전부	besides	~외에, 게다가	969
부	aside	따로 두고, 곁에, 옆에	970
전	aside from	~외에는	971
전	beside	~의 곁에, ~에 비해서	972
	inside out	뒤집어서, 철저히	973
형	lopsided	편향된, 기울은	974
명	upside	위쪽, 상승, 좋은 면	975

품사	단어	뜻	번호
명	downside daʊn.saɪd	아래쪽, 하강, 불리한 면	976
명	sideline saɪd.laɪn	부업	977
	on the other side of ʌn.ði.ʌð.r.saɪd.ʌv	~의 반대쪽에	978
형	one-sided wʌn.saɪd.ɪd	일방적인	979
명	outsider aʊt.saɪ.dər	외부인, 제3자	980
부	upside down ʌp.saɪd.daʊn	거꾸로, 혼란하여	981
명	sidekick saɪd.kɪk	조수, 보조	982
부	meanwhile min.waɪl	그 동안에, 한편	983
부	awhile ə.waɪl	잠시	984
명	justice dʒʌst.ɪs	정의, 재판	985
동	justify dʒʌ.stə.faɪ	정당화하다	986
부	justifiably dʒʌ.stə.faɪə.bli	정당화하여	987
명	justification dʒʌ.stə.fɪk.eɪʃ.n	정당화, 옹호	988
명	injustice in.dʒə.stəs	불법, 부당함	989
형	unjust ʌn.dʒəst	불법의, 불공평한	990
형	justifiable dʒʌ.stə.faɪəb.l	정당한	991
동	do justice to də.dʒʌst.ɪs.tu	공평히[잘]다루다, ~을 잘 먹다	992
형	unjustified ʌn.dʒə.stə.faɪd	부당한	993
명동	startup stɑr.təp	신생 기업, 개시(하다)	994
동	start out stɑrt.aʊt	시작하다, 나서다	995
동	start over stɑrt.oʊv.r	다시 시작하다	996
접	provided (that) prə.vaɪ.dəd.ðæt	~라는 조건이면	997
접	providing (that) prə.vaɪd.ɪŋ.ðæt	~라는 조건이면	998
동	provide A with B prə.vaɪd.ə.wɪθ.bi	A에게 B를 제공하다	999
명	provision prə.vɪʒ.n	조항, 대비, 공급	1000

형	**provisional** prə.vɪ.ʒən.l	임시의	1001
명	**term** tɝm	기간, 학기, 용어	1002
명	**terms** tɝmz	조건, 용어	1003
	in terms of ɪn.tɝmz.ʌv	~의 측면에서	1004
형	**long-term** lɔŋ.tɝm	장기적인	1005
형	**short-term** ʃɔrt.tɝm	단기적인	1006
형명	**midterm** mɪd.tɝm	중간의, 중간기	1007
	on good terms ɑn.gʊd.tɝmz	사이 좋게	1008
명	**terminology** tɝr.mə.nɑ.lə.dʒi	용어(학)	1009
접	**whereas** hwer.æz	~에 반하여, 그러나	1010
부	**wherever** we.re.vɔr	어디든, 어딘지, 어디에서	1011
부	**nowhere** noʊ.weə	어디에도 없(-다)	1012
형	**whereby** wer.baɪ	~하는	1013
접부	**wherein** we.rɪn	어디에, ~에서	1014
명	**whereabouts** hwer.ə.baʊts	행방	1015
	out of nowhere aʊt.ʌv.noʊ.weə	아무도 없는 곳에서, 갑자기	1016
	too ~ to V tu. tə	~해서 ~하지 않는	1017
형	**effective** ɪ.fekt.ɪv	효과[효율]적인	1018
명	**effect** ɪ.fekt	영향, 결과, 효과	1019
형	**side effect** saɪd.ɪ.fekt	부작용	1020
형	**ineffective** ɪ.nə.fek.tɪv	비효율적인	1021
	to the effect(s) of tə.ðɪ.ɪ.fekt.es.ʌv	~의 영향으로	1022
형	**cost-effective** kɑst.ɪ.fekt.ɪv	가성비가 좋은	1023
	to the effect that tə.ðɪ.ɪ.fekt.ðæt	~라는 취지의	1024
	one's own wʌnz.oʊn	자신의	1025

명	**ownership** oʊ.nər.ʃɪp	소유권	1026
형	**pre-owned** pri.oʊnd	중고의	1027
명동	**research** ri.sɜːtʃ	연구[조사](하다)	1028
	in search of ɪn.sɜːtʃ.ʌv	~을 찾아서	1029
형	**searchable** sɜːtʃ.əb.l	찾을 수 있는	1030
명	**status** stæ.təs	상태, 신분	1031
명	**statement** steɪt.mənt	성명서, 진술	1032
형	**state-of-the-art** steɪt.əv.ði.ɑːrt	최첨단의	1033
형	**statewide** steɪt.waɪd	주 전체의	1034
동	**reinstate** ri.ɪn.steɪt	원복[복직]시키다	1035
동	**overstate** oʊv.ə.steɪt	허풍떨다	1036
형	**state-owned** steɪt.oʊnd	국유의	1037
형	**low-status** loʊ.stæ.təs	낮은 지위의	1038
명	**stating** (that) steɪt.ŋ.ðæt	~라는 진술	1039
명	**status quo** stæ.təs.kwoʊ	현재 상태	1040
	even then iv.ŋ.ðen	그래도, 그때에도	1041
	but then bət.ðen	그렇지만	1042
	now and then naʊ.ənd.ðen	때때로	1043
동	**heal** hil	치료하다, 고치다	1044
명	**healthcare** helθker	의료 서비스	1045
형	**unhealthy** ʌn.hel.θi	해로운, 건강하지 못한	1046
형	**healthful** helθ.fəl	건강에 좋은	1047
명	**importance** ɪm.pɔr.təns	중요성	1048
형	**unimportant** ə.nɪm.pɔr.tənt	중요하지 않은	1049
형명	**lifetime** laɪf.taɪm	평생(의)	1050

형	**lifelong** laɪ.flɒŋ	평생의	1051
형·명	**lifesaving** laɪf.sev.ɪŋ	구조(하는)	1052
명	**lifespan** laɪf.spæn	수명	1053
명	**lifeline** laɪ.flaɪn	구명줄	1054
명	**afterlife** æf.tər.laɪf	사후	1055
명	**life-expectancy** laɪf.ɪk.spek.tən.si	기대 수명	1056
형	**lifeless** laɪ.fləs	죽은, 죽은 듯한	1057
동	**upset** əp.set	화나다, 전복하다 ③ upset | upset | upset	1058
동	**set up** set.ʌp	설치[설립]하다	1059
명	**setback** set.bæk	차질, 좌절, 후퇴	1060
동	**set off** set.ɒf	출발[유발]하다	1061
형	**besetting** bə.set.ɪŋ	붙어 다니는	1062
동	**reset** ri.set	재설정하다	1063
동	**set down** set.daʊn	~을 내려놓다[정하다, 적다]	1064
동	**set in** set.ɪn	시작하다, ~에 자리하다	1065
동	**set out** set.aʊt	출발하다, 나서다	1066
명·동	**offset** ɒf.set	상쇄(하다)	1067
명	**onset** ɑn.set	시작, 습격	1068
명	**subset** sʌb.set	부분 집합	1069
명	**outset** aʊt.set	시작, 발단	1070
동	**beset** bə.set	시달리다, 포위하다 ③ beset | beset | beset	1071
동	**set aside** set.ə.saɪd	~을 떼어 놓다, 안배하다	1072
동	**set back** set.bæk	~을 저지하다, 늦어지다	1073
동	**set forth** set.fɔrθ	~을 발표[제시]하다, 출발하다	1074
절	**whenever** hwen.ev.r	~할 때마다, 아무 때나	1075

	when it comes to	hwen.ɪt.kəmz.tu	~에 관한 한	1076
	barely ~ when	ber.li. hwen	~하자마자 바로	1077
	hardly ~ when	hɑrd.li. hwen	~하자마자 바로	1078
	scarcely ~ when	sker.sli. hwen	~하자마자 바로	1079
명동	form	fɔrm	형성하다, 형태, 상태	1080
명	formation	fɔr.meɪʃ.n	형성, 구성	1081
형	formal	fɔrm.l	공식적인, 격식의, 외형의	1082
명	formula	fɔr.mjə.lə	공식, -식	1083
	in the[a] form of	ɪn.ði fɔrm.ʌv	~의 형태로	1084
명	formulation	fɔr.mjə.leɪʃ.n	공식화	1085
형	informal	ɪn.fɔr.ml	비공식의, 격식 없는	1086
명	format	fɔr.mæt	형식, 체재	1087
동	formulate	fɔr.mjə.let	만들다, 공식화하다	1088
형	formalistic	fɔrm.lɪstik	형식주의의	1089
동	formalize	fɔrm.ə.laɪz	공식화하다	1090
명	malformation	mæl.fɔr.meɪʃ.ŋ	기형, 변형	1091
동	reform	rə.fɔrm	개혁[개선]하다	1092
명	reformer	rə.fɔr.mər	개혁가	1093
명	formality	fɔr.mæl.ət.i	격식, 절차	1094
형	formative	fɔr.mə.tɪv	형성하는	1095
동	proceed	prə.sid	나아가다, 계속하다	1096
명	procedure	prə.si.dʒər	순서, 절차, 진행	1097
명	procession	prə.seʃ.n	행진	1098
형	procedural	prə.si.dʒə.rəl	절차상의	1099
명	proceedings	prosi.dɪŋz	행사, 절차	1100

품사	단어	뜻	번호
형	helpless	어쩔 수 없는	1101
명	helplessness	무력함, 속수무책	1102
	Help yourself	"마음껏 드세요"	1103
동	can't help ~ing	~할 수 밖에 없다	1104
동	include	포함하다	1105
동	exclude	배제[제외]하다	1106
형	inclusive	모든 것[비용]이 포함된	1107
형	exclusive	독점적인, 유일한	1108
명	exclusion	배제, 추방	1109
명	inclusion	포함, 함유	1110
동	preclude	막다	1111
동	include out	~을 제외하다	1112
명	inclusivity	포용력	1113
동	put off	미루다, 싫게 하다	1114
동	put on	착용하다, 보이다	1115
명,동	input	입력(하다), 투입(량)	1116
명,동	output	생산(하다), 산출(량)	1117
동	put in	~을 들이다, 끼어들다	1118
동	put out	내놓다, 불 끄다	1119
동	put together	조립[합]하다	1120
동	put aside	따로 두다, 무시하다	1121
동	put through	이루다, 연결되다	1122
동	put up	세우다, 내놓다, 펼치다	1123
동	put up with	~을 참다	1124
동	put away	~을 치우다	1125

동	**put down** put.daʊn	내려놓다, 진압하다, 죽이다	1126
동	**break down** breɪk.daʊn	고장나다, 실패하다, 부수다	1127
동	**break up** breɪk.ʌp	끝나다, 부서지다	1128
동	**break into** breɪk.ɪn.tu	침입하다, ~하기 시작하다	1129
동	**break in** breɪk.ɪn	침입하다	1130
동	**break out** breɪk.aʊt	발생하다, 벗어나다	1131
동	**break off** breɪk.ɒf	중단하다	1132
명	**breakthrough** breɪk.θru	돌파구, 큰 발전, 약진	1133
명	**outbreak** aʊt.breɪk	발생, 폭발	1134
동	**unbreak** ʌnbreɪk	고치다, 깨지지 않다	1135
동	**take a break** teɪk.ə.breɪk	쉬다	1136
동	**brake** breɪk	제동[방해]하다	1137
명	**bruise** bruz	멍, 타박상	1138
명	**breach** britʃ	위반, 틈	1139
형	**technological** tek.nə.lɑ.dʒɪk.l	기술의	1140
형	**technical** tek.nɪk.l	기술적인, 공업의	1141
명	**technician** tek.nɪʃ.n	기술자	1142
명	**techie** tek.i	기술 전문가	1143
형	**becoming** bɪk.ʌm.ɪŋ	어울리는, 적절한	1144
동	**recall** rikɒl	회상[기억, 소환]하다	1145
동	**call for** kɒl.fɔr	요청[소집]하다	1146
동	**call out** kɒl.aʊt	~을 부르다	1147
동	**call it a day** kɒl.ɪt.ə.deɪ	그만두다	1148
동	**call up** kɒl.ʌp	~에 연락하다, ~을 떠올리다	1149
형	**so-called** soʊ.kɔld	이른바	1150

통	**call back** kɔl.bæk	답신하다		1151
통	**call off** kɔl.ɔf	중지[취소]하다		1152
	over the course ouv.r.ðə.kɔrs	~중에, ~사이에		1153
부	**overly** ouv.r.li	지나치게		1154
통	**unite** ju.naɪt	통합[통일]하다		1155
명	**union** ju.njən	연합, 결합, 조합		1156
통	**unify** ju.nə.faɪ	통합하다		1157
명	**unity** ju.nə.ti	통합, 통일, 조화		1158
통	**reunite** riu.naɪt	재결합[화해]시키다		1159
형명	**uniform** ju.nə.fɔrm	제복, 획일적인, 균등한		1160
명	**unison** ju.nəs.n̩	일치, 조화		1161
명	**unification** ju.nə.fək.eɪʃ.n̩	통일, 단일화		1162
명	**uniformity** ju.nə.fɔr.mə.ti	통일성, 균일성		1163
형	**unitary** ju.nə.te.ri	통합된		1164
명	**childhood** tʃaɪld.hʊd	어린 시절		1165
명	**childcare** tʃaɪldker	육아		1166
명	**childbirth** tʃaɪld.bɚθ	출산		1167
형	**childish** tʃaɪl.dɪʃ	유치한		1168
명	**only child** oʊn.li.tʃaɪld	외동		1169
명	**decision** də.sɪʒ.n̩	결정, 판단		1170
명	**crisis** kraɪ.səs	위기, 중대 사태		1171
통	**decide** də.saɪd	결정[결심]하다		1172
형	**decisive** də.saɪ.sɪv	결정적인, 중대한		1173
명	**decision making** də.sɪʒ.n̩.meɪk.ɪŋ	의사 결정		1174
형	**undecided** ʌn.də.saɪ.dəd	미결정된		1175

부	decidedly də.saɪ.dəd.li	확실히	1176
동	keep abreast of kip.ə.brest.ʌv	~와 나란히 하다[따라잡다]	1177
동	keep away from kip.ə.weɪ.frʌm	멀리하다	1178
동	keep on kip.ɑn	~을 계속하다	1179
동	keep up with kip.ʌp.wɪθ	~을 따라잡다, 계속하다	1180
동	keep from ~ing kip.frʌm	그만두다, 삼가다	1181
동	keep in mind kip.ɪn.maɪnd	명심하다	1182
동	keep track of kip.træk.ʌv	~을 추적[기록]하다	1183
동	keep up kɪp.ʌp	지속하다	1184
동	keep an eye on kip.ən.aɪ.ɑn	감시하다	1185
동	keep away kip.ə.weɪ	멀리 하다	1186
명	upkeep ʌpkip	유지(비), 양육(비)	1187
명	truth truθ	진실, 사실	1188
동	trust trəst	신뢰, 믿다, 맡기다	1189
형	truthful truθ.fəl	진실한, 성실한	1190
형	trustworthy trʌs.twər.ði	신뢰할 수 있는	1191
형	untrue ʌn.tru	사실이 아닌	1192
명	truce trus	휴전 *서로 믿고 휴전함	1193
동	construe kən.stru	해석하다	1194
명	air er	공기, 공중, 외모, 태도, 분위기	1195
명	aerosol eəro.ʊ.sɑl	분무, 연무	1196
명	aerospace eəro.ʊ.speɪs	항공우주, 대기권외	1197
형명	airborne er.bɔrn	공수부대, 공수된	1198
명	aircraft er.kræft	항공기	1199
형	aerobic ero.ʊ.bɪk	(유)산소의	1200

명	**airway** er.we	항공로, [인체] 기도	1201
	on the air an.ði.er	방송중에	1202
형	**on-air** an.er	방송 중인	1203
동	**appear** ə.pir	나타나다, ~인 것 같다	1204
명	**appearance** ə.pi.rəns	나타남, 모습, 외모	1205
동	**disappear** dɪ.sə.pir	사라지다, 소멸하다	1206
형	**apparent** ə.pe.rənt	명백한, 겉보기의	1207
명·동	**phase** feɪz	국면, 양상, 단계(적으로 하다)	1208
동	**dissipate** dɪ.sə.peɪt	사라지다	1209
동	**reappear** riə.pir	다시 나타나다, 재현하다	1210
동	**care about** ker.ə.baʊt	~에 신경 쓰다	1211
동	**care for** ker.fɔr	~을 돌보다[좋아하다]	1212
형	**careless** ker.ləs	부주의한, 무관심한	1213
명	**caregiver** ker.gɪ.vər	간병인	1214
명	**caretaker** ker.tekər	관리인	1215
명	**carefulness** keə.fəl.nəs	주의, 조심	1216
동	**caress** kə.res	애무하다, 만지다	1217
동	**increase** ɪn.kris	증가하다	1218
동	**decrease** dɪ.kris	감소하다	1219
부	**increasingly** ɪn.kri.sɪŋ.li	점점 더	1220
명·동	**exchange** ɪkǝ.tʃeɪndʒ	교환[환전](하다)	1221
형	**interchangeable** ɪn.tər.tʃeɪn.dʒəb.l	교체[호환]가능한	1222
형	**unchanged** ʌn.tʃeɪndʒd	변하지 않은	1223
명	**interchange** ɪn.tər.tʃeɪndʒ	교환, 분기점	1224
동	**be change into** bi.tʃeɪndʒ.ɪn.tu	~로 변하다	1225

형	**changeable** tʃeɪn.dʒə.bəl	변하기 쉬운	1226
형	**unchangeable** ʌn.tʃeɪn.dʒəb.l	바꿀 수 없는	1227
	each other itʃ.ʌð.r	서로(서로)	1228
명	**example** ɪɡ.zæmp.l	예, 견본	1229
	e.g. i.dʒi	예를 들면	1230
명	**sample** sæm.pl	예, 견본	1231
	for example fɔr.ɪɡ.zæmp.l	예를 들어	1232
동	**exemplify** ɪɡ.zem.plə.faɪ	예시하다, ~의 예가 되다	1233
명	**exemplar** ɪɡ.zemplar	모범, 견본	1234
형	**exemplary** ɪɡ.zem.plə.ri	모범적인	1235
동	**let** let	~하게 하다	1236
동	**let go** let.ɡoʊ	놓다, 풀어주다	1237
동	**let down** let.daʊn	실망시키다, 늦추다	1238
동	**let in** let.ɪn	들어오다	1239
동	**let off** let.ɒf	쏘다, 풀어주다	1240
동	**let on** let.ɑn	(비밀을) 털어놓다	1241
동	**let up** let.ʌp	약해지다, 완화하다	1242
동	**say to V** seɪ.tə	~하라 명령하다	1243
	not to say nɑt.tə.seɪ	~까진 아니지만	1244
동	**say on** seɪ.ɑn	~을 말하다	1245
	the very ðə.ver.i	(~에 필요한) 바로 그	1246
형	**worldwide** wɜrl.dwaɪd	세계적인	1247
형	**world-class** wɜrld.klæs	세계적 수준의	1248
형	**otherworldly** ʌð.r.wɜrld.li	이계의, 공상적인	1249
명	**world view** wɜrld.vju	세계관	1250

형	worldly wɜːld.li	세상의, 속세의	1251
명	underworld ʌn.dər.wɜːrld	암흑가, 저승	1252
동	consider kən.sɪ.dər	여기다, 생각[고려]하다	1253
형	considerable kən.sɪ.də.rəb.l	상당한, 중요한	1254
형	considerate kən.sɪ.də.rət	고려[배려]하는	1255
명	consideration kən.sɪ.də.reɪʃ.n	고려(사항), 배려	1256
형	inconsiderate ɪnk.ən.sɪ.də.rət	고려[배려]하지 않는	1257
동	reconsider rik.ən.sɪ.dər	재고려하다	1258
동	depend (up)on də.pend.ʌp.ʌn	~에 의존하다, ~을 믿다	1259
형	independent ɪn.də.pen.dənt	독립한, 독자적인	1260
형	dependent də.pen.dənt	의존하는	1261
명	dependency də.pen.dən.si	의존, 종속, 속국	1262
형	impending ɪm.pend.ɪŋ	임박한	1263
부	independently ɪn.də.pen.dənt.li	독립적으로	1264
명	appendix ə.pen.dɪks	맹장, 부록	1265
형	dependable də.pen.dəb.l	의존할[믿을]수 있는	1266
명	dependence də.pen.dəns	의존, 신뢰	1267
명	independence ɪn.də.pen.dəns	독립	1268
명	pendulum pen.dʒə.ləm	진자, 흔들림	1269
동	suspend sə.spend	매달다, 중단[연기]하다	1270
형	suspensive sə.spen.sɪv	미결정의, 불안한, 불확실한	1271
명	suspension sə.spen.ʃn	완충장치, 정지, 매달기	1272
동	append ə.pend	첨부[추가]하다	1273
명	suspense sə.spens	미결정, 긴장감	1274
형	interdependent ɪn.tər.də.pen.dənt	서로 의존적인	1275

동	be dependent upon bi.də.pen.dənt.ə.pʌn	~에 의존하다	1276
형전	pending pend.ɪŋ	임박한, 미정인, ~동안	1277
명	foundation faʊn.deɪʃ.n	기초, 설립	1278
형명	profound profaʊnd	깊은, 심연	1279
형	foundational faʊn.deɪ.ʃə.nəl	기초적인	1280
형	unfounded ən.faʊn.dəd	근거 없는	1281
부	lately leɪt.li	최근에	1282
형	late 연도s leɪt	~년대 말의	1283
	later on leɪ.tər.ʌn	나중에	1284
	later than leɪ.tər.ðæn	~보다 늦게	1285
명	possibility pɑ.sə.bɪ.lə.ti	가능성, 기회	1286
형	impossible ɪm.pɑ.səb.l	불가능한	1287
부	possibly pɑ.sə.bli	아마도	1288
동	rebuild ri.bɪld	재건하다 ③ rebuild | rebuilt | rebuilt	1289
형	built-in bɪlt.ɪn	붙박이의, 내장된	1290
동	build up bɪld.ʌp	쌓다, 강화[증가]하다	1291
부	closely kloʊ.sli	접근하여	1292
부형명	closer kloʊs.r	더 가까운, 더 가까이, 종결자	1293
동	disclose dɪskloʊz	밝히다, 폭로하다	1294
명	disclosure dɪskloʊ.ʒə	폭로	1295
형명	closet klɑ.zət	벽장, 은밀한	1296
동	be close to bi.kloʊs.tu	~에 가깝다	1297
명	close call kloʊs.kɔːl	구사일생	1298
형	closure kloʊ.ʒə	폐쇄, 종료	1299
동	enclose ɪnkloʊz	동봉하다, 둘러싸다	1300

명	enclosure	동봉, 포위, 구내	1301
형	close-knit	긴밀한	1302
명	enclave	소수민족 거주지, 고립지	1303
형	genetic	유전적인	1304
명	gender	성별	1305
동	generate	발생[초래]하다	1306
명	gene	유전자	1307
명	genetics	유전학	1308
부	genetically	유전적으로	1309
명	genus (pl. genera)	종, 부류	1310
명	eugenics	우생학	1311
명	genre	유형, 분야	1312
형	indigenous	토착의, 원산의, 고유의	1313
명	genesis	기원, 발생	1314
명	degeneration	퇴보	1315
동	engender	생기게 하다	1316
동	degenerate	타락하다	1317
동	regenerate	재생[재건]하다	1318
형	heterogeneous	이질적인	1319
명	passage	구절, 통로, 통행	1320
명	passenger	승객	1321
동	pass down	물려주다	1322
동	pass by	~을 지나가다	1323
명	passer-by	행인	1324
형	passable	통행 가능한, 무난한, 통용된	1325

동	pass along pæs.ə.lɔŋ	~에 넘기다	1326
동	pass away pæs.ə.weɪ	돌아가시다, 없어지다	1327
동	pass over pæs.oʊv.r	무시하다, 건네다, 지나다	1328
동	pass out pæs.aʊt	기절하다, 나눠주다	1329
명동	compass kʌm.pəs	나침반, 둘러싸다	1330
동	encompass enk.ʌm.pəs	포함하다, 둘러싸다	1331
형	impassable im.pæ.səb.l	통행할 수 없는, 폐쇄된	1332
명	passport pæ.spɔrt	여권	1333
명	bypass baɪ.pæs	우회 도로, 샛길	1334
동	trespass tre.spæs	침입[침해]하다	1335
명	speech spitʃ	연설, 말투, 말	1336
형명	epic e.pik	서사시, 장대한	1337
명	spokesman spoʊk.smən	대변인	1338
형	unspoken ʌnspo.ʊkən	암묵적인, 무언의	1339
형	outspoken aʊtspo.ʊkən	대놓고 말하는	1340
	so to speak soʊ.tə.spik	말하자면	1341
동	speak for spik.fɔr	~을 대변하다	1342
동	speak out spik.aʊt	분명히 말하다	1343
형	speechless spit.ʃləs	말 못하는, 무언의	1344
동	tend tend.tə	~하는 경향이 있다	1345
명	tendency ten.dən.si	경향	1346
동	discover dɪ.skə.vər	발견하다, 알아내다	1347
명동	cover kʌ.vər	덮개, 덮다, 포함하다	1348
명	discovery dɪ.skə.və.ri	발견, 폭로	1349
동	cover up kʌ.vər.ʌp	숨기다, ~을 덮다	1350

형	undiscovered ʌn.dɪ.skə.vərd	미발견의, 미지의	1351
명	coverage kʌ.və.rədʒ	범위, 중계	1352
명	discoverer dɪ.skə.və.rər	발견자	1353
동	cover with kʌ.vər.wɪθ	~로 감싸다[뒤덮다]	1354
형	covert kovərt	비밀의, 은밀한	1355
형	undercover ʌn.dərk.ə.vər	은밀한, 잠복한	1356
동	uncover ʌnk.ə.vər	폭로하다, 뚜껑을 벗기다	1357
명동	fall fɑl	떨어지다, 추락, 폭포 ③ fall | fell | fallen	1358
동	fell fel	넘어뜨리다, 떨어지다, *fall의 과거	1359
형	fallen fɑ.lən	떨어진, 쓰러진	1360
동	fall down fɑl.daʊn	넘어[떨어]지다	1361
동	fall in love with fɑl.ɪn.lʌv.wɪθ	~에 반하다	1362
명	waterfall wɒ.tər.fɔl	폭포	1363
동	fall away fɑl.ə.weɪ	분리되다, 떨어지다	1364
동	fall out fɑl.aʊt	사이가 틀어지다, 빠지다	1365
동	fall off fɑl.ɒf	떨어지다	1366
동	find out faɪnd.aʊt	발견하다, 알아내다	1367
동	find fault with faɪnd.fɒlt.wɪθ	~의 흠을 찾다	1368
동	find ways to V faɪnd.weɪz.tə	~할 방법을 찾다	1369
명	findings faɪn.dɪŋz	발견(물), 습득물	1370
명	pathfinder pæθ.faɪn.dər	개척자	1371
형	nowadays naʊə.dez	요즘에는	1372
	from now (on) frəm.naʊ.ɑn	지금부터	1373
명	playwright pleɪ.raɪt	각본가	1374
동	play a part pleɪ.ə.pɑrt	역할을 하다	1375

명	plaything plei.θiŋ	장난감	1376
명	playback plei.bæk	소리 재생	1377
명	interplay in.tər.plei	상호 작용	1378
형	playful plei.fəl	장난스런	1379
명	playoff plei.ɔf	결승전	1380
동	play down plei.daun	폄하하다	1381
형	reasonable ri.zə.nəb.l	합리적인, 타당한	1382
명	reason ri.zən	이유	1383
	for good reason fər.gud.ri.zən	정당한 이유로	1384
형	unreasonable ʌn.riz.nəb.l	비이성적인, 부당한	1385
형	significant sig.ni.fikənt	중요한, 유의미한, 상당한	1386
명	significance sig.ni.fikəns	중요(성), 의미(심장함)	1387
동	signify sig.nə.fai	의미[중요]하다, 나타내다	1388
형	insignificant in.sig.nit.fikənt	하찮은	1389
명형동	signal sig.nəl	신호(의), 나타내다, 징조	1390
동	sign up sain.ʌp	신청[가입]하다	1391
명	signature sig.nə.tʃər	서명	1392
동	sign in sain.in	가입[서명]하다	1393
명	road sign roud.sain	도로 표지판	1394
명	store sign stɔr.sain	간판	1395
동	spend spend	(돈, 시간) 쓰다 ③ spend | spent | spent	1396
형	expensive ik.spen.siv	비싼	1397
명	expense ik.spens	비용, 지출	1398
형	inexpensive i.nik.spen.siv	값이 싼	1399
	at the expense of ət.ði.ik.spens.ʌv	~을 희생하면서	1400

동	expend ɪk.spend	소비하다, 쓰다	1401
명	expenditure ɪk.spen.də.tʃər	지출, 비용, 소비	1402
형	expendable ɪk.spen.dəb.l	소모용의	1403
동	spend on A ~ing spend.ɑn	A를 ~하는데 쓰다	1404
형명	aging eɪdʒ.ɪŋ	늙은, 노화, 숙성	1405
	at the age of æt.ðt.eɪdʒ.ʌv	~세에	1406
형	middle aged mɪd.l.eɪdʒd	중년의	1407
명	ageism eɪdʒ.ɪ.zəm	연령 차별	1408
형	underage ʌnd.ər.eɪdʒ	미성년의	1409
형	artificial ɑr.tə.fɪʃ.l	인공의, 인위적인	1410
명	artwork ɑr.twərk	삽화, 수공예품	1411
형	artistic ɑrtɪ.stɪk	예술적인, 정교한	1412
명	artisan ɑr.tə.zən	장인	1413
명	artifact ɑr.tə.fækt	유물, 고대의 물건	1414
명	belief bə.lif	믿음, 신뢰	1415
동	believe in bə.liv.ɪn	~을 믿다	1416
형	believable bə.li.vəb.l	믿을 수 있는	1417
명	disbelief dɪs.bə.lif	불신	1418
형	unbelievable ʌn.bə.li.vəb.l	믿을 수 없는, 놀라운	1419
	believe it or not bə.liv.ɪt.ər.nɑt	믿거나 말거나	1420
동	end up end.ʌp	~로 끝나다	1421
형	endless end.ləs	끝없는, 무한한	1422
	in the end ɪn.ði.end	결국, 마지막에	1423
형명	holding hoʊld.ɪŋ	소유 (재산), 점유, 지주(holdings)	1424
동	uphold ʌphoʊld	유지[지지, 인정]하다 ③ uphold | upheld | upheld	1425

명	**holder** hoʊl.də	보유자, 소유주, 받침	1426
명	**threshold** θreʃhoʊld	문턱, 기준점	1427
통	**hold on to** hoʊld.ɑn.tu	~을 붙잡다	1428
명	**holdout** hoʊldaʊt	저항	1429
통	**behold** bɪhoʊld	주시하다 ③ behold | beheld | beheld	1430
통	**hold up** hoʊld.ʌp	견디다	1431
통	**withhold** wɪðhoʊld	보류하다 ③ withhold | withheld | withheld	1432
통	**hold back** hoʊld.bæk	억제하다, 참다	1433
명통	**halt** hɒlt	정지(하다)	1434
명통	**balance** bæ.ləns	균형(을 잡다), 저울, 잔액	1435
형	**balanced** bæ.lənst	균형 잡힌	1436
명	**imbalance** ɪm.bæ.ləns	불균형	1437
명통	**unbalance** ʌn.bæ.ləns	불균형(하게 하다)	1438
통	**restrict** ri.strɪkt	제한하다	1439
형	**strict** strɪkt	엄격한	1440
명	**district** dɪ.strɪkt	지역, 구역	1441
명	**constraint** kən.streɪnt	강제, 제한	1442
통	**arrest** ə.rest	체포[저지]하다	1443
부	**strictly** strɪkt.li	엄격히	1444
통	**constrict** kən.strɪkt	수축되다[하다], 조이다	1445
명	**restraint** rə.streɪnt	제한, 자제, 구속	1446
명	**restriction** ri.strɪk.ʃn	제한, 구속	1447
형	**restrictive** ri.strɪk.tɪv	제한[한정]하는	1448
통	**constrain** kən.streɪn	강제[제한]하다	1449
통	**restrain** ri.streɪn	억제하다	1450

명	**strait** streɪt	해협, 엄격한, 곤경	1451
형	**unrestricted** ʌn.rɪ.strɪk.təd	무제한의	1452
명	**self-restraint** sel.frɪs.treɪnt	자제(력)	1453
형	**unrestrained** ʌn.rɪ.streɪnd	억제되지 않은	1454
형명	**colored** kʌ.lərd	착색된, 유색인종	1455
형명	**gray ═ grey** greɪ	침울한, 회색	1456
명	**graying** greɪ.ɪŋ	고령화, 노화	1457
명	**greenhouse** grin.haʊs	온실	1458
명	**green light** grin.laɪt	허가	1459
형명	**blue** blu	우울한, 파란색	1460
명	**blackout** blæk.aʊt	정전, 기절, 보도통제	1461
명	**blue chip** blu.tʃɪp	우량주, 일류	1462
명	**blueprint** blu.prɪnt	청사진	1463
형	**yellowish** jelo.ʊʃ	노르스름한	1464
	in black ɪn.blæk	흑자로	1465
명	**infrared** ɪn.frə.red	적외선	1466
명	**ultraviolet** ʌl.trə.vaɪə.lət	자외선	1467
형	**color-blind** kə.lər.blaɪnd	색맹의, 차별 없는	1468
형	**colorless** kə.lər.ləs	무색의	1469
부	**generally** dʒen.rəl.i	일반적으로, 대체로	1470
명	**generalization** dʒen.rəl.ə.zeɪʃ.n̩	일반화	1471
	in general ɪn.dʒen.rəl	일반적으로	1472
명	**generality** dʒen.ə.ræl.ət.i	보편성, 대다수	1473
동	**generalize** dʒen.rə.laɪz	일반화하다	1474
동	**overgeneralize** oʊv.r.dʒen.rə.laɪz	과잉 일반화하다	1475

형	generic dʒə.ne.rɪk	일반적인	1476
동	ensure en.ʃʊr	보증[확실히]하다	1477
부	surely ʃʊr.li	확실히, "물론", "설마"	1478
	for sure fər.ʃʊr	확실히	1479
동	assure ə.ʃʊr	보증[확신]하다	1480
명	assurance ə.ʃʊ.rəns	보증, 확신	1481
형	unsure ʌn.ʃʊr	불확실한, 자신 없는	1482
동	reassure riə.ʃʊr	안심[확신]시키다	1483
명	insurance in.ʃʊ.rəns	보험	1484
동	insure in.ʃʊr	보험들다, 보장하다	1485
형	uninsured ʌn.in.ʃʊrd	무보험의	1486
동	base on beɪs.ʌn	~에 근거를 두다	1487
명	basis beɪ.sɪs	기초, 근거, 주성분	1488
명	basement beɪs.mənt	지하, 최하부	1489
	on the basis of ʌn.ðə.beɪ.sɪs.ʌv	~에 기초[근거]하여	1490
명	baseline beɪs.laɪn	출발선, 기준	1491
형명	bass bæs	저음(의)	1492
형	baseless beɪs.ləs	근거 없는	1493
형	(-)-based beɪst	~에 기반한	1494
동	look forward to lʊk.fɔr.wərd.tu	~을 기대하다[기다리다]	1495
형	awkward ɑ.kwərd	어색한, 곤란한	1496
형부	upward ʌp.wərd	위쪽으로(향한)	1497
형부	downward daʊn.wərd	아래로(향한)	1498
형부	outward aʊ.twərd	겉으로, 외부의, 해외의	1499
부	backwards bæk.wərdz	뒤로, 거꾸로	1500

부	**downwards** daun.wərdz	아래쪽으로		1501
형부	**inward** in.wərd	내부의, 안으로		1502
형부	**onward** ɒn.wərd	앞으로, 전진하는		1503
동	**ward off** wərd.ɒf	~을 피하다[막다]		1504
부형영	**westward** wes.twərd	서쪽(으로, 의)		1505
형부	**eastward** is.twərd	동쪽으로(의)		1506
형부	**northward** nɔr.θwərd	북쪽으로(의)		1507
형부	**southward** sau.θwərd	남쪽으로(의)		1508
동	**put forward** put.fɔr.wərd	내세우다, 앞당기다		1509
	toward 시간 tə.wərd	~쯤에		1510
동	**empower** ɪm.pauər	권한[권력]을 주다		1511
동	**overpower** ouv.ɔ.pauə	압도[지배]하다		1512
영	**powerhouse** pauər.haws	최강자, 발전소		1513
영	**superpower** su.pər.pauər	초강대국		1514
영	**empowerment** ɪm.pauər.mənt	권한부여		1515
형	**powerless** pauər.ləs	무력한		1516
동	**succeed** sək.sid	성공[승계]하다		1517
형	**successful** sək.se.sfəl	성공적인		1518
동	**succeed in** sək.sid.ɪn	~에 성공하다		1519
형	**unsuccessful** ʌn.sək.ses.fl	실패적인		1520
형	**succeeding** sək.sid.ɪŋ	계속된		1521
동	**succeed to** sək.sid.tu	물려받다		1522
영동	**track** træk	자취(를 쫓다), 선로		1523
영	**traffic** træ.fik	교통		1524
영	**trace** treɪs	추적하다, 자취		1525

명동	trek trek	도보 여행(하다)	1526
명동	traverse træ.vərs	가로지르다, 횡단(하다)	1527
동	be traced back to bi.treɪst.bæk.tu	~에서 시작되다	1528
명	tracker trækər	추적자	1529
동	be ready to V bi.re.di.tə	기꺼이 ~하다	1530
부	readily re.də.li	손쉽게, 즉시	1531
명	readiness re.di.nəs	준비, 신속	1532
동	get ready for get.re.di.fər	~을 준비하다	1533
형	bodily bɑ.də.li	신체의	1534
명	antibody æn.tə.bɑ.di	항체	1535
동	embody em.bɑ.di	구현[포함]하다	1536
	nobody else noʊ.bɑ.di.els	아무도 않(-다)	1537
명	officer ɑf.əs.ər	장교, 공무원	1538
형	official ə.fɪʃ.l	공식적인, 공무의	1539
명	publication pʌ.blɪk.eɪʃ.n	출판(물), 발행(물), 발표	1540
	in public in.pʌ.blɪk	공개적으로	1541
명	publishing pʌ.blɪʃ.ɪŋ	출판(업)	1542
동	publicize pʌ.blə.saɪz	알리다, 홍보하다	1543
부	publicly pʌ.blɪ.kli	공공연하게, 공적으로	1544
형	unpublished ʌn.pə.blɪʃt	공개[출판]되지 않은	1545
명	publicity pʌ.blɪ.sə.ti	관심, 홍보	1546
명	publisher pʌ.blɪ.ʃər	출판인	1547
	rather than ræ.ðər.ðæn	~보다는	1548
동	would rather V wʊd.ræ.ðər	~하는게 낫다	1549
	or rather ɔr.ræ.ðər	아니 오히려	1550

동	**add** æd	더하다, 추가하다	1551
형	**additional** ə.dɪʃ.n̩ə.l	부가적인, 추가의	1552
	in addition ɪn.ə.dɪʃ.n̩	게다가	1553
부	**additionally** ə.dɪʃ.n̩ə.li	추가로, 게다가	1554
명	**additive** æ.də.tɪv	첨가물	1555
동	**adduce** ə.djus	(추가로) 예를 들다	1556
동	**add in** æd.ɪn	포함시키다	1557
동	**add to** æd.tu	~에 더하다	1558
명	**add-on** æd.ʊn	추가물	1559
동	**add up** æd.ʌp	합하다, 말이 되다	1560
명	**aftermath** æf.tər.mæθ	여파, 후유증	1561
부	**afterward**(s) æf.tər.wərd.es	나중에, 그 뒤에	1562
	after a while æf.tər.ə.waɪl	잠시 후	1563
	one after another wʌn.æf.tər.ə.nʌð.r	잇따라서	1564
	one afternoon wʌn.æf.tər.nun	어느 날 오후	1565
	back to bæk.tu	원래대로, ~로 되돌아서	1566
	back and forth bæk.ənd.fɔrθ	이리저리, 주고 받기	1567
동	**back into** bæk.ɪn.tu	되돌아가다	1568
형/명	**humpback** hʌmp.bæk	꼽추(의)	1569
형	**aback** ə.bæk	역풍을 맞은	1570
형	**backed** bækt	지원받는	1571
명	**fallback** fɔl.bæk	대비책, 후퇴	1572
	back then bæk.ðen	그 당시에	1573
동	**back up** bæk.ʌp	지원[예비, 후진]하다	1574
명	**backup** bæk.ʌp	예비, 지원	1575

명	**backing** bæk.ɪŋ	지원, 배후	1576
명	**backcloth** bæk.klɒθ	배경막	1577
명	**backlash** bæk.læʃ	반발	1578
	back again bæk.ə.ɡɛn	원래대로	1579
동	**back off** bæk.ɒf	물러서다	1580
형	**back-breaking** bæk.breɪkɪŋ	등골 빠지는	1581
동	**focus on** foʊkəs.ɑn	~에 초점을 두다	1582
형	**focal** foʊk.l	초점의	1583
명	**loss** lɒs	분실, 상실, 패배	1584
	at a loss æt.ə.lɒs	어쩔 줄 몰라	1585
동	**lose face** luz.feɪs	체면을 잃다	1586
동	**lose out** luz.aʊt	손해보다	1587
동	**lose track of** luz.træk.ʌv	~을 잃다[잊다]	1588
동	**lose control** luz.kəntroʊl	자제력[통제력]을 잃다	1589
동	**lose one's shirt** luz.wʌnz.ʃɚt	빈털터리가 되다	1590
동	**lose one's temper** luz.wʌnz.tem.pər	화내다, 흥분하다	1591
동	**lose sight of** luz.saɪt.ʌv	~을 잃다[잊다]	1592
동	**lose weight** luz.weɪt	살 빼다	1593
동	**read on** rid.ɑn	계속 읽다	1594
동	**sight-read** saɪt.rid	즉석에서 읽다[연주하다]	1595
형	**readable** rid.əb.l	읽기 쉬운, 재미있는	1596
동	**read between the lines** rid.bɪ.twin.ðə.laɪnz	행간의 속뜻을 읽다	1597
동	**re-read** ri.rid	다시 읽다	1598
명	**simplicity** sɪm.plɪ.sə.ti	단순함, 순진함	1599
동	**simplify** sɪm.plə.faɪ	단순화하다	1600

부	simply sɪm.plɪ.tə	단순히	1601
형	simplistic sɪm.plɪ.stɪk	단순화한	1602
명	waterproof wɒ.tər.pruf	방수	1603
명	whitewater waɪ.twɒ.tər	급류	1604
형	underwater ʌn.dər.wɒ.tər	수중(용)의	1605
명	waterfront wɒ.tər.frʌnt	물가, 부두	1606
동	waterlog wɒ.tər.lɑg	물에 잠기다	1607
형	watery wɒ.tə.ri	물의, 물 많은	1608
명	watershed wɑ.tər.ʃed	분수령	1609
명동	surface sɜ.fəs	표면, 나타나다	1610
형	facial feɪʃ.l	얼굴의	1611
형	face-to-face feɪs.tə.feɪs	마주보는, 직면의	1612
동	efface ə.feɪs	지우다	1613
형	superficial su.pər.fɪʃ.l	표면상의, 피상적인	1614
형	multifaceted mʌlt.i.fæ.sə.təd	다면적인	1615
명	a long face ə.lɔŋ.feɪs	우울한 얼굴	1616
	in the face of ɪn.ðə.feɪs.ʌv	~의 정면에서	1617
명	interface ɪn.tər.fes	접점	1618
명	facet fæ.sət	면, 양상	1619
명	preface pre.fəs	머리말	1620
명	facade fə.sɑd	정면	1621
동	be faced with bi.feɪst.wɪθ	~에 직면하다	1622
	on the surface of ʌn.ðə.sɜ.fəs.ʌv	~의 표면[위]에	1623
명동	head hed	머리, 수석, ~로 향하다	1624
부	ahead ə.hed	앞쪽에, 앞으로	1625

명	**headache** he.dɛk	두통	1626
전	**ahead of** ə.hed.ʌ	~앞에, ~보다 빨리	1627
명동	**headline** hed.laɪn	표제(를 달다), 주요 뉴스	1628
명	**forehead** fɔr.hed	이마, 앞부분	1629
명	**headquarter**(s) hed.kwɔr.tər.es	본부, 본사	1630
명	**header** he.dər	헤딩, 머리말	1631
명	**heading** hed.ɪŋ	제목, 방향	1632
동	**head off** hed.ɒf	~을 막다	1633
형	**headless** hed.ləs	머리[생각]없는	1634
형부	**head-on** hed.ɒn	정면의, 정면으로	1635
명	**headway** he.dwe	전진, 진행	1636
형명	**kind** kaɪnd	종류, 친절한	1637
	kind of kaɪnd.ʌv	약간, 종류의	1638
	a kind of ə.kaɪnd.ʌv	일종의, ~같은	1639
	all kinds of ɔl.kaɪndz.ʌv	모든 종류의, 온갖	1640
형	**one-of-a-kind** wʌn.ʌv.ə.kaɪnd	특별한, 독특한	1641
동	**lay** leɪ	(알)낳다, 놓다, 눕히다 ③ lay | laid | laid	1642
동	**lay on** leɪ.ɒn	눕다, 놓다	1643
명동	**layer** leɪər	층(을 쌓다), 겹(치다)	1644
명동	**delay** də.leɪ	지연(시키다), 미루다	1645
동	**lay off** leɪ.ɒf	그만두다, 해고하다	1646
동	**lay down** leɪ.daʊn	눕다, 내려놓다	1647
동	**overlie** oʊv.ər.laɪ	~위에 놓다[눕다] ③ overlie | overlay | overlain	1648
동	**overlay** oʊv.ər.leɪ	씌우다, 덧칠하다 ③ overlay | overlaid | overlaid	1649
명동	**relay** ri.le	교대[중계](하다)	1650

명	layout	배치(도), 설계	1651
동	lay out	배치하다, 펼치다	1652
형명	outlying	외딴, 외곽(의)	1653
명	layoff	해고, 휴직	1654
동	allay	완화하다	1655
동	serve	제공[근무, 봉사]하다	1656
명동	service	봉사[제공, 근무](하다)	1657
명	servant	하인	1658
명	public servant	공무원	1659
동	subserve	돕다	1660
형	subservient	굴복하는	1661
형	several	몇몇의, 따로따로의	1662
형동	separate	분리하다, 개별적인	1663
명	separation	분리, 간격, 결별	1664
동	separate A from B	A를 B에서 분리하다	1665
동	sever	절단[분할]하다	1666
형	inseparable	분리할 수 없는	1667
동	solve	해결하다, 풀다	1668
명	solution	해결, 용해, 분해	1669
명	dissolution	소멸, 해산, 해약, 분해	1670
동	dissolve	녹(이)다, 해산하다	1671
동	resolve	결심[분해, 해결]하다	1672
형	dissolvable	분해 가능한	1673
형	irresoluble	해결 불가능한	1674
형	irresolute	결단력 없는	1675

명	**resolution** re.zə.luʃ.n	해결, 결의	1676
형	**soluble** sɑ.ljəb.l	녹는, 해결 가능한	1677
형	**solvable** sɑl.vəb.l	해결할 수 있는	1678
형명	**solvent** sɑl.vənt	용해제, 지불능력 있는	1679
형	**unresolved** ən.rə.zɑlvd	미해결된	1680
형	**insolvent** ɪn.sɑl.vənt	파산한	1681
형	**resolute** re.zə.lut	단호한	1682
동	**resolve** ri.zɑlv	결심하다	1683
형	**unsolvable** ən.sɑl.və.bəl	해결할 수 없는	1684
전	**against** ə.genst	~에 반대[대비]하여, ~에 기대서	1685
	once again wəns.ə.gen	다시 한 번	1686
동	**go against** goʊ.ə.genst	~에 반대하다	1687
동	**attract** ə.trækt	매혹[유인]하다	1688
동	**distract** dɪ.strækt	이목을 돌리다, 혼란시키다	1689
형	**attractive** ə.træk.tɪv	매력적인, 눈에 띄는	1690
명	**attraction** ə.træk.ʃn	매력, 끌림	1691
명	**distraction** dɪ.stræk.ʃn	산만, 기분 전환	1692
형명동	**abstract** æb.strækt	추상적인, 추출하다, 추상화	1693
명	**attractiveness** ə.træk.tɪv.nəs	매력, 아름다움	1694
형	**distraught** dɪ.strɒt	미칠듯한	1695
명	**detractor** di.træk.tɔr	비방자	1696
부	**distractedly** dɪ.stræk.tɪd.li	산만하여	1697
동	**protract** protrækt	오래 끌다, 연장하다	1698
명	**extraction** ɪk.stræk.ʃn	추출	1699
명	**abstraction** æb.stræk.ʃn	관념	1700

동	**detract** də.trækt	(관심, 가치를) 떨어트리다	1701
동	**classify** klæ.sə.faɪ	분류하다	1702
형	**classic** klæ.sɪk	고전[전형]적인	1703
형	**classical** klæ.sɪk.l	고전[전형]적인	1704
명	**middle-class** mɪd.l.klæs	중산층	1705
명	**classification** klæ.sə.fək.eɪʃ.n	분류(법)	1706
형	**classless** klæ.sləs	계급 없는	1707
형·명	**ideal** aɪ.dil	이상(적인)	1708
명	**idealism** aɪ.di.lɪ.zəm	이상주의	1709
형	**ideological** aɪ.diə.lɑ.dʒɪk.l	이념적인	1710
명	**idealist** aɪ.di.ləst	이상주의자	1711
동	**idealize** aɪ.di.laɪz	이상화하다	1712
명	**ideology** aɪ.di.ɑ.lə.dʒi	이념, 관념(론)	1713
형	**idealistic** aɪ.diə.lɪ.stɪk	이상적인	1714
형·부·동	**last** læst	마지막, 최근의, 계속되다	1715
형	**lasting** læ.stɪŋ	영구적인, 튼튼한	1716
형	**long-lasting** lɔŋ.læ.stɪŋ	오래 지속된	1717
	at last ət.læst	마침내	1718
형	**last-minute** læst.mɪ.nət	마지막 순간의	1719
	to the last (~) tə.ðə.læst	마지막 (~)까지	1720
형	**national** næ.ʃə.nəl	국가의, 국민의, 국립의	1721
명	**nation** neɪʃ.n	국가, 전국민	1722
형	**international** ɪnt.ɹ.næʃ.nl	국제적인	1723
형	**nationwide** neɪ.ʃən.waɪd	전국적인	1724
형	**multinational** mʌlt.i.næʃ.nəl	다국적의	1725

명	nationalism næ.ʃə.nə.lɪ.zəm	민족주의	1726
부	nationally næ.ʃə.nə.li	전국[전국민]적으로	1727
명	nationality næ.ʃə.næ.lə.ti	국적	1728
명	nationalist næ.ʃə.nə.lɪst	민족주의자	1729
형	transnational træns.næ.ʃnəl	다국적의	1730
명동	place pleɪs	장소, 놓다, 두다	1731
동	misplace mɪ.spleɪs	~을 잘못 놓다	1732
동	displace dɪ.spleɪs	옮기다, 대체하다	1733
명	displacement dɪ.spleɪs.smənt	이동, 배수량	1734
형	high-placed haɪ.pleɪst	고위직의	1735
	out of place aʊt.əv.pleɪs	제자리가 아닌, 어색한	1736
명	property prɑ.pər.ti	재산, 특성, 소유(물)	1737
동	appropriate əpro.ʊ.priət	적절한, 도용하다	1738
형	proper prɑ.pər	알맞은, 적절한	1739
부	appropriately əpro.ʊ.priət.li	적절히, 알맞게	1740
형	inappropriate ɪ.nəpro.ʊ.priət	부적절한	1741
명	appropriation əpro.ʊ.pri.eɪʃ.ŋ	독차지, 도용, 지출금	1742
형	improper ɪm.prɑ.pər	부적절한	1743
명	propensity prə.pen.sə.ti	경향	1744
명	proprietor prə.praɪə.tər	소유자	1745
형	proprietary prə.praɪə.te.ri	소유자의	1746
명	propriety prə.praɪə.ti	예의, 적절	1747
명동	rise raɪz	상승(하다), 일어나다 ③ rise | rose | risen	1748
동	arise ə.raɪz	일어나다, 생기다 ③ arise | arose | arisen	1749
형	arousing ə.raʊz.ɪŋ	자극적인	1750

동	**arouse** ə.rauz	일으키다, 깨우다, 자극하다	1751
형	**arousal** ə.rauz.l	각성, 환기, 자극	1752
	on the rise ɑn.ðə.raız	상승하여	1753
동	**rouse** rauz	각성시키다, 깨우다	1754
형	**uprising** ə.praız.ıŋ	반란, 폭동	1755
	a lot of ʌv.lɑt.ə	많은	1756
	a lot ə.lɑt	많이, 다수	1757
	lots of lɑts.ʌv	많은	1758
명동	**ballot** bæ.lət	투표(하다)	1759
명	**lottery** lɑ.tə.ri	복권, 제비뽑기	1760
명동	**lot** lɑt	운, 뽑기(하다)	1761
동	**allot** ə.lɑt	할당[분배]하다	1762
동	**allocate** æ.ləket	할당[분배]하다	1763
명	**allocation** æ.lək.eıʃ.n	할당, 배급	1764
명동	**forecast** fɔrkæst	예측(하다) ③ forecast | forecast | forecast	1765
명	**forecaster** fɔrk.æ.stər	(기상) 예측자	1766
명	**forefront** fɔr.frənt	맨 앞, 선두	1767
동	**forestall** fɔr.stɔl	미리 막다	1768
형	**foremost** fɔmoust	가장 중요한	1769
형	**foregoing** fɔgo.oıŋ	앞서 말한	1770
명	**foreman** fɔr.mən	팀장, 주장	1771
부	**beforehand** bı.fɔr.hænd	미리, 벌써	1772
	before long bı.fɔr.lɔŋ	곧, 금방	1773
명	**culture** kʌl.tʃər	문화, 재배, 교양	1774
형	**cultural** kʌl.tʃə.rəl	문화의	1775

명	acculturation ə.kʌl.tʃərei.ʃn	문화의 변화	1776
명	counterculture kaun.tərk.əl.tʃər	반체제	1777
명	enculturation inkʌl.tʃərei.ʃn	문화화	1778
형	intercultural ɪn.tərk.əl.tʃə.rəl	다른 문화 간의	1779
형	multicultural mʌlt.i.kʌltʃ.rəl	다문화의	1780
명	subculture sʌbk.əl.tʃər	하위 문화	1781
부	directly də.rekt.li	곧장, 직접적으로	1782
명	direction də.rek.ʃn	방향, 지시, 지도	1783
명	director də.rek.tər	관리자, -장	1784
형	indirect ɪn.də.rekt	간접적인, 우회하는	1785
형	directional də.rek.ʃnəl	지향성의, 방향의	1786
형	self-directed self.dɪ.rek.təd	자발적인	1787
형	directive də.rek.tɪv	지시[지배]하는	1788
형	undirected ən.dɪ.rek.təd	지시[방향]없는	1789
형부	enough ə.nəf	충분한, 충분히	1790
형	good enough gʊd.ə.nəf	만족스런	1791
동	follow fɑlo.ʊ	따라가다, 이해하다	1792
명	follower fɒlo.ʊə	추종자, 수행원	1793
형명	follow-up fɒlo.ʊ.ʌp	후속, 뒤따르는	1794
동	follow up on fɑlo.ʊ.ʌp.ɑn	~의 후속조치를 하다	1795
형	follow-on fɒlo.ʊ.ɒn	후속의	1796
동	follow after fɑlo.ʊ.æf.tər	~을 따르다	1797
동	mind maɪnd	마음, 생각, 신경 쓰다, 싫어하다	1798
동	remind ri.maɪnd	생각나게 하다, 다시 알려 주다	1799
형	mindful maɪnd.fəl	주의하는	1800

명	**reminder** ri.maɪn.dər	상기시키는 것, 독촉장	1801
형	**mindless** maɪnd.ləs	생각 없는, 무신경한	1802
형	**mnemonic** nə.mɑ.nɪk	연상법의	1803
형	**unmindful** ʌn.maɪnd.fəl	부주의한	1804
명	**mindfulness** maɪndfl.nəs	명상	1805
	Never mind ne.vər.maɪnd	"걱정하지마", "신경 쓰지마"	1806
명	**mindset** maɪnd.sɛt	사고방식	1807
형	**absent minded** æb.sənt.maɪn.dəd	정신 없는	1808
형	**open minded** ou.pən.maɪn.dəd	편견 없는	1809
	out of one's mind aʊt.əv.wʌnz.maɪnd	제정신이 아닌	1810
동	**remind A of B** ri.maɪnd.ə.əv.bi	A에게 B를 생각나게 하다	1811
명	**state-of-mind** steɪt.əv.maɪnd	정신상태	1812
형	**reminiscent** re.mə.nɪ.sənt	떠올리게 하는	1813
명동	**pay** peɪ	지불하다, 임금 ③ pay | paid | paid	1814
동	**pay off** peɪ.ɒf	갚다, 성공하다	1815
동	**pay attention to** peɪ.ə.ten.ʃn.tu	~에 주목[주의]하다	1816
명	**payroll** peɪroʊl	급료(명세서)	1817
명	**payment** peɪ.mənt	지불, 납입, 지급	1818
형	**well-paid** wel.peɪd	급료가 좋은	1819
명	**paycheck** peɪ.tʃek	급료	1820
형	**payable** peɪəb.l	지불할, 지불 가능한	1821
형	**unpaid** ʌn.peɪd	무보수의, 미지급의	1822
동	**repay** ri.peɪ	갚다, 보답하다 ③ repay | repaid | repaid	1823
동	**prepay** pri.peɪ	선불하다 ③ prepay | prepaid | prepaid	1824
동	**pay back** peɪ.bæk	되갚다, 복수하다	1825

형·명	**present** pre.zənt	참석한, 현재(의), 선물	1826
명	**presence** pre.zəns	존재, 출석, 주둔	1827
부	**presently** pre.zənt.li	현재, 곧, 최근	1828
명	**presentation** pre.zən.teɪʃ.n	발표, 제출, 수여	1829
형	**absence** æb.səns	부재, 불참, 결핍	1830
	in the absence of ɪn.ði.æb.səns.ʌv	~이 없어서	1831
형	**absent** æb.sənt	부재의, 불참한, 결석한	1832
명	**absenteeism** æb.sən.ti.ɪ.zəm	무단결석	1833
형	**omnipresent** ɑm.nə.pre.zənt	어디에나 있는	1834
전·접·부	**since** sɪns	(~)이후로, ~때문에	1835
	ever since ev.r.sɪns	~이후로 줄곧	1836
	long since lɔŋ.sɪns	예전에	1837
	not long since nɑt.lɔŋ.sɪns	최근에	1838
전	**according to** ək.ɔrd.ɪŋ.tu	~에 따르면[따라서]	1839
부	**accordingly** ək.ɔr.dɪŋ.li	따라서, 알맞게	1840
명	**accordance** ək.ɔr.dəns	일치, 조화	1841
명	**chord** kɔrd	화음	1842
형	**cordial** kɔr.dʒəl	진심의, 다정한	1843
명	**cordiality** kɔr.dɪ.æ.lɪ.ti	진심, 다정	1844
명	**discord** dɪs.kɔrd	불일치, 불화	1845
형	**discordant** dɪs.kɔrd.ənt	불일치의, 불화의	1846
	in accordance with ɪn.ək.ɔr.dəns.wɪθ	~에 따라서	1847
통	**accord** ək.ɔrd	부합[협정]하다	1848
명	**concordance** kɑnk.ɔr.dəns	일치, 조화	1849
명	**concord** kʌnk.ɔrd	일치, 조화	1850

부	**clearly** klır.li	명확히, 똑똑히	1851
명	**clarity** kle.rə.ti	명확성, 선명도	1852
형	**unclear** ʌn.klır	불확실한, 모르는	1853
형	**clear-cut** klıə.kʌt	명백한, 뚜렷한	1854
동	**clear up** klır.ʌp	정리[분명히]하다, 날이 개다	1855
동	**clarify** kle.rə.faı	분명히 (말)하다	1856
명	**clearance** klır.rəns	승인, 여유	1857
형	**continuous** kən.tı.njuəs	계속적인	1858
명	**continuum** kən.tı.njuəm	연속체	1859
명	**continuity** kən.tə.nuə.ti	연속성	1860
명	**continuation** kən.tı.nju.eıʃ.n	계속	1861
동	**discontinue** dıs.kən.tın.ju	그만두다, 정지하다	1862
형	**continual** kən.tı.njuəl	계속적인	1863
명	**continuance** kən.tı.njuəns	지속	1864
부	**hardly** hard.li	거의 않(-다), 고되게	1865
명	**hardship** hard.ʃıp	어려움, 곤란	1866
형	**hardy** har.di	강건한, 대담한	1867
동	**be hard on** bi.hard.un	~이 부담을 겪다	1868
형	**arduous** ar.dʒuəs	고된, 험한	1869
명	**hardness** hard.nəs	단단함, 견고함	1870
동	**harden** har.dn	단단해지다, 굳다	1871
부	**largely** lardʒ.li	주로, 크게	1872
	at large ət.lardʒ	전반적인, 잡히지 않은	1873
동	**enlarge** ın.lardʒ	확대하다	1874
동	**must have p.p** məst.həv.pi..pi	~했던게 분명하다	1875

형	old-fashioned ould.fæʃ.nd	구식의, 보수적인	1876
형	physical fi.zik.l	육체의, 물질[물리]적인	1877
형	physiological fi.ziə.lɑ.dʒik.l	생리(학)적인	1878
명	physician fə.zi.ʃə	내과의사	1879
명	physiologist fi.zi.ɑ.lə.dʒəst	생리학자	1880
명	physiology fi.zi.ɑ.lə.dʒi	생리학	1881
명	physics fi.ziks	물리학	1882
형	quantum physics kwɑn.təm.fi.ziks	양자 물리학	1883
명	physicist fi.zə.sist	물리학자	1884
명	physique fə.zik	체격, 지형	1885
동	tell tel	말하다, 구별하다 ③ tell | told | told	1886
동	tell a lie tel.ə.lai	거짓말하다	1887
명	teller te.lər	말하는 사람, 출납원	1888
형명	telltale tel.tel	숨길 수 없는, 고자질쟁이	1889
형	untold ʌntould	말 못할	1890
동	tell A from B tel.ə.frɑm.bi	A와 B를 구별하다	1891
동	tell off tel.ɒf	호통치다	1892
부	usually ju.ʒə.wə.li	보통, 대개	1893
형	usual ju.ʒə.wəl	보통의, 평상시의	1894
형	unusual ʌ.nju.ʒə.wəl	드문, 별난	1895
명동	account ək.aunt	계좌, 이야기, 설명(하다)	1896
명동	count kaunt	수(를 세다), 계산[중요]하다	1897
동	account for ək.aunt.fɔr	~을 설명하다, 차지하다	1898
동	count on kaunt.ɑn	~을 믿다[기대하다]	1899
명	accounting ək.aun.tiŋ	회계, 계산	1900

명.동	**discount** dɪs.kaʊnt	할인(하다)	1901
형	**accountable** ə.kaʊn.təb.l	책임이 있는, 설명 가능한	1902
형	**countless** kaʊnt.ləs	셀 수 없는	1903
형	**unaccountable** ʌ.nək.aʊn.təb.l	설명 불가능한, 책임이 없는	1904
	on account of ʌn.ək.aʊnt.ʌv	~의 이유로	1905
명	**accountant** ək.aʊn.tənt	회계사	1906
동	**recount** rɪk.aʊnt	재계산[진술]하다	1907
명.동	**contrast** kɑn.træst	차이, 대비[대조](하다)	1908
형	**contrary** kɑn.tre.ri	반대된, 모순된	1909
동	**contradict** kɑn.trə.dɪkt	부정하다, 모순되다	1910
	contrary to kɑn.tre.ri.tu	~에 반대로	1911
	in contrast ɪn.kɑn.træst	반면에	1912
부	**contrarily** kɑn.trə.rə.li	반대로	1913
명	**contravention** kɑn.trə.ven.ʃn	위반	1914
동	**be contrast to** bi.kɑn.træst.tu	~와 반대이다[대조되다]	1915
	on the contrary ʌn.ðə.kɑn.tre.ri	반면에, 오히려	1916
	pros and cons proʊz.ənd.kɑnz	찬반 양론, 장단점	1917
형	**contradictory** kɑn.trə.dɪk.tə.ri	모순된, 반박하는	1918
동	**contravene** kɑn.trə.vin	위반하다	1919
명	**humanity** hju.mæ.nə.ti	인류, 인간애, 인간성	1920
부	**humanely** hju.mein.li	인간적으로	1921
명	**humankind** hju.mənk.aɪnd	인류, 인간	1922
명	**human being** hju.mən.biŋ	인간	1923
명	**human nature** hju.mən.neɪ.tʃər	인간성	1924
형	**humanitarian** hju.mæ.nə.te.riən	인도주의적인	1925

명	**humanist** hju.mə.nɪst	인도주의자	1926
형	**inhuman** ɪn.hju.mən	비인간적인	1927
명동	**instance** ɪn.stəns	예(를 들다)	1928
	for instance fər.ɪn.stəns	예를 들면	1929
부	**openly** ou.pən.li	공연히, 터놓고	1930
동	**reopen** rio.ó.pən	다시 열다, 재개하다	1931
형	**open-ended** ou.pən.en.dɪd	제한 없는, 조절가능한	1932
명	**scholarship** skɑ.lər.ʃɪp	장학금, 학문	1933
명	**scholar** skɑ.lər	학자	1934
형	**scholarly** skɑ.lər.li	학문[학자]적인	1935
명	**homeschooling** houm.skul.ɪŋ	재택 교육	1936
명	**preschooler** pri.sku.lər	미취학 아동	1937
명	**schooler** sku.lər	학생	1938
동	**show up** ʃou.ʌp	나타나다, ~을 나타내다	1939
명동	**showcase** ʃouk.eɪs	진열장, 진열[소개]하다	1940
명	**showdown** ʃou.daun	결전	1941
동	**show off** ʃou.ɒf	~을 자랑하다	1942
부	**similarly** sɪ.mə.lər.li	비슷하게	1943
명	**similarity** sɪ.mə.le.rə.ti	유사(성), 닮음	1944
형	**simultaneous** saɪ.məl.teɪ.niəs	동시의	1945
형	**dissimilar** dɪs.sɪ.mə.lər	다른	1946
명	**dissimilarity** dɪs.sɪ.mə.læ.rə.ti	차이점	1947
동	**assimilate** ə.sɪ.mə.leɪt	동화[흡수]하다	1948
명	**assimilation** ə.sɪ.mə.leɪʃ.n	동화, 흡수	1949
동	**stop ~ing** stɑp	~하기를 멈추다	1950

동	**stop to V** stɑp.tə	~하려 멈추다	1951
동	**stop by**[over] stɑp.baɪ[oʊv.r]	잠시 들르다	1952
명	**stopover** stɑpo.ʊ.və	경유, 중도 하차	1953
형	**nonstop** nɑn.stɑp	쉬지 않는, 직행의	1954
형	**one-stop** wʌn.stɑp	한 번에 다 되는	1955
형	**unstoppable** ʌn.stɑp.əb.l̩	막을 수 없는	1956
동	**suffer** sʌ.fər	고통 받다, 참다, 겪다	1957
명	**sufferer** sʌ.fə.rər	환자	1958
형	**valuable** væ.ljuəb.l̩	귀중한	1959
동	**evaluate** ɪ.væ.lju.et	평가하다	1960
명	**evaluation** ɪ.væ.lju.eɪʃ.n̩	평가	1961
동	**devalue** dɪ.væ.lju	저평가하다	1962
형	**invaluable** ɪn.væ.ljəb.l	귀중한	1963
형	**value-added** væ.lju.æ.dɪd	부가 가치의	1964
형	**value-free** væ.lju.fri	가치중립적인	1965
형	**valueless** væ.lju.ləs	가치 없는	1966
명	**downfall** daʊn.fɒl	전락, 쏟아짐	1967
명	**downturn** daʊn.tərn	침체	1968
형/부	**downright** daʊn.raɪt	직설적인, 완전히	1969
동	**jot down** dʒɑt.daʊn	메모하다	1970
형	**historical** hɪ.stɔ.rɪk.l̩	역사적인, 역사의	1971
형	**prehistoric** pri.hɪ.stɔ.rɪk	선사시대의	1972
명	**historian** hɪ.stɔ.riən	역사학자	1973
	in history ɪn.hɪ.stri	역사적으로	1974
형	**historic** hɪ.stɔ.rɪk	역사적인	1975

명	pre-history pri.hi.stri	선사시대	1976
명	opportunity a.pər.tu.nə.ti	기회	1977
부	unfortunately ʌn.fɔr.tʃə.nət.li	불행하게도	1978
부	fortunately fɔr.tʃə.nət.li	다행히도	1979
명	fortune fɔr.tʃən	행운, 운, 재산	1980
명	misfortune mɪs.fɔr.tʃən	불운, 역경	1981
명	fortune teller fɔr.tʃən.te.lər	점쟁이	1982
동	require ri.kwaɪər	필요[요구]하다	1983
명동	request ri.kwest	요청[청구](하다)	1984
형	prerequisite pri.re.kwə.zət	필요조건, 전제되는	1985
명	requirement ri.kwair.mənt	필수조건, 필수품	1986
형명	requisite re.kwə.zət	필요한, 필수품	1987
명	response rə.spɑns	대답, 응답, 반응	1988
동	respond rə.spɑnd	대답[응답]하다	1989
	in response to in.rə.spɑns.tu	~에 응답하여	1990
형	responsive rə.spɑn.sɪv	대답[반응]하는	1991
명	responsiveness rə.spɑn.sɪv.nəs	민감성, 반응성	1992
명	respondent rə.spɑn.dənt	응답자, 피고	1993
형	frank fræŋk	솔직한, 노골적인	1994
명	franchise fræn.tʃaɪz	독점 사업권	1995
명	freelance fri.læns	자유계약	1996
	free of charge fri.ɔv.tʃɑrdʒ	무료로	1997
동	insist in.sɪst	고집[주장]하다	1998
동	consist of kən.sɪst.ʌv	~로(만) 구성되다	1999
형	consistent kən.sɪs.tənt	한결같은, 일관된	2000

동	persist pər.sɪst	고집[지속]하다	2001
형	persistent pər.sɪ.stənt	지속하는, 끈기 있는	2002
명	consistency kən.sɪ.stən.si	일정함, 경도, 농도	2003
동	consist with kən.sɪst.wɪθ	~와 일치하다	2004
동	consist in kən.sɪst.ɪn	~에 있다	2005
형	consistent with kən.sɪ.stənt.wɪθ	~와 일치하는	2006
명	inconsistency ɪnk.ən.sɪ.stən.si	비일관성, 모순	2007
명	insistence ɪn.sɪ.stəns	고집, 주장	2008
형	inconsistent ɪnk.ən.sɪ.stənt	일관성 없는, 모순된	2009
명	persistence pər.sɪ.stəns	고집, 지속	2010
명	consistence kən.sɪ.stəns	일관성, 농도	2011
형	insistent ɪn.sɪ.stənt	고집하는, 지속적인	2012
형,명	negative nɛ.gə.tɪv	부정(적인), 거부(하는), 음성의	2013
형	positive pɑ.zə.tɪv	긍정[적극]적인, 양성의	2014
명	positivity pɑ.zə.tɪvɪti	확실함, 긍정	2015
동	negate nɪ.geɪt	부정하다	2016
동	misunderstand mɪ.sən.dər.stænd	오해[착각]하다	2017
형	understandable ʌn.dər.stæn.dəb.l	이해할 수 있는	2018
명	interview ɪn.tər.vju	인터뷰, 면접	2019
명,동	review ri.vju	검토(하다), 비평	2020
명	viewpoint vju.pɔɪnt	견해, 관점	2021
명	interviewer ɪn.tər.vjuər	인터뷰 진행자, 면접관	2022
명	overview oʊv.r.vju	개요, 전체상	2023
명	preview pri.vju	미리보기, 예고편	2024
명	interviewee ɪn.tər.vju.i	인터뷰 대상자, 면접자	2025

형	**viewable** vju.eɪb.l̩	볼 수 있는	2026
동	**contribute** kən.trɪ.bjut	기부[기여]하다	2027
명	**contribution** kɑn.trə.bjuʃ.n̩	기부(금), 공헌	2028
명	**tribute** trɪ.bjut	감사(표시), 공물	2029
명동	**influence** ɪn.fluəns	영향(주다), 효과	2030
명	**flu** flu	독감	2031
형	**influential** ɪn.flu.en.tʃl̩	영향력 있는	2032
명	**influenza** ɪn.flu.en.zɔ	유행성 독감	2033
형	**uninfluential** ən.ɪn.flu.en.tʃl̩	영향력 없는	2034
동	**influence over** ɪn.fluəns.oʊv.r̩	~에 영향을 주다	2035
형동	**lower** loʊ.r̩	낮추다, 더 낮은	2036
전부	**below** bəloʊ.ʊ	아래에, ~보다 아래	2037
형	**lowly** loʊ.li	낮은, 하찮은	2038
형명동	**major** meɪ.dʒər	주요한, 다수의, 전공(하다), 소령	2039
명	**majority** mə.dʒɔ.rə.ti	다수(파), 다수결	2040
형명	**minor** maɪ.nər	2류의, 소수의, 부전공	2041
명	**minority** maɪ.nɔ.rə.ti	소수(파), 소수 민족	2042
형	**majoritarian** mæ.dʒɔ.rə.te.riən	다수결의	2043
명동	**type** taɪp	종류, 유형, 자판 치다	2044
형	**typical** tɪ.pək.l̩	전형적인, 평범한	2045
명	**typo** taɪpoʊ.ʊ	오타	2046
형	**atypical** e.tɪ.pɪk.l̩	이례적인	2047
명	**character** ke.rɪk.tər	성격, 특성, 등장인물, 문자	2048
형명	**characteristic** ke.rək.tə.rɪ.stɪk	특징, 독특한	2049
동	**characterize** ke.rək.tə.raɪz	묘사[규정]하다	2050

품사	단어	뜻	번호
영	**environment** ən.vaɪ.rən.mən	환경, 상황	2051
형	**environmental** ən.vaɪ.rən.men.tl	환경의, 주위의	2052
영	**environmentalism** en.vaɪ.rən.men.tə.lɪ.zəm	환경보호주의	2053
	far from fɑr.frʌm	전혀 ~않은, ~에서 먼	2054
형|부	**farther** fɑr.ðər	더 멀리, 더 먼, 훨씬	2055
형	**faraway** fɑ.rə.we	먼, 멍한	2056
영	**a far cry** ə.fɑr.kraɪ	상당한 거리[격차]	2057
동	**identify** aɪ.den.tə.faɪ	확인[식별]하다	2058
영	**identity** aɪ.den.tə.ti	신분, 정체(성), 동일성	2059
영	**identification** aɪ.den.tə.fək.eɪʃ.n	신분확인, 신분증, 식별	2060
영	**entity** en.tə.ti	존재, 단체	2061
형	**identical** aɪ.den.tɪk.l	동일한	2062
형	**unidentified** ʌ.naɪ.den.tə.faɪd	불확실한, 미상의	2063
형	**identifiable** aɪ.den.tə.faɪəb.l	인식 가능한	2064
형|영|동	**light** laɪt	빛, 가벼운, 밝히다 ③ light | lit, lighted | lit, lighted	2065
형	**slight** slaɪt	약간의, 가벼운	2066
동	**enlighten** n.laɪt.n	가르치다, 밝히다	2067
영	**lightbulb** laɪt.bəlb	백열 전구	2068
동	**lighten** laɪt.n	가볍게[밝게]하다	2069
영	**lighthouse** laɪt.hɑws	등대	2070
형	**lightweight** laɪt.weɪt	가벼운	2071
형	**lit** lɪt	빛나는, 환한	2072
영	**sidelight** saɪd.laɪt	측광, 알림	2073
동	**brighten** braɪt.n	밝아지다, 빛나다	2074
영	**twilight** twaɪ.laɪt	황혼(기)	2075

명·동	**spotlight** spot.laɪt	조명(하다)	2076
명	**enlightenment** ɪn.laɪ.tən.mənt	계몽, 가르침	2077
명	**flashlight** flæ.ʃlaɪt	섬광	2078
명·동	**meet** mit	만나다, 충족시키다, 모임, 회의 ③ meet | met | met	2079
동	**meet with** mit.wɪθ	겪다, ~와 만나다	2080
동	**meet halfway** mit.hæf.weɪ	타협하다	2081
형	**named** neɪmd	유명한, ~라 불리는	2082
동	**name for** neɪm.fər	~의 이름을 따다	2083
명·동	**nickname** nɪk.nem	별명(붙이다)	2084
동	**rename** ri.neɪm	개명하다	2085
부	**namely** neɪm.li	즉	2086
명	**surname** sɜ.nem	성	2087
형	**big-name** bɪg.neɪm	일류의, 유명한	2088
형	**nameless** neɪm.ləs	익명의, 말 못 할	2089
형	**unnamed** ʌn.neɪmd	무명의	2090
	at once ət.wəns	동시에, 즉시	2091
	all at once ɔl.ət.wəns	갑자기, 한꺼번에	2092
	once in a while wəns.ɪn.ə.waɪl	가끔	2093
	once upon a time wəns.ə.pʌn.ə.taɪm	옛날 옛적에	2094
동	**point to** pɔɪnt.tu	~을 가리키다	2095
명	**standpoint** stænd.pɔɪnt	관점	2096
형	**pointless** pɔɪnt.ləs	무의미한	2097
형	**popular** pɑ.pjə.lər	인기 있는, 대중적인	2098
형·명·동	**pop** pʌp	대중적인(음악), 튀어 나오다	2099
명	**popularity** pɑ.pjə.le.rə.ti	인기, 대중성	2100

형	**unpopular** ʌn.pɑ.pjə.lər	인기 없는	2101
형	**pop-up** pɑpʌp	튀어 나오는	2102
명	**popularization** pɑ.pjə.lə.rə.zeɪʃ.n	대중화	2103
명	**populist** pɑ.pjə.ləst	대중영합주의자, 인민당원	2104
동	**popularize** pɑ.pjə.lə.raɪz	대중화하다	2105
명	**populism** pɑ.pjə.lɪ.zəm	대중영합주의	2106
형	**visual** vɪʒ.u.əl	시각적인	2107
형	**visible** vɪ.zəb.l	보이는, 볼 수 있는	2108
명	**vision** vɪʒ.n	시각, 시력, 시야	2109
형	**invisible** ɪn.vɪ.zəb.l	보이지 않는	2110
명	**visualization** vɪʒ.u.əl.ə.zeɪʃ.n	시각화	2111
동	**visualize** vɪʒ.u.ə.laɪz	상상[시각화]하다	2112
형	**visionary** vɪ.ʒə.ne.ri	공상적인, 꿈같은	2113
명	**visibility** vɪ.zə.bɪ.lə.ti	시야, 가시성	2114
동	**envisage** en.vɪ.zɪdʒ	예상[상상]하다	2115
명동	**attempt** ə.tempt	시도(하다)	2116
동	**tempt** tempt	유혹[시험]하다	2117
명	**temptation** tem.teɪʃ.n	유혹, 시험	2118
형	**born** bɔrn	타고난, ~로 태어난	2119
명동	**bear** ber	낳다, 참다, 부담하다, 곰 ③ bear | bore | born	2120
명	**birth** bɝθ	탄생, 출생	2121
명동	**bore** bɔr	지루하게 하다, 구멍(내다)	2122
명	**birthday** bɝθ.de	생일	2123
형	**newborn** nu.bɔrn	갓 태어난	2124
명	**birthright** bɝ.θraɪt	타고난 권리	2125

명	rebirth ri.bɜθ	재생, 부활	2126
명	stillbirth stɪl.bɜθ	사산(아)	2127
형	unborn ʌn.bɔrn	태어나지 않은	2128
명	birthplace bɜθ.pleɪs	출생지	2129
형	unbearable ʌn.be.rəb.l	견딜 수 없는	2130
형	(~)-born bɔrn	~출신의	2131
동	bear with ber.wɪθ	~을 참다	2132
명	birthrate bɜ.θret	출산율	2133
명	economy ɪk.ɑ.nə.mi	경제, 절약	2134
형	economic ek.ə.nɑ.mɪk	경제(학)의	2135
명	economist ɪk.ɑ.nə.məst	경제학자	2136
명	economics ek.ə.nɑ.mɪks	경제학	2137
형	economical ek.ə.nɑ.mɪk.l	경제적인, 절약하는	2138
명동	experience ɪk.spɪ.riəns	경험[체험](하다)	2139
명	inexperience ɪ.nɪk.spɪ.riəns	경험 없음	2140
형	experiential ek.spe.ri.en.ʃl	경험적인	2141
형	inexperienced ɪ.nɪk.spɪ.riənst	경험 없는	2142
명	foodstuff fud.stəf	식료품	2143
명	organic-food ɔr.gæ.nɪk.fud	유기농 식품	2144
동	be food for bi.fud.fɔr	~의 먹이가 되다	2145
형	food-borne fud.bɔrn	음식 매개의	2146
명동	lack læk	결핍, 부족(하다)	2147
	lack of læk.ʌv	~부족	2148
형	lacking læk.ɪŋ	부족한, 없는	2149
동	be off bi.ɒf	떠나다, 출발하다	2150

	단어	뜻	번호
	off and on	불규칙하게, 때때로	2151
명	organization	조직(화), 단체	2152
명	organism	생물, 유기체	2153
형	organic	유기농의, 신체 장기의, 조직적인	2154
명	organ	장기, 기관, 오르간	2155
동	organize	조직[계획]하다	2156
명	organizer	주동자, 주최자	2157
명	reorganization	재편성	2158
동	reorganize	재편성하다	2159
형	organizational	조직의, 단체의, 기관의	2160
형	well-organized	잘 정리된	2161
명	percent	백분율, 비율	2162
전	per	-마다, -당	2163
명	percentage	백분율, 비율	2164
	per-hour	시간당	2165
	per-year	연간	2166
	all the same	똑같은, 그렇지만	2167
동	suggest	제안[암시]하다	2168
명	gesture	몸짓, 표현	2169
명	suggestion	제의, 암시	2170
형	suggestive	암시하는, 선정적인	2171
명	keyword	핵심어	2172
명	loanword	차용어	2173
형	wordy	장황한	2174
	in other words	다시 말해서	2175

명	wording wɜrd.ɪŋ	표현	2176
통	ask for æsk.fɔr	요구하다, ~을 찾아오다	2177
통	ask out æsk.aʊt	데이트 신청하다	2178
통	ask after æsk.æf.tər	~의 안부를 묻다	2179
통	ask around æsk.ə.raʊnd	수소문하다	2180
통	bring brɪŋ	가져[데려]오다, 일으키다 ③ bring | brought | brought	2181
통	bring about brɪŋ.ə.baʊt	일으키다	2182
통	bring in brɪŋ.ɪn	도입하다, 들여오다	2183
통	bring out brɪŋ.aʊt	내보이다, 갖고 나가다	2184
통	bring up brɪŋ.ʌp	기르다, 꺼내다	2185
명	upbringing ʌp.brɪŋ.ɪŋ	교육, 양육, 성장	2186
통	bring back brɪŋ.bæk	기억나게 하다, 돌려주다	2187
통	bring on brɪŋ.un	일으키다	2188
형	uncontrollable ʌnk.ɑntro.o.ləb.l	통제할 수 없는	2189
명	self-control self.kɑntroʊl	자제(력)	2190
	beyond one's control bɪ.ʊnd.wʌnz.kɑntroʊl	통제할 수 없는	2191
명통	deal dil	거래(하다), 계약 ③ deal | dealt | dealt	2192
통	deal with dil.wɪθ	~을 다루다, ~와 거래하다	2193
통	deal at dil.æt	~와 거래하다[단골이다]	2194
통	expect ɪk.spekt	기대[예상]하다	2195
명	expectation ek.spek.teɪʃ.ŋ	기대, 예상	2196
명	expectancy ɪk.spek.tən.si	기대, 예상	2197
형	unexpected ʌ.nɪk.spek.təd	예기치 않은	2198
명통	force fɔrs	힘, 영향력, 강제하다	2199
통	reinforce ri.ɪn.fɔrs	강화하다	2200

명	enforcement en.fər.smənt	집행	2201
동	enforce en.fərs	집행[강제]하다	2202
형	forceful fər.sfəl	강한, 강제적인	2203
명	reinforcement riən.fər.smənt	보강, 강화	2204
형	enforceable en.fər.səb.l	집행[강제]할 수 있는	2205
형	unenforceable ə.nen.fər.sə.bəl	집행[강제]할 수 없는	2206
명 동	matter mæ.tər	문제(되다), 중요하다, 물질	2207
	a matter of ə.mæ.tər.ʌv	~의 문제[입장]	2208
동	doesn't matter dʌ.zənt.mæ.tər	상관없다	2209
	no matter nou.mæ.tər	~한다 해도	2210
명 동	order ɔr.dər	명령[주문, 정돈]하다, 질서, 순서	2211
명	disorder dɪ.sɔr.dər	무질서, 장애, 혼란	2212
형	inordinate ɪ.nɔr.də.nət	과도한, 불규칙한	2213
	out of order aʊt.ʌv.ɔr.dər	고장 난	2214
형	orderly ɔr.dər.li	정돈된, 질서 있는	2215
동	ordain ɔr.deɪn	정[임명]하다	2216
동	take an order teɪk.ən.ɔr.dər	주문을 받다	2217
동	run rən	운영[작동]하다, 달리다 ③ run | ran | run	2218
명	forerunner fɔrə.nər	선구자, 조상	2219
형 명	runaway rʌ.nə.weɪ	도망자, 순식간의	2220
동	run away rən.ə.weɪ	도망가다	2221
동	run into rən.ɪn.tu	충돌[조우]하다	2222
동	run out of rən.aʊt.ʌv	~을 다 써버리다	2223
동	run over rən.oʊv.r	치이다, 흘러넘치다	2224
명	runway rʌn.weɪ	활주로, 무대	2225

	in the long run ɪn.ðiː.lɔŋ.rʌn	장기적으로, 결국	2226
동	run across rən.ə.krɔs	우연히 보다, 가로지르다	2227
동	run down rən.daʊn	닳다, 추적하다	2228
동	run the risk of rən.ðə.rɪsk.ʌv	~할 위험을 무릅쓰다	2229
동	run up rən.ʌp	뛰어오르다, 늘리다, 급조하다	2230
명	system sɪ.stəm	체계, 체제, 조직	2231
형	systematic sɪ.stə.mæ.tɪk	체계[조직]적인	2232
명	(the) solar system ðə.soʊ.lə.sɪ.stəm	태양계	2233
형	systematical sɪ.stɪ.mæ.tɪkəl	체계[조직]적인	2234
형	systemic sɪ.ste.mɪk	체계적인, (몸)전신의	2235
동	accompany ək.əm.pə.ni	동반[수반]하다	2236
명	companion kəm.pæ.njən	동반자, 동료	2237
형	unaccompanied ʌ.nək.əm.pə.nid	동반 않는, 혼자의	2238
명	companionship kəm.pæ.njən.ʃɪp	동료애, 우정	2239
형	medical me.dək.l	의학의	2240
명	medicine me.dəs.n	약품, 의학	2241
명	medication me.dək.eɪʃ.n	약물(치료)	2242
형	medicinal mə.dɪ.sə.nəl	약효가 있는	2243
명	Medicare me.dəker	의료 보험	2244
형	particular pər.tɪ.kjə.lər	특정한, 특별한, 자세한, 개별적인	2245
	in particular ɪn.pər.tɪ.kjə.lər	특(별)히	2246
명	particle pur.tək.l	입자, 먼지, 극소량	2247
형/명	particulate pər.tɪ.kjə.lət	미립자(의)	2248
형	pleasant ple.zənt	즐거운, 쾌적한, 상냥한	2249
명/동	pleasure ple.ʒər	즐거움(주다), 즐기다	2250

형	pleasurable ˈple.ʒə.rəb.l	즐거운	2251
형	unpleasant ʌn.ˈple.zənt	불쾌한, 싫은	2252
명	placebo plə.ˈsiːb.oʊ	위약, 위안의 말	2253
명	complacency kəm.ˈpleɪ.sən.si	(자기)만족	2254
형	complacent kəm.ˈpleɪ.sənt	(자기)만족하는	2255
명	pleasure ground ˈple.ʒər.graʊnd	유원지	2256
	with pleasure wɪð.ˈple.ʒər	기꺼이, 기쁘게	2257
동	appreciate ə.ˈpriːʃ.i.eɪt	인정[감사, 감상]하다	2258
명	appreciation ə.ˈpriːʃ.i.eɪʃ.n	인정, 감사, 감상	2259
형	precious ˈpre.ʃəs	소중한	2260
형	priceless ˈpraɪs.ləs	귀중한, 값을 매길 수 없는	2261
명	appraisal ə.ˈpreɪz.l	평가, 견적	2262
명	depreciation də.ˈpriː.ʃi.eɪʃ.n	가치 하락	2263
동	appraise ə.ˈpreɪz	(가치)평가하다	2264
	at any price ət.e.ni.praɪs	무슨 대가를 치르더라도	2265
동	depreciate də.ˈpriː.ʃi.eɪt	떨어지다, 얕보다	2266
명	pricing ˈpraɪs.ɪŋ	가격결정	2267
명	inquiry ɪn.ˈkwaɪ.ri	조사, 질문	2268
형	inquisitive ɪn.ˈkwɪ.zə.tɪv	탐구적인, 캐묻는	2269
형	questionable ˈkwes.tʃə.nəb.l	의심스런	2270
명	questionnaire ˌkwes.tʃə.ˈner	설문지, 질문사항	2271
명	query ˈkwɪ.ri	의문	2272
명	enquiry ɪn.ˈkwaɪə.ri	조사, 질문	2273
동	inquire ɪn.ˈkwaɪr	문의[조사]하다	2274
	out of the question aʊt.əv.ðə.kwes.tʃən	불가능한	2275

명동	quest kwest	탐색[탐구](하다)	2276
형	unquestionable ʌn.kwes.tʃə.nəb.l	의심할 여지없는	2277
동	underlie ʌn.dər.laɪ	기초가 되다, 깔려 있다 ③ underlie | underlay | underlain	2278
형	underway ən.dər.weɪ	진행중인	2279
형	under siege ʌnd.r.sidʒ	포위된	2280
명	undergoer ʌnd.r.gʊə	경험자	2281
형	underlying ʌn.dər.laɪ.ɪŋ	근본적인, 밑에 있는	2282
부	finally faɪ.nə.li	마침내, 마지막으로	2283
동	finish fɪ.nɪʃ	끝내다	2284
형	unfinished ʌn.fɪ.nɪʃt	미완성의	2285
동	finalize faɪ.nə.laɪz	끝내다, 완성하다	2286
동	be finished with bi.fɪ.nɪʃt.wɪθ	~을 끝내다	2287
명	finale fə.næ.li	마지막	2288
형	individual ɪn.də.vɪ.dʒə.wəl	개인의, 각각의, 특유의	2289
형	individualistic ɪn.dɪ.vɪ.dʒuə.lɪ.stɪk	개인주의적인	2290
명	individuality ɪn.dɪ.vɪ.dʒu.æ.lə.ti	개성, 특성	2291
동	individualize ɪn.dɪ.vɪ.dʒuə.laɪz	개별화하다	2292
명	individualism ɪn.dɪ.və.dua.lɪ.zəm	개인주의, 개성	2293
동	involve ɪn.vɑlv	포함[참여]하다, 관련시키다	2294
형	involved ɪn.vɑlvd	관련된, 열중한, 복잡한	2295
동	involve in ɪn.vɑlv.ɪn	~에 관여하다	2296
명	involvement ɪn.vɑlv.mənt	관계, 연루, 개입	2297
명	media mi.diə	대중 매체, 매개물 *medium의 복수형	2298
형명	medium mi.diəm	중간의, 수단	2299
형	medieval mə.div.l	중세의	2300

형	mediocre mi.dio.ʊkə	보통의, 평범한	2301
명	mass media mæs.mi.diə	대중 매체	2302
형명	Mediterranean me.də.tə.reɪ.niən	지중해(의)	2303
형	median mi.diən	중간값의, 중앙의	2304
형	necessary ne.sə.se.ri	필요한	2305
부	necessarily ne.sə.se.rə.li	반드시	2306
명	necessity nə.se.sə.ti	필요성, 필수품	2307
형	unnecessary ʌn.ne.sə.se.ri	불필요한	2308
동	necessitate nə.se.sə.tet	필요하다	2309
명	position pə.zɪʃ.n	위치, 자세, 지위, 입장	2310
명동	pose poʊz	자세(취하다), 보이다	2311
명	disposition dɪ.spə.zɪʃ.n	기질, 배열, 배치	2312
명동	posture pɑs.tʃər	자세(취하다), 태세	2313
형	disposed dɪspoʊzd	~하려 하는	2314
동	posit pɑ.zət	상정하다	2315
형	postural pɑs.tʃə.rəl	자세의	2316
동	predispose pri.dɪspoʊz	유발하다	2317
명동	poise pɔɪz	균형[자세](잡다)	2318
동	receive rə.siv	받다, 수신[접수]하다	2319
형명	recipient rə.sɪ.piənt	수령인, (잘)받는	2320
명	receipt rə.sit	영수증	2321
명	reception rə.sep.ʃn	맞이함, 환영(회), 접수처	2322
명	recipe re.sə.pi	조리법, 처방전, 비결	2323
형	receptive rə.sep.tɪv	수용적인	2324
형	receivable rə.si.vəb.l	믿을 만한, 미수금의	2325

명	shortage ʃɔr.tədʒ	부족, 결핍	2326
부	shortly ʃɔrt.li	곧, 간단히	2327
명	shortcoming ʃɔrtk.əm.ɪŋ	결점	2328
형 명	shorthand ʃɔrt.hænd	속기(의)	2329
	in short supply ɪn.ʃɔrt.sə.plaɪ	공급이 부족한	2330
동	shorten ʃɔr.tn	단축[감소]하다	2331
명	shortcut ʃɔrtkət	지름길	2332
명	shortfall ʃɔrt.fɒl	부족(액)	2333
	in short ɪn.ʃɔrt	한마디로	2334
명	animation æ.nə.meɪʃ.ŋ	생기, 만화	2335
동	animate æ.nə.mət	생기[움직임]을 주다	2336
형	inanimate ɪ.næ.nə.mət	무생물의, 활기 없는	2337
명	aspect æ.spekt	관점, 양상, 외관	2338
명	perspective pər.spek.tɪv	견해, 관점, 전망	2339
형	prospective prə.spek.tɪv	기대되는, 예상된	2340
형	spectacular spek.tæ.kjə.lər	장관인, 극적인	2341
명	spectator spek.te.tər	관중, 구경꾼	2342
명	specimen spe.sə.mən	표본, 견본	2343
명	spectacle spek.tək.l	광경, 안경	2344
명	spectrum spek.trəm	분광, 범위	2345
명	prospect prɑ.spekt	가능성, 전망	2346
명	specter spek.tər	유령	2347
명 동	spy spaɪ	첩자(짓 하다)	2348
명	behavior bə.heɪ.vjər	행동	2349
동	behave bə.heɪv	행동하다	2350

형	behavioral bə.heɪ.vjə.rəl	행동의	2351
동	misbehave mɪs.bə.heɪv	나쁜 짓을 하다	2352
영	misbehavior mɪs.bə.heɪ.vjər	나쁜 짓	2353
형	central sen.trəl	중심의, 중심적인	2354
동	centralize sen.trə.laɪz	중앙화[집중]하다	2355
형	eccentric ɪk.sen.trɪk	괴상한, (중심에서) 동떨어진	2356
형	eurocentric juro.o.sen.trɪk	유럽 중심의	2357
동	decentralize də.sen.trə.laɪz	분산[분권]하다	2358
동	center on sen.tər.ɑn	~에 초점 맞추다	2359
명동	design də.zaɪn	디자인[설계](하다)	2360
형	designed də.zaɪnd	의도된, 설계된	2361
명	information ɪn.fər.meɪʃ.n	정보, 지식	2362
동	inform ɪn.fɔrm	알리다, 통지하다	2363
형	informative ɪn.fɔr.mə.tɪv	(정보, 지식에) 유익한	2364
형	informational ɪn.fər.meɪʃ.nəl	정보의, 지식의	2365
형	uninformed ʌn.ɪn.fɔrmd	정보 없는, 무식한	2366
형	misinformed mɪ.sɪn.fɔrmd	오보된	2367
형	well-informed wel.ɪn.fɔrmd	잘 아는	2368
부	instead ɪn.sted	대신에	2369
전	instead of ɪn.sted.ʌv	~대신에	2370
명동	land lænd	땅, 착륙[상륙]하다	2371
명	landscape lænd.skep	경관, 지형	2372
명	landmark lænd.mɑrk	역사적 건물	2373
명	landfill lænd.fɪl	매립지	2374
명부	inland ɪn.lænd	내륙(으로)	2375

명	landholding lændho.ʊld.ɪŋ	토지 소유	2376
명	landlord lænd.lɔrd	지주	2377
명	landowner lændo.ʊ.nər	지주	2378
형부	overland oʊv.r.lænd	육로로, 육로의	2379
명	fatherland fuð.ɹ.lænd	조국	2380
동	land in lænd.ɪn	~에 처하다[도착하다]	2381
형	limited lɪ.mə.təd	제한된	2382
명동	limit lɪ.mət	한계, 경계, 제한(하다)	2383
명	limitation lɪ.mə.teɪʃ.ŋ	제한, 한계	2384
형	unlimited ʌn.lɪ.mə.təd	무제한의, 끝없는	2385
형	sublime sə.blaɪm	숭고한, 절묘한	2386
형	limitless lɪ.mət.ləs	무제한의, 끝없는	2387
명	Limited = Ltd. lɪ.mə.təd.lɪ.mə.təd.	유한회사	2388
명	performance pər.fɔr.məns	실행, 성과, 성능, 공연	2389
동	perform pər.fɔrm	실행[공연]하다	2390
동	outperform aʊt.pər.fɔrm	능가하다	2391
명동	plan plæn	계획(하다)	2392
명	plot plɑt	음모, 줄거리	2393
동	plan ahead plæn.ə.hed	미리 계획하다	2394
형	unplanned ʌn.plænd	계획에 없는	2395
형	responsible ri.spɑn.səb.l	책임이 있는, 믿을 수 있는	2396
명	responsibility ri.spɑn.sə.bɪ.lə.ti	책임, 의무	2397
형	irresponsible ɪ.rə.spɑn.səb.l	무책임한	2398
형명	worth wɝθ	가치(있는), ~할 만한	2399
형	worthy wɝ.ði	가치 있는	2400

동	be worth ~ing bi.wɜθ	~할 가치가 있다	2401
형	worthless wɜθ.ləs	가치 없는	2402
형	worthwhile wɜ.θwaɪl	가치[보람]있는	2403
	worthy of wɜ.ði.ʌv	~할 만한	2404
형	unworthy ʌn.wɜ.ði	가치[자격]없는	2405
명	unworthiness ʌn.wɜ.ði.nəs	무가치	2406
명·동	worship wɜ.ʃəp	숭배[예배](하다)	2407
형	crossed krɒst	엇갈린, 교차한	2408
명	crossing krɒs.ɪŋ	횡단, 교차점	2409
명·동	cross krɔs	십자, 가로지르다	2410
명·동	cruise kruz	순항(하다)	2411
명	crucifix kru.sə.fiks	십자가상	2412
명	crux krəks	핵심, 십자가	2413
명	crusade kru.seɪd	십자군	2414
명	crossroad krɒsroʊd	교차로, 사거리	2415
명	crossover krɒsoʊvɚ	교차로, 혼합	2416
동	cross one's mind krɑs.wʌnz.maɪnd	생각나다	2417
부	actually æk.tʃə.wə.li	실제로, 사실은	2418
형	actual æk.tʃə.wəl	실제의, 현재의	2419
명	actualist æk.tʃə.wəlist	현실주의자	2420
형·동	complete kəm.plit	완료하다, 완전한	2421
부	completely kəm.plit.li	완전히	2422
동	accomplish ək.ɑm.plɪʃ	성취[완성]하다	2423
명	completion kəm.pliʃ.n	완성	2424
명	accomplishment ək.ɑm.plɪʃ.nəmt	성취, 완성, 업적	2425

형	**incomplete** ɪnk.əm.plit	불완전한	2426
전	**despite** dɪ.spaɪt	~에도 불구하고	2427
명동	**spite** spaɪt	앙심, 괴롭히다	2428
전	**in spite of** ɪn.spaɪt.ʌv	~에도 불구하고	2429
동	**despise** dɪ.spaɪz	경멸하다	2430
형	**despicable** dɪ.spɪk.əb.l̩	경멸스런	2431
형	**spiteful** spaɪt.fəl	악의적인	2432
형명	**driving** draɪv.ɪŋ	주도하는, 운전	2433
형	**driverless** draɪ.vər.ləs	운전자가 없는	2434
명	**driveway** draɪv.we	진입로	2435
동	**drive away** draɪv.ə.weɪ	떠나다, 쫓다	2436
동	**drive back** draɪv.bæk	~을 물리치다, 돌아오다	2437
동	**drive up the wall** draɪv.ʌp.ðə.wɒl	화나게 하다	2438
부	**drive-through** draɪv.θru	차에 탄 채로	2439
형	**self-driving** self.draɪv.ɪŋ	자율 주행하는	2440
동	**overeat** oʊv.ə.rit	과식하다	2441
형	**edible** e.dəb.l̩	먹을 수 있는	2442
동	**etch** etʃ	새기다, 깎아먹다	2443
동	**eat out** it.aʊt	외식하다	2444
형	**inedible** ɪ.ne.dəb.l̩	먹을 수 없는	2445
부	**eventually** ɪ.ven.tʃə.wə.li	결국, 마침내	2446
	in the event of ɪn.ði.ɪ.vent.ʌv	~일 경우에는	2447
동	**locate** loʊk.eɪt	위치를 찾다, 위치시키다	2448
명	**location** loʊk.eɪʃ.n̩	위치, 장소	2449
명	**localizationist** loʊk.ə.laɪ.zeɪʃ.nɪst	지방 분권주의자	2450

동	relocate rilo.ʊk.eɪt	이전하다	2451
명	relocation rilo.ʊk.eɪʃ.n	재배치	2452
명	locale look.ɑl	장소	2453
명	localization look.ə.laɪ.zeɪʃ.n	지방 분권, 현지화	2454
동	localize look.ə.laɪz	현지화[위치파악]하다	2455
명	localism look.ə.lɪ.zəm	지역주의, 지역색	2456
형	lovely lʌv.li	사랑스런, 아름다운	2457
형	beloved bə.lʌvd	사랑하는, 소중한	2458
명	lover lʌv.r	연인, 애호가	2459
동	occur ək.ɚ	생기다, 생각나다	2460
명	occurrence ək.ɚ.rəns	발생, 상황, 출현	2461
동	incur ɪnk.ɚ	초래하다	2462
동	concur kənk.ɚ	동의하다, 동시 발생하다	2463
명	concurrence kənk.ɚ.rəns	동의, 동시 발생	2464
형	concurrent kənk.ɚ.rənt	공존하는, 동시 발생하는	2465
형	recurring rɪk.ɚr.ɪŋ	반복된	2466
형	recurrent rɪk.ɚ.rənt	반복된	2467
동	recur rɪk.ɚ	재발[회상]하다	2468
명	situation sɪ.tʃu.eɪʃ.n	상황, 위치, 입장	2469
명	site saɪt	현장, 위치	2470
형	situational sɪ.tʃu.eɪ.ʃə.nəl	상황에 따른	2471
동	situate sɪ.tʃu.et	위치[고려]하다	2472
명	tale teɪl	이야기, 설화, 소문	2473
명	fairy tale fe.ri.teɪl	동화	2474
명	small talk smɔl.tɔk	잡담	2475

형	talkative tɔk.ət.ɪv	수다스런	2476
동	argue ɑr.gju	언쟁[주장, 논]하다, 다투다	2477
명	argument ɑr.gjə.mənt	논쟁, 토론	2478
부	arguably ɑr.gjuə.bli	거의 틀림없이	2479
형	argumentative ɑr.gjə.men.tə.tɪv	논쟁적인	2480
명	case keɪs	경우, 사건, 주장, 상자	2481
	in the case of ɪn.ðə.keɪs.ʌv	~의 경우에는	2482
	in case ɪn.keɪs	~경우에	2483
동	encase enk.eɪs	(상자에) 넣다	2484
	as is often the case əz.ɪz.ɔf.n.ðə.keɪs	흔한 일이지만	2485
명	lowercase loʊ.r.keɪs	소문자	2486
명	uppercase ʌ.pər.keɪs	대문자	2487
명	component kəmpo.ʊ.nənt	부품, (구성)요소	2488
형명동	compound kɑm.paʊnd	혼합(하다), 복잡한	2489
명	composition kɑm.pə.zɪʃ.n	구성(요소), 작문, 작곡, 합성	2490
명	composer kəmpo.ʊ.zə	작곡가	2491
동	compose kəmpoʊz	구성[조립, 작곡]하다	2492
동	comprise kəm.praɪz	구성[포함, 의미]하다	2493
동	be composed of bi.kəmpoʊzd.ʌv	~로 구성되다	2494
형	decomposable di.kəmpoʊz.eɪb.l	분해 가능한	2495
동	decompose dik.əmpoʊz	부패[분해]되다	2496
명	compost kɑmpost	비료	2497
형	composite kɑm.pɑ.zət	합성의	2498
명	course kɔrs	진행, 진로, 과정, 강좌	2499
	of course ʌv.kɔrs	물론	2500

품사	단어	뜻	번호
명	intercourse /ˈɪn.tɚk.ɔrs/	왕래, 성관계	2501
명	recourse /rikɔrs/	의존	2502
형	emotional /ɪˈmoʊ.ʃə.nl/	감정적인	2503
명	emotion /ɪˈmoʊ.ʃən/	감정, 감동	2504
형	unemotional /ˌʌn.ɪˈmoʊ.ʃə.nl/	비감정적인, 냉정한	2505
형	emotive /ɪˈmoʊ.tɪv/	감동[감정]적인	2506
형명동	express /ɪkˈsprɛs/	표현하다, 급행, 확실한	2507
명	expression /ɪkˈsprɛʃ.n/	표현, 표정	2508
명	expressionism /ɪkˈsprɛ.ʃə.nɪ.zəm/	표현주의	2509
형	expressive /ɪkˈsprɛ.sɪv/	표현적인, 나타내는	2510
명	industry /ˈɪn.də.stri/	산업, 공업, 근면성	2511
형	industrial /ɪnˈdə.striəl/	산업의, 공업의	2512
명	industrialization /ɪnˈdə.striə.lə.zeɪʃ.n/	산업화	2513
동	industrialize /ɪnˈdə.striə.laɪz/	산업화하다	2514
명	industrialist /ɪnˈdə.striə.ləst/	기업가	2515
형	industrious /ɪnˈdə.striəs/	근면한, 부지런한	2516
형부	mid /mɪd/	중앙의, 중앙에, 중간에	2517
	in the middle of /ɪn.ðə.mɪd.l.ʌv/	~의 도중[중간]에	2518
형	midst /mɪdst/	한가운데, ~중의	2519
전	amid /əˈmɪd/	~의 한복판에	2520
명	midland /ˈmɪd.lænd/	중부 지방, 내륙	2521
전	amidst /əˈmɪdst/	~의 한복판에	2522
명	middleman /ˈmɪd.l.mæn/	중개인	2523
명동	practice /ˈpræk.tɪs/	연습[실행](하다), 습관, 관습, 개업	2524
형	practical /ˈpræk.tək.l/	실용적인, 실제의	2525

동	practise præk.tıs	연습[실행]하다	2526
형	practiced præk.tıst	숙련된, 능숙한	2527
형	impractical ım.præk.tək.l	비현실[비실용]적인	2528
명	malpractice mæl.præk.təs	과실	2529
형	practicable præk.tək.əb.l	실행가능한	2530
명동	rate reıt	비율, 요금, 등급, 평가하다	2531
명	rating reıt.ıŋ	평가, 등급, 평점	2532
명	heart rate hɑrt.reıt	심박동수	2533
	at a rate of ət.ə.reıt.ʌv	~의 비율로	2534
명	exchange rate ıks.tʃeındʒ.reıt	환율	2535
명	interest rate ın.trəst.reıt	금리	2536
명	ratio reı.ʃio.ʊ	비율	2537
동	underrate ən.dər.reıt	과소평가하다	2538
동	remain rə.meın	남다, 머무르다	2539
명	remains rə.meınz	유적, 나머지	2540
명	remainder rə.meın.dər	나머지, 잉여	2541
명	remnant rem.nənt	나머지	2542
명동	reserve rə.zɜ˞v	예약[비축](하다), 예비	2543
동	preserve prə.zɜ˞v	보존[저장]하다	2544
형	conservative kən.sɜ˞.və.tıv	보수[전통]적인	2545
동	conserve kən.sɜ˞v	보존[보호]하다	2546
명	conservation kɑn.sər.veıʃ.n	보존, 보호	2547
명	preservative pri.zɜ˞.və.tıv	방부제	2548
명	reservation re.zər.veıʃ.n	예약, 보류, 보호구역	2549
명	preservation pre.zər.veıʃ.n	보존, 보호	2550

명	conservationist kɑn.sər.veɪ.ʃə.nəst	환경 보호가	2551
명	reservoir re.zəv.wɑr	저수지, 저장소	2552
명동	share ʃer	공유[분배](하다), 몫	2553
형	shared ʃerd	나눠진, 공유하는	2554
동	squander skwɑn.dər	낭비하다, 흩어지다	2555
동	shatter ʃæ.tər	조각나다, 흩어지다	2556
동	scatter skæ.tər	흩뿌리다, 흩어지다	2557
명	shard ʃɑrd	조각, 파편	2558
	shred of ʃred.ʌv	조금, ~의 일부	2559
명	source sɔrs	원천, 근원, 출처	2560
명	resource ri.sɔrs	자원, 수단, 재주	2561
명	sourcing sɔrs.ɪŋ	조달, 공급	2562
동	outsource ɑwt.sɔrs	외부 조달하다	2563
형	resourceful ri.sɔr.sfəl	자원[수완]이 풍부한	2564
부	altogether ɔl.tə.geð.r	완전히, 대체로	2565
명	throng θrɒŋ	군중	2566
명	togetherness tə.ge.ðər.nəs	친목, 단결	2567
명	accident æk.sə.dənt	사고, 우연	2568
명	incident ɪn.sə.dənt	사건	2569
형	accidental æk.sə.den.tl	우연한, 우발적인	2570
명	coincidence koʊ.ɪn.sɪ.dəns	우연의 일치	2571
	by accident baɪ.æk.sə.dənt	우연히	2572
동	coincide koʊɪn.saɪd	일치하다, 동시적이다	2573
명	incidence ɪn.sə.dəns	발생, 빈도, 사건	2574
형	incidental ɪn.sə.den.tl	부수적인, 우연한	2575

동	affect ə.fekt	영향[감동]을 주다, 발병하다	2576
형	affecting ə.fekt.ɪŋ	영향을 주는, 감동적인	2577
형	affectionate ə.fek.ʃə.nət	다정한	2578
명	affection ə.fek.ʃn	애정	2579
형	affective ə.fek.tɪv	감정적인	2580
형	unaffected ʌ.nə.fek.təd	영향[꾸밈]없는	2581
명	area e.riə	지역, 면적, 분야	2582
명	attention ə.ten.ʃn	주의, 주목, 배려, "차렷!"	2583
동	pay attention to peɪ.ə.ten.ʃn.tu	~에 주목[주의]하다	2584
형	attentive ə.ten.tɪv	주의 깊은, 세심한	2585
명	inattention ɪ.nə.ten.tʃn	부주의, 무심	2586
형	inattentive ɪ.nə.ten.tɪv	부주의한	2587
동	choose tʃuz	선택하다 ③ choose | chose | chosen	2588
형/명	choice tʃɔɪs	선택(된), 엄선된	2589
동	compare kəm.per	비교하다	2590
명	comparison kəm.pe.rəs.n	비교, 비유	2591
명	comparability kɑm.pə.rə.bɪ.lə.ti	비교 가능성, 공통점	2592
형	comparable kɑm.pə.rəb.l	~와 비교된, 유사한	2593
형	comparative kəm.pe.rə.tɪv	비교적인	2594
	in comparison with ɪn.kəm.pe.rəs.n.wɪθ	~에 비해서	2595
명	consequence kɑn.sə.kwəns	결과, 중요성	2596
부	consequently kɑn.sə.kwənt.li	따라서, 결과적으로	2597
명	sequence si.kwəns	연속, 순서, 배열	2598
형	consecutive kən.se.kjə.tɪv	연속적인	2599
형	subsequent sʌb.sə.kwənt	다음의, 그 후의	2600

품사	영단어	뜻	번호
명	sequel si.kwəl	속편	2601
형	sequential sə.kwen.tʃl	연속적인	2602
형	consequential kʌn.sə.kwen.tʃl	~결과의	2603
형	consequent kʌn.sə.kwənt	~결과의	2604
형	critical krɪ.tɪk.l	비판적인, 중대한	2605
동	criticize krɪ.tə.saɪz	비판[비평]하다	2606
명	critic krɪ.tɪk	평론가	2607
명	criticism krɪ.tə.sɪ.zəm	비판, 평론	2608
명	critique krə.tik	평론	2609
명	criterion (pl. criteria) kraɪ.tɪ.riən	기준, 평가	2610
명	deadline ded.laɪn	기한, 마감 시간	2611
형	deadly ded.li	치명적인	2612
	Black Death blæk.deθ	흑사병	2613
형	dead-end end	막다른, 막장의	2614
형	deadliest ded.liəst	가장 치명적인	2615
명	deadlock ded.lʌk	교착 상태	2616
명	death duty deθ.du.ti	상속세	2617
명	deathbed deθ.bed	임종	2618
형	deathless deθ.lɪs	불멸의, 불사의	2619
동	describe də.skraɪb	묘사[설명]하다	2620
명	description də.skrɪp.ʃn	묘사, 설명, 종류	2621
명	script skrɪpt	대본, 필체	2622
명	subscriber səb.skraɪ.bər	구독자, 기부자	2623
동	ascribe A to B ə.skraɪb.ə.tə.bi	A는 B의 탓[덕분]이다	2624
형	descriptive də.skrɪp.tɪv	묘사[설명]하는	2625

동	prescribe prə.skraıb	처방[규정]하다	2626
동	proscribe proskraıb	금지[추방]하다	2627
동	transcribe træn.skraıb	기록하다, 베끼다	2628
동	scribble skrıb.l	갈겨쓰다	2629
동	subscribe səb.skraıb	기부[서명]하다	2630
명	subscription səb.skrıp.ʃn	기부, 구독(료)	2631
형·명	manuscript mæ.njə.skrıpt	원고, 필기한	2632
명	transcript træn.skrıpt	사본, 성적표	2633
명	inscription ın.skrıp.ʃn	새김	2634
동	inscribe ın.skraıb	새기다	2635
명	prescription prə.skrıp.ʃn	처방(전)	2636
동	subscribe to[for] səb.skraıb.tə.fər	~을 구독[기부]하다	2637
동	exist ıg.zıst	존재하다, 있다	2638
명	existence eg.zı.stəns	존재	2639
형	nonexistent nɑ.nəg.zı.stənt	존재하지 않는	2640
형	existential ek.sı.sten.tʃəl	존재의	2641
동	coexist kouıg.zıst	공존하다	2642
동	overhear ouv.ə.hıə	언뜻 듣다 ③ overhear | overheard | overheard	2643
형	unheard ʌn.hɜd	못 들어본	2644
형	heat-retaining hit.rə.teın.ŋ	보온의	2645
동	overheat ouv.ə.hit	과열하다	2646
동	heat up hit.ʌp	데우다, 뜨거워지다	2647
동	improve ım.pruv	개선[향상]시키다	2648
명	improvement ım.pruv.mənt	개선, 향상	2649
명	self-improvement sel.fım.pruv.mənt	자기수양	2650

형	psychological saɪk.ə.lɑ.dʒɪk.l	심리학의, 심리적인	2651
명	psychologist saɪk.ɑ.lə.dʒəst	심리학자	2652
명	psychology saɪk.ɑ.lə.dʒi	심리학	2653
명	psychiatry saɪk.aɪə.tri	정신의학	2654
명	psyche saɪk.i	영혼, 정신	2655
명	psychiatrist sək.aɪə.trəst	정신과 의사	2656
형	psychiatric saɪk.i.æ.trɪk	정신 의학의	2657
명	psychotherapy saɪko.ʊ.θe.rə.pi	심리치료	2658
동	reduce rə.dus	줄(이)다, 낮추다	2659
명	reduction rə.dək.ʃn	축소, 감소	2660
동	spread spred	펼치다, 퍼지다 ③ spread | spread | spread	2661
형	widespread waɪd.spred	광범위한, 널리 퍼진	2662
명·동	spray spreɪ	분무기, 분사하다, 잔가지	2663
동	sprinkle sprɪŋk.l	뿌리다	2664
동	sprawl sprɒl	쭉 펴다, 뻗다	2665
명·동	sprout spraʊt	싹(트다)	2666
명	spurt spɜrt	분발, 분출	2667
명·동	benefit be.nə.fɪt	이익(이 되다), 혜택	2668
형	beneficial be.nə.fɪʃ.l	유익한, 이로운	2669
형	benign bə.naɪn	친절한, 온화한, 길조의	2670
명	beneficiary be.nə.fɪ.ʃi.e.ri	수혜자	2671
명	benefactor be.nə.fæk.tər	후원자	2672
형	beneficent be.nə.fɪ.ʃənt	선행하는, 인정 많은	2673
동	carry kæ.ri	소지[운반]하다	2674
동	carry out kæ.ri.aʊt	수행하다	2675

품사	단어	뜻	번호
명	miscarriage mɪ.ske.rədʒ	유산, 잘못	2676
동	be carried away bi.kæ.rid.ə.wei	정신 나가다	2677
동	carry on kæ.ri.ɑn	계속 가다[하다]	2678
명	carriage kæ.ridʒ	마차, 탈것	2679
동	carry forward kæ.ri.fɔr.wərd	이월하다	2680
명	cargo kɑrgo.ʊ	화물	2681
명	carousel ke.rə.sel	회전목마	2682
명	carrier kæ.riər	운송업자, 보균자, 항공모함	2683
동	carry away kæ.ri.ə.wei	~을 가져가다, 휩쓸다	2684
동	carry off kæ.ri.ɒf	유괴하다, 빼앗다	2685
동	carry over kæ.ri.oʊv.r	이어지다, 이월하다	2686
명	competition kɑm.pə.tɪʃ.n	경쟁, 시합, 대회	2687
동	compete kəm.pit	경쟁하다	2688
형	competitive kəm.pe.tə.tɪv	경쟁적인, 경쟁력 있는	2689
동	compete with kəm.pit.wɪθ	~와 겨루다	2690
명	competitor kəm.pe.tə.tər	경쟁자	2691
명	competitiveness kəm.pe.tə.tɪv.nəs	경쟁력	2692
동	compete in kəm.pit.ɪn	~에 참가하다	2693
형명	complex kɑm.pleks	복잡한, (건물)단지, 열등감	2694
동	complicate kɑm.pləket	복잡하게 하다	2695
명	complexity kəm.plek.sə.ti	복잡성	2696
명	complication kɑm.plək.eɪʃ.n	복잡, 문제, 합병증	2697
동	perplex pər.pleks	난처[복잡]하게 하다	2698
형	uncomplicated ʌn.kɑm.plək.e.təd	단순한	2699
동	motivate moʊ.tɪ.veit	동기를 주다, 자극하다	2700

품사	단어	뜻	번호
명	**motivation** moo.tɪ.veɪʃ.n	동기(부여), 자극	2701
명	**mobility** moo.bɪ.lɪ.ti	이동성, 운동성	2702
형 명	**mobile** moo.baɪl	이동 가능한, 휴대 전화	2703
명 동	**mob** mɑb	폭도, 떼 짓다	2704
형 명	**motive** moo.tɪv	동기, 이유, 원동력의	2705
형	**immobile** imo.ʊ.baɪl	움직이지 않는[못하는]	2706
동	**mobilize** moo.bɪ.laɪz	동원하다	2707
형 명	**locomotive** look.ɔmo.ʊ.tɪv	기관차, 이동하는	2708
명	**motif** moo.tif	주제, 동기, 무늬	2709
명 동	**plant** plænt	식물, 공장, 설비, 심다	2710
동	**implant** ɪm.plænt	이식하다, 심다	2711
명	**plantation** plæn.teɪʃ.n	농장, 식민지	2712
동	**transplant** træn.splænt	이식[이주]하다	2713
명	**transplantation** trænz.plæn.teɪʃ.n	이식, 이주	2714
명 동	**pressure** pre.ʃər	압력(을 가하다)	2715
명 동	**press** pres	언론, 누르다, 압박하다	2716
동	**suppress** sə.pres	억압[진압]하다, 감추다	2717
명	**suppression** sə.preʃ.n	억압, 진압	2718
동	**oppress** ə.pres	억압하다	2719
명	**oppression** ə.preʃ.n	억압, 압박	2720
형	**suppressive** sə.pre.sɪv	억압하는	2721
명	**compression** kɔm.preʃ.n	압축	2722
동	**compress** kɔm.pres	압축[압박]하다	2723
명	**repression** ri.preʃ.n	억압	2724
형	**oppressive** ə.pre.sɪv	억압적인, 답답한	2725

형	**repressive** ri.pre.siv	억압하는	2726
동	**repress** ri.pres	억압하다	2727
동	**press out** pres.aut	짜내다	2728
형	**recent** ri.sənt	최근의	2729
명	**tip** tip	조언, 사례금, 끝 부분	2730
	at the top of ʌt.ðə.tap.ɛ	가장 위에서	2731
형	**top-down** tap.daun	하향식의, 상명하달식의	2732
명동	**weight** weit	무게[부담](를 더하다), 중요성	2733
명동	**weigh** wei	무게(재다), 숙고[중요]하다	2734
명	**vehicle** vi.hik.l	운송 수단, 매개물	2735
동	**outweigh** au.twe	~보다 더 크다, 중대하다	2736
동	**weigh down** wei.daun	~을 짓누르다	2737
동	**weigh on** wei.an	압박하다	2738
명	**freight** freit	화물	2739
형명	**overweight** ouv.ə.weit	과체중(의), 과중	2740
형	**fraught** frɒt	가득 찬, 걱정스런	2741
명	**adulthood** ə.dʌlt.hud	성인	2742
명	**adultery** ə.dəl.tə.ri	불륜	2743
	on business an.biz.nəs	업무상으로	2744
형	**businesslike** biz.nəs.laik	사무[효율]적인	2745
명	**small business** smɒl.biz.nəs	소기업	2746
명	**circumstance** sɜk.əm.stæns	환경, 상황, 사정	2747
명동	**distance** di.stəns	멀어지다, (먼)거리, 간격	2748
형	**distant** di.stənt	거리가 먼	2749
명	**stance** stæns	입장, 자세, 위치	2750

	from a distance	멀리서	2751
명	consumer	소비자	2752
동	consume	소비[섭취]하다	2753
명	consumption	소비	2754
형	presumptuous	주제넘은, 오만한	2755
형	sumptuous	값비싼	2756
동	contain	함유하다, 억누르다	2757
동	retain	유지[억제]하다	2758
명동	rein	억제(하다), 고삐	2759
명	retention	보유, 보존	2760
명	container	그릇, 컨테이너	2761
동	detain	억류하다	2762
명	deterrence	억제	2763
형명	deterrent	억제하는, 방해물	2764
명	detention	억류	2765
명	detainee	억류자	2766
동	deter	단념[포기]시키다	2767
명	containment	견제, 방지	2768
형	dangerous	위험한	2769
형	endangered	위험[멸종]에 처한	2770
	in danger	위험에 처하여	2771
동	endanger	위험하게 하다	2772
부	elsewhere	다른 곳에서, 다른 경우에서	2773
동	explain	설명[해명]하다	2774
명	explanation	설명, 해명	2775

형	explanatory ɪk.splæ.nə.tɔ.ri	설명적인, 해석상의	2776
형	self-explanatory self.ɪk.splæ.nət.ri	설명이 불필요한	2777
형	explicable ek.splɪk.əb.l	설명 가능한	2778
동	explicate ek.splɪk.eɪt	설명[해석]하다	2779
형	inexplicable ɪ.nək.splɪt.səb.l	설명 불가능한	2780
명	extent ɪk.stent	범위, 정도, 넓이	2781
동	extend ɪk.stend	확장[연장, 전]하다	2782
형	extensive ɪk.sten.sɪv	광대한, 포괄적인	2783
명	extension ɪk.sten.ʃn	확장, 연장	2784
형	extensible ɪk.sten.sə.bəl	확장 가능한	2785
명	firefighter faɪr.faɪ.tər	소방관	2786
명	wildfire waɪld.faɪər	들불	2787
형	fiery faɪə.ri	불같은	2788
명	firecracker faɪər.kræk.ər	폭죽	2789
명	firework faɪr.wərk	불꽃(놀이)	2790
명	fireplace faɪər.pleɪs	벽난로	2791
동	backfire bæk.faɪr	역효과[맞불]내다	2792
명	firewood faɪər.wʊd	장작	2793
명	firewall faɪrwal	방화벽	2794
동	be fired from bi.faɪərd.frʌm	~에서 해고되다	2795
명	fire engine faɪr.en.dʒən	소방차	2796
명	government gʌ.vər.mənt	정부	2797
동	govern gʌ.vərn	통치[지배]하다	2798
명	governor gʌ.vər.nər	주지사, 통치자	2799
형	governmental gʌ.vərn.men.tl	정부의	2800

형	intergovernmental ɪn.tər.gə.vərn.men.tl	정부간의	2801
형	non-governmental nɑngə.vərn.men.təl	비정부의, 민간의	2802
형명	household haʊs.hoʊld	가정(의), 가족(의)	2803
동	imagine ɪ.mæ.dʒən	상상[가정]하다	2804
명	imagination ɪ.mæ.dʒə.neɪʃ.n̩	상상(력), 창의력	2805
형	imaginary ɪ.mæ.dʒə.ne.ri	상상의, 가상의	2806
형	imaginative ɪ.mæ.dʒə.nə.tɪv	상상의, 창의적인	2807
형	imaginable ɪ.mæ.dʒə.nəb.l̩	상상할 수 있는	2808
형	unimaginable ʌ.nə.mæ.dʒə.nəb.l̩	상상할 수 없는	2809
동	leave liv	떠나다, 놔두다, 맡기다 ③ leave | left | left	2810
동	leave out liv.aʊt	생략[무시]하다	2811
명	leftover lefto.o.və	남은 것, 잔반	2812
동	leave off left.ɒf	멈추다, 빠지다	2813
명동	underline ʌn.dər.laɪn	강조하다, 밑줄(치다)	2814
형	linear lɪ.niər	(직)선의	2815
명동	outline aʊt.laɪn	윤곽(을 그리다), 요약	2816
동	align ə.laɪn	정렬하다	2817
명	alignment ə.laɪn.mənt	정렬, 일직선	2818
명	hotline hɒt.laɪn	직통 전화	2819
동	line up laɪn.ʌp	줄 세우다	2820
동	delineate də.lɪ.ni.et	설명[묘사]하다	2821
	in line with ɪn.laɪn.wɪθ	~와 나란히	2822
명	lane leɪn	차선, 오솔길	2823
명	lineage lɪ.niədʒ	혈통, 계보	2824
동	stand in line stænd.ɪn.laɪn	줄 서다	2825

형	monetary mɑ.nə.te.ri	통화의, 금융의	2826
동	make money meɪk.mʌ.ni	돈을 벌다	2827
	Money makes the mare go mʌ.ni.meɪks.ðə.mer.goʊ	돈이면 귀신도 부릴 수 있다.	2828
형	primary praɪ.me.ri	제일의, 초기의, 초보의	2829
형	prime praɪm	최고의, 주요한	2830
명	primate praɪ.met	영장류, 대주교(Primate)	2831
형	supreme sə.prim	최고의, 최종의	2832
명	primacy pri.mə	제일, 최고	2833
형	premier pre.mir	제일의, 최초의	2834
명동	premiere pre.mir	첫 상영(하다)	2835
명	supremacy sə.pre.mə.si	최고, 우월	2836
형명	premium pri.miəm	고급의, 할증금, 상금	2837
부	seriously sɪ.riə.sli	심각[진지]하게	2838
명	seriousness sɪ.riə.snəs	심각함, 진지함	2839
형명동	sound saʊnd	소리, 건강한, 해협, 재다	2840
명	infrasound ɪn.frə.saʊnd	초저주파	2841
부	soundly saʊnd.li	확실히, 깊게, 건강히	2842
형	soundproof saʊnd.pruf	방음의	2843
동	sound like saʊnd.laɪk	~처럼 들리다, ~일 것 같다	2844
형	ultrasound ʌl.trə.saʊnd	초음파	2845
형	soundless saʊnd.ləs	소리 없는, 깊은	2846
전동	till tɪl	~(때)까지, 경작하다	2847
	not until nɑt.ʌn.tɪl	~가 되어야, ~이후로	2848
	until now ʌn.tɪl.naʊ	지금까지	2849
명	wound waʊnd	상처, *wind의 과거(분사)	2850

동	wind up wɪnd.ʌp	끝내다, 감다	2851
형	winding wɪnd.ɪŋ	구불구불한	2852
형	windy wɪnd.i	바람이 센	2853
명	windfall wɪnd.fɔl	횡재	2854
명	wind direction wɪnd.də.rek.ʃn	풍향	2855
형	windless wɪnd.ləs	바람 없는	2856
명	windmill wɪnd.mɪl	풍차	2857
동	allow ə.laʊ	허락하다, 주다	2858
동	allow for ə.laʊ.fɔr	~을 감안하다	2859
명	allowance ə.laʊəns	용돈, 수당, 허용	2860
형	allowable ə.laʊəb.l	허용된	2861
동	disallow dɪ.sə.laʊ	금지하다	2862
형	aware ə.wer	아는, 의식하는	2863
명	awareness ə.wer.nəs	인식, 의식	2864
형	unaware ʌ.nə.wer	모르는, 부주의한	2865
동	beware bə.wer	조심하다	2866
형	self-aware self.ə.wer	자각하는	2867
명	citizen sɪ.tə.zən	시민	2868
명	civilization sɪ.və.lə.zeɪʃ.n	문명	2869
형	civil sɪ.və.l	시민의	2870
명	citizenship sɪ.tə.zən.ʃɪp	시민권	2871
동	civilize sɪ.və.laɪz	개화[교화]하다	2872
명	civilian sə.vɪ.ljən	민간인, 비전문가	2873
형	civilized sɪ.və.laɪzd	문명화된, 교양 있는	2874
동	connect kə.nekt	연결[관련]하다	2875

명	connection <small>kə.nek.ʃn</small>	연결, 관련, 관계	2876
동	disconnect <small>dɪs.kə.nekt</small>	연결 끊다	2877
동	reconnect <small>rik.ə.nekt</small>	재연결[재결합]하다	2878
명	connectivity <small>kə.nek.tɪ.və.ti</small>	연결	2879
동	interconnect <small>ɪn.tɔrk.ə.nekt</small>	서로 연결[연락]하다	2880
명	interconnection <small>ɪn.tɔrk.ə.nek.ʃn</small>	상호 연결	2881
명동	damage <small>dæ.mədʒ</small>	손해, 손상, 해치다	2882
명동	average <small>æ.və.rɪdʒ</small>	평균(내다), 손해	2883
형	damned <small>dæmd</small>	저주 받은	2884
동	indemnify <small>ɪn.dem.nə.faɪ</small>	보상하다	2885
동	damnify <small>dæm.nʌ.faɪ</small>	손상시키다	2886
형	undamaged <small>ən.dæ.mədʒd</small>	무사한	2887
명	degree <small>dɪ.gri</small>	정도, -도, 학위, 등급	2888
명	grade <small>greɪd</small>	등급, 성적, -학년	2889
명	ingredient <small>ɪŋ.gri.diənt</small>	재료, 성분, 요소	2890
동	degrade <small>dɪ.greɪd</small>	낮추다, 저하시키다	2891
동	upgrade <small>əp.greɪd</small>	높이다, 향상시키다	2892
명	degradation <small>de.grə.deɪʃn</small>	몰락, 수모	2893
명	gradient <small>greɪ.diənt</small>	변화도, 경사	2894
명	failure <small>feɪ.ljər</small>	실패, 부족, 실수	2895
동	fail to notice <small>feɪl.tə.noʊ.tɪs</small>	간과하다	2896
명	habitat <small>hæ.bə.tæt</small>	거주지, 서식지	2897
명	inhabitant <small>ɪn.hæ.bə.tənt</small>	주민, 서식 동물	2898
명	habitation <small>hæ.bə.teɪʃn</small>	거주(지), 주거	2899
형	habitual <small>bə.bɪ.tʃuəl</small>	습관적인	2900

동	inhabit ɪn.hæ.bət	살다, 거주하다	2901
형	uninhabited ʌ.nɪn.hæ.bə.təd	무인의	2902
형	habitable hæ.bə.təb.l	거주 가능한	2903
동	invent ɪn.vent	발명[조작]하다	2904
명	invention ɪn.ven.ʃn	발명(품), 조작	2905
명	inventor ɪn.ven.tər	발명가, 창시자	2906
동	reinvent ri.ɪn.vent	재창조하다	2907
형	inventive ɪn.ven.tɪv	창의적인, 발명의	2908
명	marketplace mark.ət.ples	시장	2909
명	marketing mark.ət.ɪŋ	영업, 판매	2910
명	stock market stak.markət	증권 거래소	2911
형	marketable mark.ə.təb.l	잘 팔리는	2912
명	marketer mark.ə.tər	영업원, 판매자	2913
형	market-friendly markət.frend.li	시장친화적인	2914
형	modern ma.dərn	현대적인, 근대의	2915
명	modernity madɜr.nə.ti	현대성	2916
동	modernize ma.dər.naɪz	현대화하다	2917
형	postmodern poust.mod.n	탈근대적인, 최신의	2918
명	cooperation koʊ.ɑ.pə.reɪʃ.n	협력	2919
동	operate a.pə.ret	운영[작동, 수술]하다	2920
명	operation a.pə.reɪʃ.n	수술, 작전, 운영, 작동	2921
명	operator a.pə.re.tər	사업자, 운영자	2922
형	operational a.pə.reɪ.ʃə.nəl	운영상의, 준비된	2923
동	cooperate koʊ.ɑ.pə.reɪt	협력하다	2924
형	cooperative koʊ.ɑ.pə.rə.tɪv	협동의	2925

형	operative ɑ.pə.rə.tɪv	가동[운영]된, 수술의	2926
형	original ɔ.rɪdʒ.n.əl	원래의, 원본의, 독창적인	2927
명	origin ɔr.ɪdʒ.ɪn	기원, 태생, 원인	2928
동	originate ə.rɪdʒ.ə.neɪt	기원[고안]하다	2929
명	originality ə.rɪdʒ.ə.næl.ət.i	독창성	2930
형	aboriginal æ.bə.rɪ.dʒnəl	원주민의, 토착의	2931
부	poorly pʊr.li	가난하게, 서툴게	2932
동	be poor at bi.pʊr.æt	~에 서투르다	2933
명	population pɑ.pjə.leɪʃ.n	인구	2934
동	populate pɑ.pjə.leɪt	거주시키다, 살다	2935
명	slowdown sloʊ.daʊn	둔화	2936
명	slowness sloʊ.nəs	느림	2937
명	sloth sloʊθ	나태, 나무늘보	2938
명	spacing speɪs.ɪŋ	간격, 공백	2939
형	spatial speɪʃ.l	공간적인	2940
형	spacious speɪ.ʃəs	넓은	2941
형	space-time speɪs.taɪm	시공간의	2942
형	stuck stək	열중한, 막힌, 갇힌	2943
명동	stick stɪk	붙이다, 찌르다, 지속하다, 막대기 ③ stick | stuck | stuck	2944
형	ticket tɪkət	입장권, 딱지	2945
동	stick to stɪk.tu	고수하다, 달라붙다	2946
명	stigma stɪg.mə	오명, 낙인	2947
동	stigmatize stɪg.mə.taɪz	오명 씌우다, 낙인찍다	2948
동	stick one's nose in stɪk.wʌnz.noʊz.ɪn	~에 간섭하다	2949
형	sticky stɪk.i	끈끈한, 붙는, 무더운	2950

형|명	**subject** sʌb.dʒekt	주제, 과목, 지배받는, ~하기 쉬운	2951
형	**subjective** səb.dʒek.tɪv	주관[개인]적인	2952
동	**be subject to** bi.sʌb.dʒekt.tu	~의 대상이다	2953
동	**subject to** sʌb.dʒekt.tu	~을 전제로 하다	2954
명	**subjectivity** səb.dʒek.ti.və.ti	주관성	2955
명	**subjection** səb.dʒek.ʃn	정복, 복종	2956
동	**support** sə.pɔrt	지원[유지, 부양]하다	2957
명	**supporter** sə.pɔr.tər	지지자, 후원자	2958
형	**supportive** sə.pɔr.tɪv	지원[지지]하는, 보조적인	2959
명	**capacity** kə.pæ.sə.ti	용량, 수용력, 능력	2960
형	**capable** keɪ.pəb.l	~가능한, 유능한	2961
동	**be capable of** bi.keɪ.pəb.l.ʌv	~(잘) 할 수 있다	2962
형	**incapable** ɪnk.eɪ.pəb.l	~불가능한, 무능한	2963
동	**incapacitate** ɪnk.ə.pæ.sə.tet	무력화하다	2964
명	**capability** ke.pə.bɪ.lə.ti	능력, 성능	2965
형	**capacious** kə.peɪ.ʃəs	널찍한	2966
명	**condition** kən.dɪʃ.n	조건, 상태, 상황	2967
명	**conditioner** kən.dɪ.ʃə.nər	조절 장치	2968
동	**decondition** di.kən.dɪʃ.n	건강을 해치다	2969
형	**conditional** kən.dɪʃ.nəl	조건부의	2970
형	**unconditional** ʌnk.ən.dɪʃ.nəl	무조건적인	2971
명	**precondition** prik.ən.dɪʃ.n	전제 조건	2972
명|동	**draw** drɒ	그리다, 당기다, 무승부 ③ draw | drew | drawn	2973
명	**drawing** drɒɪŋ	그림, 소묘	2974
형	**drawn** drɒn	그려진, 늘어진	2975

명동	**drag** dræg	끌(리)다, 견인	2976
명	**drawback** drɔ.bæk	결점	2977
동	**withdraw** wɪð.drɔ	철수[철회, 인출]하다 ③ withdraw | withdrew | withdrawn	2978
동	**redraw** ri.drɔ	변경하다 ③ redraw | redrew | redrawn	2979
동	**draw back** drɔ.bæk	물러나다, ~않다	2980
동	**draw out** drɔ.aʊt	꺼내다, 빼다	2981
명	**drawer** drɔr	서랍, 속옷(drawers)	2982
명	**education** e.dʒɔk.eɪʃ.n̩	교육	2983
형	**educational** e.dʒɔk.eɪʃ.nəl	교육의, 교육적인	2984
동	**educate** e.dʒɔket	교육하다	2985
명	**educator** e.dʒɔk.e.tɔr	교육자	2986
형	**non-educated** nɒn.e.dʒɔk.e.təd	교육받지 않은	2987
형	**well-educated** wel.e.djuk.eɪ.tɪd	잘 교육된	2988
명	**footwear** fʊ.twer	신발(류)	2989
부	**underfoot** ʌn.dər.fʊt	짓밟힌, 발 밑에	2990
명	**footstep** fʊt.step	발소리, 걸음	2991
명	**foothold** fʊthoʊld	발판, 기반	2992
형부동	**further** fɝ.ðər	더욱이, 더 이상의, 촉진하다	2993
부	**furthermore** fɝ.ðər.mɔr	더욱이, 게다가	2994
형	**global** gloʊb.l	세계적인, 공 모양의	2995
명	**global warming** gloʊb.l.wɔrm.ɪŋ	지구 온난화	2996
명	**globalization** gloʊbə.lə.zeɪ.ʃən	세계화	2997
명	**globe** gloʊb	지구(본), 공 모양	2998
동	**globalize** gloʊbə.laɪz	세계화하다	2999
형	**hourly** aʊr.li	시간마다의	3000

명	hour hand auɚ.hænd	(시계) 시침	3001
형/부	hour long auɚ.lɔŋ	1시간 동안(의)	3002
명	man hour mæn.auɚ	인시 *1시간치 노동량	3003
명	rush hour rʌʃ.auɚ	교통 혼잡 시간	3004
동	judge dʒʌdʒ	판사, 재판하다	3005
명	judgment = judgement dʒʌdʒ.mənt	판단, 판결, 재판	3006
명	jury dʒʊ.ri	배심원, 심사위원	3007
명	juror dʒʊ.rɚ	배심원	3008
명	prejudice pre.dʒə.dəs	편견	3009
형	judicial dʒu.dɪʃ.l	사법의, 재판의	3010
형	judgmental dʒʌdʒ.men.tl	재판의, 비판적인	3011
형/명	judiciary dʒu.dɪ.ʃi.e.ri	사법부(의), 사법제도(의)	3012
명	perjury pɚ.dʒə.ri	위증	3013
동	adjudicate ə.dʒu.dɪket	판결하다	3014
형	legal lig.l	(합)법적인	3015
형	illegal ɪ.lig.l	불법적인	3016
명	legislation le.dʒəs.leɪʃ.n	법률, 입법	3017
동	legitimate lə.dʒɪ.tə.mət	합법적인, 합법화하다	3018
형	legislative le.dʒəs.le.tɪv	입법의, 입법부의	3019
명	legislature le.dʒəs.le.tʃɚ	입법부	3020
동	legislate le.dʒəs.let	입법하다	3021
명	legislator le.dʒəs.le.tɚ	입법자, 국회의원	3022
동	legitimize lə.dʒɪ.tə.maɪz	합법화[정당화]하다	3023
명	legitimacy lə.dʒɪ.tə.mə.si	합법성, 타당성	3024
동	legalize li.gə.laɪz	법률화하다	3025

동	approach əproʊtʃ	접근하다	3026
부	approximately ə.prʌk.sə.mət.li	대략적으로	3027
명	proximity prɑksɪ.mə.ti	근처, 근접	3028
명동	concern kən.sɜn	걱정[관여](하다), 관심	3029
동	be concerned with bi.kən.sɜnd.wɪθ	~에 관심[관련]이 있다	3030
동	be concerned about bi.kən.sɜnd.ə.baʊt	~을 걱정하다	3031
명	customer kʌ.stə.mər	고객	3032
명	custom kʌ.stəm	습관, 전통	3033
동	accustom ək.ə.stəm	익히다, 익숙하게 하다	3034
명	costume kɑstum	의상, 복장	3035
동	be accustomed to bi.ək.ə.stəmd.tu	~에 익숙해지다	3036
동	customize kə.stə.maɪz	직접 정하다	3037
형	unaccustomed ʌ.nək.ə.stəmd	익숙지 않은	3038
명	customs kʌ.stəmz	관세, 세관	3039
형	customary kʌ.stə.me.ri	습관[전통]적인	3040
	due to du.tu	~때문에, ~할 예정인	3041
형	undue ən.du	부적절한, 심한	3042
부	duly du.li	정식으로, 제 때에, 충분히	3043
형	due du	정당한, ~예정인	3044
형	overdue oʊv.r.du	기한 지난	3045
부	earthly ɝθ.li	속세의, 도대체	3046
형부	underneath ʌn.dər.niθ	아래에, 낮은	3047
형	down-to-earth daʊn.tʊ.ɝθ	현실적인	3048
동	unearth ʌ.nɝθ	파내다	3049
명	election ə.lek.ʃn	선거	3050

동	**elect** ə.lekt	선거[선발]하다	3051
명	**selection** sə.lek.ʃn	선택, 선발	3052
동	**select** sə.lekt	선택[선발]하다	3053
동	**reelect** riə.lekt	재선하다	3054
명	**reelection** riə.lek.ʃən	재선거	3055
형	**selective** sə.lek.tɪv	선택적인, 까다로운	3056
형	**electoral** ə.lek.tə.rəl	선거의	3057
형	**electorate** ə.lek.tə.rət	유권자	3058
형	**eclectic** ɪ.klek.tɪk	절충적인, 다양한	3059
형	**unelected** ʌ.nə.lek.təd	선출되지 않은	3060
형	**entire** en.taɪər	전체적인	3061
명	**integrity** ɪn.te.grə.ti	진실성, 온전함	3062
동	**integrate** ɪn.tə.gret	통합하다	3063
형	**integral** ɪn.tə.grəl	완전한, 필수적인	3064
동	**disintegrate** dɪ.sɪn.tə.gret	분해[붕괴]시키다	3065
명	**disintegration** dɪ.sɪn.tə.greɪʃ.n	분해, 붕괴	3066
명	**integration** ɪn.tə.greɪʃ.n	통합	3067
명	**entirety** en.taɪər.ti	전체	3068
부	**fully** fʊ.li	충분히, 완전히	3069
명	**fullness** fʊl.nəs	가득함, 풍부함	3070
명동	**mold = mould** mould	틀, 곰팡이, 형성하다	3071
형	**moldy** moʊl.di	곰팡이 난, 케케묵은	3072
명	**mode** moʊd	형태, 방법, 유행	3073
형	**outmoded** aʊtmoʊ.ʊ.dɪd	뒤떨어진, 구식의	3074
형	**late-model** leɪt.mɑd.l	신형의	3075

동	**remodel** ri.mad.l	개조하다	3076
동	**observe** əb.zɜv	관찰[준수]하다	3077
명	**observation** ab.zɜr.veɪʃ.n	관찰, 감시	3078
명	**observance** əb.zɜv.vəns	준수, 의식, 기념	3079
명	**observatory** əb.zɜv.və.tɔ.ri	천문대, 기상대	3080
명	**observer** əb.zɜv.vər	관찰자, 감시자	3081
형	**observable** əb.zɜv.vəb.l	관찰[식별]가능한	3082
동	**protect** prə.tekt	보호하다	3083
명	**protection** prə.tek.ʃn	보호	3084
형	**protective** prə.tek.tɪv	보호하는	3085
명	**protectionist** prə.tek.ʃə.nəst	보호무역론자	3086
형	**unprotected** ʌn.prə.tek.təd	무방비의	3087
명	**protectionism** prə.tek.ʃə.nɪ.zəm	보호무역주의	3088
동	**prove** pruv	증명하다	3089
형	**proven** pruv.n	증명된	3090
형	**proof** pruf	증거, 증명, 견디는	3091
동	**disprove** dɪ.spruv	반증[반박]하다	3092
명동	**probe** proʊb	조사[탐사]하다, 탐사기	3093
명	**probation** proʊ.beɪʃ.n	수습 기간, 가석방	3094
동	**sit in** sɪt.ɪn	참가하다, ~에 앉다	3095
동	**sit down** sɪt.daʊn	앉다	3096
명	**sediment** se.də.mənt	침전물	3097
명	**saddle** sæd.l	안장	3098
형	**sedentary** se.dən.te.ri	정착한, 앉은	3099
형	**sedimentary** se.də.men.tə.ri	퇴적물의	3100

동	**subside** səb.saɪd	가라앉다, 진정하다	3101
동	**sit on** sɪt.ɒn	~(위)에 앉다, ~을 방치하다	3102
동	**sit up** sɪt.ʌp	똑바로 앉다	3103
동	**supersede** su.pər.sid	대신하다	3104
	sooner than su.nər.ðæn	~보다 더 빨리	3105
	as soon as əz.sun.æz	~하자마자	3106
	no sooner ~ than nou.su.nər.ðæn	~하자마자	3107
	soon after sun.æf.tər	곧	3108
	soon(er) or late(r) sun.ər.ɔr.leɪt.ər	곧	3109
명	**storyline** stɔ.ri.laɪn	줄거리	3110
명	**storytelling** stɔ.ri.tel.ɪŋ	이야기(전달)	3111
	~ story building stɔ.ri.bɪld.ɪŋ	~층 건물	3112
동	**survive** sər.vaɪv	살아남다, 견디다	3113
명	**survival** sər.vaɪv.l	생존, 잔존	3114
형	**survivable** sər.vaɪv.əb.l	생존 가능한	3115
명	**survivor** sər.vaɪv.ər	생존자	3116
형	**cerebral** se.rə.brəl	뇌의, 지적인	3117
명	**brainchild** breɪn.tʃaɪld	고안, 창작	3118
명	**brainstorming** breɪn.stɔrm.ɪŋ	아이디어 짜내기	3119
명	**brainpower** breɪn.pa.wər	지력	3120
명동	**cost** kɑst	가격, 비용(이 들다) ③ cost | cost | cost	3121
부	**costly** kɑst.li	비싼, 희생이 큰	3122
	at all cost(s) ət.ɔl.kɑst.es	무슨 수를 쓰더라도	3123
동	**cost a fortune** kɑst.ə.fɔr.tʃən	거금이 들다	3124
동	**cost an arm and a leg** kɑst.ən.arm.ənd.ə.leg	거금이 들다	3125

126

	at cost ɔt.kɑst	원가에	3126
	at no cost ɔt.noʊ.kɑst	무료로	3127
명	cost effectiveness kɑst.ɪ.fɛkt.ɪv.nəs	비용 효율성	3128
명	cost-cutting knstk.ɔt.ɪŋ	경비 절감	3129
동	cut off kɔt.ɔf	끊다, 중단하다	3130
동	cut back kɔt.bæk	줄이다, 자르다	3131
형	uncut ʌnkɔt	자르지 않은, 원형의	3132
동	be cut out for bi.kɔt.aʊt.fɔr	~에 적합하다	3133
동	cut down on kɔt.daʊn.ʌn	~을 줄이다	3134
동	cut it close kɔt.ɪt.kloʊz	절약하다	3135
동	cut out kɔt.aʊt	자르다, 중단하다	3136
동	curtail kɔr.teɪl	단축[삭감]하다	3137
동	undercut ʌn.dɔrkɔt	할인[약화]하다 ③ undercut | undercut | undercut	3138
형	cutting-edge kʌt.ɪŋ.edʒ	최첨단의	3139
동	cut corners kɔt.kɔr.nɔrz	절약[간소화]하다	3140
형	distinctive dɪ.stɪŋk.tɪv	독특한, 특유의	3141
동	distinguish dɪ.stɪŋ.gwɪʃ	구별하다	3142
형	distinct dɪ.stɪŋkt	분명한, 별개의	3143
명	distinction dɪ.stɪŋk.ʃn	차이, 뛰어남, 구분	3144
형	indistinguishable ɪn.də.stɪŋ.gwɪ.ʃəb.l	구분할 수 없는	3145
형	equivalent ɪ.kwɪ.və.lənt	동등한	3146
동	equate ɪ.kweɪt	동일시하다	3147
형	egalitarian ɪ.gæ.lə.te.riən	평등주의의	3148
형	equal i.kwəl	평등한, 동등한	3149
명	equanimity i.kwə.nɪ.mə.ti	침착	3150

명	**equation** ɪ.kweɪʒ.n	평형, 방정식	3151
명	**inequality** ɪ.ni.kwɑ.lə.ti	불평등	3152
명	**equality** ɪ.kwɑ.lə.ti	평등	3153
동	**equalize** i.kwə.laɪz	같게 하다	3154
명	**inequity** ɪ.ne.kwə.ti	불공평	3155
형	**equitable** e.kwə.təb.l	공평한	3156
형	**unequal** ə.ni.kwəl	불공평한, 다른	3157
동	**be equal to** bi.i.kwəl.tu	~와 동일하다	3158
형	**essential** ə.sen.ʃl	본질[필수]적인	3159
명	**essence** e.səns	본질, 정수, 핵심	3160
형	**quintessential** kwɪn.tə.sen.ʃəl	정수의, 전형적인	3161
형	**excellent** ek.sə.lənt	훌륭한, 우수한	3162
동	**exceed** ɪk.sid	넘다, 초과하다	3163
형	**excessive** ɪk.se.sɪv	지나친, 과도한	3164
명	**excellence** ek.sə.ləns	우수함	3165
동	**excel** ɪk.sel	뛰어나다, 능가하다	3166
형명	**excess** ek.ses	과다, 초과(한)	3167
형	**exceeding** ɪk.sid.ɪŋ	굉장한, 초과하는	3168
동	**fasten** fæs.n	묶다, 잠그다	3169
동	**hurt** hɜt	다치게 하다 ③ hurt | hurt | hurt	3170
형	**hurtful** hɜt.fəl	상처를 주는, 해로운	3171
동	**smart** smɑrt	영리한, 아프다	3172
형	**language** læŋ.gwɪdʒ	언어	3173
형	**feminine** fe.mə.nən	여자의, 여성스런	3174
형	**male-oriented** meɪl.ɔ.ri.en.təd	남성 중심의	3175

명	feminism fe.mə.nɪ.zəm	여성주의	3176
형	effeminate i.fe.mə.nət	여성스런, 연약한	3177
명	feminist fe.mə.nəst	여성주의자	3178
동	pursue pər.su	추구[추적]하다	3179
명	pursuit pər.sut	추구, 추적	3180
명	prosecutor pra.sɪ.kju.tər	검사	3181
동	ensue en.su	(결과로) 일어나다	3182
형	pursuant pər.suənt	~에 따른	3183
동	prosecute pra.sə.kjut	기소[고발]하다	3184
명	prosecution pra.sə.kjuʃ.n	기소, 고발	3185
동	sue su	고소하다	3186
부	quickly kwɪ.kli	빨리	3187
동	quicken kwɪkən	빠르게[촉진]하다	3188
동	avoid ə.vɔɪd	피하다, 막다	3189
형	avoidable ə.vɔɪ.dəb.l	피할 수 있는	3190
명	avoidance ə.vɔɪ.dəns	회피, 피함	3191
형	unavoidable ʌ.nə.vɔɪ.dəb.l	피할 수 없는	3192
동	conclude kən.klud	결론[끝]내다	3193
명	conclusion kən.kluʒ.n	결론, 결말	3194
형	inconclusive ɪnk.ən.klu.sɪv	결론 나지 않은	3195
형	conclusive kən.klu.sɪv	결정적인	3196
명	evidence e.və.dəns	증거	3197
형	evident e.və.dənt	분명한	3198
형	self-evident sel.fe.və.dənt	자명한	3199
동	examine ɪg.zæ.mən	시험[검사]하다	3200

영	exam ɪg.zæm	시험, 검사	3201
동	essay e.seɪ	수필, 시험하다	3202
영	examination ɪg.zæ.mə.neɪʃ.n	시험, 검사	3203
영	essayist e.se.ɪst	수필가	3204
영	examiner ɪg.zæ.mə.nər	검사관	3205
동	assay æ.si	시험[분석]하다	3206
형	unexamined ən.ɪg.zæ.mənd	검사되지 않은	3207
영동	favor ▪ favour feɪ.vər	호의, 부탁, 찬성[선호](하다)	3208
형	favorite ▪ favourite feɪ.və.rət	(가장) 좋아하는	3209
	in favor of ɪn.feɪ.vər.ʌv	~에 찬성하여	3210
형	favorable feɪ.və.rəb.l	호의적인, 유리한	3211
형	unfavorable ən.feɪ.və.rə.bəl	악의적인, 불리한	3212
형	favourable feɪ.və.rəb.l	호의적인	3213
동	ask a favor of æsk.ə.feɪ.vər.ʌv	~에게 부탁하다	3214
동	do (~) a favor də.ə.feɪ.vər	(~가) 부탁하다, 베풀다	3215
영	fishing fɪʃ.ŋ	낚시(터), 어업	3216
영	fishery fɪ.ʃə.ri	어장, 어업	3217
동	overfish oʊv.r.fɪʃ	물고기를 남획하다	3218
형	fishy fɪ.ʃi	물고기의	3219
동	fit fɪt	적합한, 적합하다, 건강한 ③ fit | fit | fit	3220
영	fitness fɪt.nəs	건강함, 몸매, 적합	3221
동	fit into fɪt.ɪn.tu	~에 맞다[적합하다]	3222
형	unfit ən.fɪt	부적당한	3223
영동	flow floʊ	흐름, 흐르다	3224
영동	flood fləd	홍수, 범람하다	3225

형	**fluid** fluːd	유동적인, 부드러운	3226
명	**confluence** kɑn.fluəns	합류(점), 집합	3227
명	**flume** fluːm	수로, 미끄럼틀	3228
동	**overflow** oʊvərflo.ʊ	넘치다	3229
명	**flux** fləks	유동, 흐름, 불안정	3230
명	**inflow** ɪnflo.ʊ	유입	3231
명	**influx** ɪn.fləks	유입	3232
명	**outflow** aʊtflo.ʊ	유출	3233
형	**futuristic** fjuː.tʃə.rɪ.stɪk	미래적인	3234
	in future ɪn.fjuː.tʃər	앞으로는	3235
부	**heavily** he.və.li	무겁게, 몹시	3236
형	**hefty** hef.ti	무거운	3237
부	**heretofore** hɪr.tə.fɔr	지금까지	3238
부	**hitherto** hɪ.ðər.tu	지금까지	3239
부	**herein** hɪ.rɪn	여기에	3240
부	**hereby** hɪr.baɪ	이로써	3241
부	**hereafter** hɪr.æft.ər	이후에	3242
부	**hereinafter** hɪə.rɪn.æf.tər	지금부터, 아래에	3243
부	**immediately** ɪ.mi.diət.li	즉시, 직접	3244
형	**immediate** ɪ.mi.diət	즉각[직접]적인	3245
형	**imminent** ɪ.mə.nənt	절박한, 임박한	3246
동	**mediate** mi.di.ɛt	중재[조정]하다	3247
명	**mediation** mi.di.eɪʃ.ŋ	중재, 조정	3248
형	**intermediate** ɪn.tər.mi.diət	중간의, 중급의	3249
명	**intermediary** ɪn.tər.mi.die.ri	중개인	3250

명동	measure me.ʒər	측정(하다), 단위, 정도, 조치	3251
명	measurement me.ʒər.mənt	측정, 치수	3252
부	immeasurably ı.me.ʒə.ræ.bli	무수하게	3253
형	measurable me.ʒə.rəb.l	측정 가능한, 가시적인	3254
명동	note nout	메모[주의](하다)	3255
형	notable nou.təb.l	주목할 만한, 유명한	3256
명	connotation ku.nə.teıʃ.n	함축(된 의미)	3257
부	notably nou.tə.bli	현저히, 특히	3258
명	notation nou.teıʃ.n	표기(법)	3259
동	connote kənout	암시하다	3260
명	denotation dinо.ʊ.teıʃ.n	표시, 지시, 의미	3261
명	footnote fotnout	각주	3262
동	denote dınout	표시하다, 나타내다	3263
동	annotate æ.nə.teı	주석을 달다	3264
형	noteworthy nou.twɜ.ði	주목할 만한	3265
명동	offer ɒ.fɔr	제안[제공](하다)	3266
동	recognize rek.ɔg.naız	인정하다, 알아보다	3267
명	recognition rek.ɔg.nıʃ.n	인식, 인정, 승인	3268
형	recognizable rek.ɔg.naı.zəb.l	알아보는, 인식 가능한	3269
형	well-recognized wel.rek.ɔg.naızd	잘 알려진	3270
명동	regard rə.gurd	~로 여기다, 관계[존경](하다)	3271
형	regardless rə.gurd.ləs	관계없이, 부주의한	3272
전	regardless of rə.gurd.ləs.ʌv	~관계없이	3273
명동	disregard dı.srı.gurd	무시[경시](하다)	3274
전	regarding rə.gurd.ıŋ	~에 관하여	3275

	as regards əz.rɪ.gɑrdz	~관련하여	3276
형	regardful rɪ.gɑrd.fəl	주의 깊은	3277
	with regard to wɪθ.rə.gɑrd.tu	~에 관하여	3278
	without regard wɪθ.aʊt.rə.gɑrd.tu	~무관[무시]하여	3279
동	rely (up)on rə.laɪ.ʌp.ɑn	~에 의존하다	3280
형	reliable rə.laɪəb.l	믿을 수 있는	3281
명	reliance rə.laɪəns	의존, 신뢰	3282
명	reliability rɪ.laɪə.bɪ.lə.ti	신뢰(성)	3283
형	unreliable ʌn.rə.laɪəb.l	믿을 수 없는	3284
명·동	risk rɪsk	위험(하게 하다)	3285
형	risky rɪ.ski	위험한, 모험적인	3286
명·동	rule rul	규칙, 지배(하다)	3287
형·명	ruling rul.ɪŋ	지배(하는), 판결	3288
명	majority rule mə.dʒɔ.rə.ti.rul	다수결 원칙	3289
명	ruler ru.lər	지배자, 자	3290
동	overrule oʊv.ə.rul	뒤엎다, 기각하다	3291
	as a rule əz.ə.rul	대체로	3292
동	rule out rul.aʊt	배제하다	3293
형·부	overseas oʊv.ə.siz	해외로, 해외에서, 국제적인	3294
형·명	seaside si.saɪd	해안(의)	3295
명	seasickness si.sɪk.nəs	뱃멀미	3296
명	seafloor si.flɔr	해저	3297
부	undersea ʌn.dər.si	바닷속에	3298
명	storage stɔ.rədʒ	저장(소), 보관	3299
명	storehouse stɔr.haʊs	창고	3300

명	**department store** də.part.mənt.stor	백화점	3301
전	**versus ▪ vs.** vɜ.səs	~대~, ~에 비교하여	3302
형	**adverse** æd.vɜs	부정적인, 불리한	3303
명형동	**reverse** rɪ.vɜs	반대(의), 뒤바꾸다, 되돌리다	3304
명	**adversity** æd.vɜ.sə.ti	역경, 불행	3305
명	**adversary** æd.vər.se.ri	적, 상대편	3306
부	**adversely** æd.vɜ.sli	반대로, 불리하게	3307
형	**averse** ə.vɜs	~을 싫어하는, 반대하는	3308
동	**avert** ə.vɜt	피하다, 막다	3309
형명	**inverse** ɪn.vɜs	반대(의)	3310
형	**irreversible** ɪ.rɪ.vɜ.səb.l	되돌릴 수 없는	3311
명	**reversal** rɪ.vɜ.sl	반전, 역전	3312
	vice versa vaɪs.vɜ.sə	거꾸로도, 반대로도	3313
동	**revert** rɪ.vɜt	되돌아가다, 귀속되다	3314
명	**aversion** ə.vɜ.ʒən	반감, 혐오	3315
형	**reversible** rɪ.vɜ.səb.l	되돌리기[거꾸로]가능한	3316
동	**invert** ɪn.vɜt	뒤집다, 반전시키다	3317
형	**adversarial** æd.vər.se.riəl	적대적인, 반대하는	3318
명	**obverse** ɑb.vɜs	(~의) 반대, 앞면	3319
명동	**waste** weɪst	쓰레기, 낭비하다	3320
형	**vast** væst	방대한	3321
형	**wasting** weɪ.stɪŋ	낭비하는	3322
형	**wasteful** weɪst.fəl	낭비하는	3323
형	**whole** hoʊl	전체의, 모든, 완전한	3324
형	**holistic** hoʊ.lɪ.stɪk	전체론의	3325

	on the whole ɑn.ðə.hoʊl	대체로	3326
	as a whole əz.ə.hoʊl	전체로서	3327
명	holocaust hɑ.ləkɒst	대학살	3328
형	wholesome hoʊl.səm	건전한, 유익한	3329
부	widely waɪd.li	넓게, 널리	3330
동	widen waɪd.n	넓히다	3331
명	width wɪdθ	폭, 너비	3332
동	accept æk.sept	수락[인정]하다	3333
형	acceptable æk.sep.təb.l	받아들여지는	3334
형	unacceptable ʌ.næk.sep.təb.l	용납 불가능한	3335
명	acceptance æk.sep.təns	수납, 동의, 승인	3336
명	access æk.ses	접근, 접속	3337
형	accessible æk.se.səb.l	접근[이용]가능한	3338
명	accessibility æk.se.sə.bɪ.lə.ti	접근성	3339
형	inaccessible ɪ.næk.se.səb.l	접근하기 어려운	3340
동	agree ə.gri	동의[일치]하다	3341
명	agreement ə.gri.mənt	동의, 일치, 계약	3342
동	disagree dɪ.sə.gri	반대[불일치]하다	3343
형	agreeable ə.griəb.l	유쾌한, 동의하는	3344
형	disagreeable dɪ.sə.griəb.l	불쾌한, 싫은, 무례한	3345
명	disagreement dɪ.sə.gri.mənt	불일치, 의견차이	3346
명동	amount ə.maʊnt	양, 총계(하다), 총액	3347
동	amount to ə.maʊnt.tu	~에 이르다	3348
명동	answer æn.sər	대답(하다), 해답	3349
동	swear swer	맹세[욕]하다 ③ swear | swore | sworn	3350

형	**unanswered** ʌn.ˈæn.sərd	대답 없는	3351
명	**right answer** raɪt.ˈæn.sər	정답	3352
명동	**burn** bɜːn	(불)타다, 화상 ③ burn | burnt | burnt	3353
동	**burst** bɜːst	터지다, 불쑥 가다 ③ burst | burst | burst	3354
명	**combustion** kəm.ˈbʌs.tʃən	연소, 발화	3355
형	**burnt** bɜːnt	탄, 화상 입은	3356
동	**burst into** bɜːst.ɪn.tu	~을 터뜨리다	3357
명	**burnout** bɜː.naʊt	피로, 소진	3358
동	**burn up** bɜːn.ʌp	다 태우다	3359
명동	**bust** bʌst	부수다, 가슴	3360
명	**filibuster** fɪ.lə.bə.stər	방해	3361
명	**outburst** aʊt.bɜːst	폭발, 돌발	3362
동	**challenge** tʃæ.ləndʒ	도전(하다), 이의를 말하다	3363
형	**challenging** tʃæ.ləndʒ.ɪŋ	도전[도발]적인	3364
형	**outdoor** aʊt.dɔr	집 밖의	3365
형	**indoor** ɪn.dɔr	실내의	3366
형	**effort** e.fərt	노력, 시도	3367
형	**effortful** e.fərt.fʊl	노력이 필요한	3368
부	**effortlessly** e.fərt.lə.sli	손쉽게, 노력없이	3369
동	**make an effort** meɪk.ən.e.fərt	노력하다	3370
동	**energize** ɛ.nər.dʒaɪz	활력[동력]을 주다	3371
형	**energetic** e.nər.dʒe.tɪk	활기찬, 원기왕성한	3372
명	**renewable energy** rɪ.nuəb.l.e.nər.dʒi	재생 에너지	3373
명	**solar energy** soʊ.lɔr.e.nər.dʒi	태양 에너지	3374
명	**labor** leɪb.r	노동, 노력, 출산	3375

동	elaborate ə.læ.brət	공들인, 정교한, 자세히 하다	3376
명	collaboration kə.læ.bə.reɪʃ.n	협업, 협동	3377
명	collaborator kə.læ.bə.re.tər	협력자	3378
형	laborious lə.bɔ.riəs	힘든, 지루한	3379
명	labor union leɪb.r.ju.njən	노동 조합	3380
형	collaborative kə.læ.bə.re.tɪv	협동의	3381
동	collaborate kə.læ.bə.ret	협력하다	3382
명	labor flexibility leɪb.r.flek.sə.bɪ.lə.ti	노동 유연성	3383
명	laborer leɪ.bə.rər	노동자	3384
명 동	lie laɪ	거짓말(하다) ③ lie | lied | lied 눕다, ~있다 ③ lie | lay | lain	3385
형 명	lying laɪ.ɪŋ	거짓말(하는), 드러눕기	3386
명	liar laɪər	거짓말쟁이	3387
명	liaison li.eɪ.zɑn	연락, 밀통	3388
명	membership mem.bər.ʃɪp	회원자격, 회원 수	3389
명	board member bɔrd.mem.bər	임원	3390
명 동	object ɑb.dʒekt	물건, 목표, 반대[항의]하다	3391
형 명	objective əb.dʒek.tɪv	목적, 목표, 객관적인	3392
명	objection əb.dʒek.ʃn	반대, 이의	3393
형	objectionable əb.dʒek.ʃə.nəb.l	불쾌한, 반대할 만한	3394
형 명	past pæst	과거(의), 지난	3395
형	bypast baɪ.pæst	지나간	3396
동	reach ritʃ	~에 닿다[도달하다]	3397
형	far-reaching fɑr.ritʃ.ɪŋ	영향이 큰	3398
동	outreach aʊ.tritʃ	능가하다	3399
동	reach for ritʃ.fɔr	손을 뻗다	3400

동	**reach out** rɪtʃ.aʊt	닿다, 접근하다	3401
동	**relax** rə.læks	쉬다, 진정하다	3402
동	**relieve** rə.liv	진정[구제]하다	3403
명	**relief** rə.lif	완화, 경감, 구조	3404
동	**languish** læŋ.gwɪʃ	쇠약해지다, 시들다	3405
형	**lax** læks	관대한, 느슨한	3406
명	**relaxation** ri.læk.seɪʃ.n	휴식, 완화	3407
형	**slack** slæk	느슨한, 게으른	3408
동	**slack off** slæk.ɒf	게으름 피우다	3409
동	**slake** sleɪk	갈증을 풀다	3410
동	**represent** re.prə.zent	대표[표현]하다	3411
형.명	**representative** re.prə.zen.tə.tɪv	대표(하는), 대리인	3412
명	**representation** re.prə.zen.teɪʃ.n	대표, 표현, 항의	3413
형	**unrepresentative** ən.re.prə.zen.tə.tɪv	대표성 없는	3414
동	**misrepresent** mɪs.re.prə.zent	와전하다	3415
동	**enrich** en.rɪtʃ	부유[풍부]하게 하다	3416
명	**riches** rɪ.tʃəz	부유, 풍부함	3417
명	**richness** rɪt.ʃnəs	부유, 풍부함	3418
명	**enrichment** en.rɪt.ʃmənt	풍부, 농축	3419
형	**asleep** ə.slip	잠들어, 자고 있는	3420
명	**sleepiness** sli.pɪ.nəs	졸음	3421
형	**sleepy** sli.pi	졸리는, 조용한	3422
형	**sleepless** sli.pləs	잠 못 이루는	3423
명	**string** strɪŋ	끈, 실	3424
명.동	**strain** streɪn	당기다, 긴장(시키다), 부담, 압력	3425

동	stretch streʧ	늘리다, 뻗치다	3426
명동	strip strɪp	벗(기)다, 끈, 띠	3427
명	strap stræp	가죽 끈, 혁대	3428
명	stripe straɪp	줄무늬, 띠	3429
명	streak strik	줄(무늬), 경향	3430
명동	strand strænd	꼼짝 못하다, 가닥, 끈	3431
형	stranded stræn.dəd	고립된, 꼰	3432
동	strangle stræŋ.ɡl	목 조르다, 억압하다	3433
형	stringent strɪn.dʒənt	엄중한, 긴박한	3434
형	traditional trə.dɪʃ.nəl	전통[전설]적인	3435
명	tradition trə.dɪʃ.n̩	전통, 전설	3436
형	untraditional ən.trə.dɪ.ʃə.nəl	비전통적인	3437
명	warrior wɔ.riər	전사	3438
명	warfare wɔr.fer	전쟁	3439
형명	wartime wɔr.taɪm	전시(의)	3440
형	postwar postwɔr	전후의	3441
동	win a prize wɪn.ə.praɪz	상을 타다	3442
동	apply ə.plaɪ	적용[신청, 지원]하다	3443
명	application æ.plək.eɪʃ.n	신청, 적용, 응용	3444
명	applicant æ.plɪkənt	신청자, 지원자	3445
명	appliance ə.plaɪəns	가전제품, 장비, 적용	3446
동	apply for ə.plaɪ.fɔr	~에 지원하다	3447
형	applicable æ.plək.əb.l	적용[해당]된	3448
명동	book bʊk	예약하다, 장부(기입하다)	3449
명	booking bʊkɪŋ	예약, 장부 기입	3450

명	**booklet** bʊ.klət	소책자	3451
명	**bookkeeping** bʊkk.ip.ɪŋ	부기, 경리	3452
명	**bookmark** bʊk.mɑrk	책갈피	3453
동	**overbook** oʊər.bʊk	예약을 과하게 받다	3454
명	**capital** kæ.pə.təl	수도, 자본, 주요, 대문자	3455
명	**cap** kæp	모자, 뚜껑, 대문자, 최고	3456
명	**caput** (pl. capita) keɪ.pə.t	머리	3457
명	**captain** kæp.tən	선장, 주장, 대위	3458
동	**capitalize** kæ.pə.tə.laɪz	이용[투자]하다, 대문자로 쓰다	3459
동	**capitalize on** kæ.pə.tə.laɪz.ɑn	이용하다	3460
동	**capitulate** kə.pɪ.tʃu.let	항복하다	3461
동	**recapitulate** rik.ə.pɪ.tʃə.let	요약하다	3462
명	**capitalism** kæ.pə.tə.lɪ.zəm	자본주의	3463
명	**capitalist** kæ.pə.tə.ləst	자본주의자	3464
명	**capitol** kæ.pət.l	국회의사당	3465
명	**chapter** tʃæp.tər	(책의) 장, 구획	3466
명동	**demand** dɪ.mænd	요구[청구, 필요](하다), 수요	3467
형	**demanding** dɪ.mænd.ɪŋ	요구하는, 부담되는	3468
동	**be in demand** bi.ɪn.dɪ.mænd	수요가 있다	3469
동	**evolve** ɪ.vɑlv	진화[발전]하다	3470
형	**evolutionary** e.və.lu.ʃə.ne.ri	진화(론)의, 점진적인	3471
명	**evolution** e.və.luʃ.n	진화, 발전	3472
명	**evolutionist** i.və.lu.ʃnist	진화론자	3473
명	**flight** flaɪt	비행, 항공편	3474
명	**half-life** hæf.laɪf	반감기	3475

동	**halve** hæv	반으로 줄(이)다	3476
	by halves baɪ.hævz	어중간하게	3477
동	**isolate** aɪ.sə.leɪt	분리하다, 고립시키다	3478
명	**isolation** aɪ.sə.leɪʃ.n	고립	3479
명	**isle** aɪl	작은 섬	3480
형	**desolate** de.sə.lət	황량한	3481
동	**insulate** ɪn.sə.leɪt	단열[방음]하다	3482
명	**insulation** ɪn.sə.leɪʃ.n	단열, 방음, 고립	3483
명	**peninsula** pə.nɪn.sə.lə	반도	3484
형	**insular** ɪn.sə.lər	섬의, 편협한	3485
형	**unlawful** ʌn.lɒ.fəl	불법의	3486
형	**lawful** lɒ.fəl	합법적인	3487
형동	**outlaw** aʊt.lɒ	불법화하다, 무법자	3488
명	**bylaw** baɪ.lɒ	규칙	3489
형	**law-abiding** ɪɹ.ə.baɪd.ɪŋ	준법의	3490
형	**lawless** lɒ.ləs	무법의	3491
명	**lawsuit** lɒ.sut	소송	3492
부	**mainly** meɪn.li	주로	3493
형명	**mainland** meɪn.lænd	본토(의)	3494
부	**in the main** ɪn.ðə.meɪn	주로	3495
형명	**musical** mju.zɪk.l	뮤지컬, 음악적인	3496
명	**musicality** mju.zɪk.æ.lə.ti	음악성	3497
부	**normally** nɔr.mə.li	일반[정상]적으로	3498
명	**norm** nɔrm	표준, 규범	3499
형	**abnormal** æb.nɔr.ml	비정상적인	3500

명	abnormality æb.nɔr.mæ.lə.ti	비정상		3501
형	normative nɔr.mə.tɪv	규범적인		3502
동	normalize nɔr.mə.laɪz	표준화하다		3503
형	paranormal pe.rə.nɔr.ml	초자연적인		3504
명	opponent əpo.u.nənt	적수, 상대		3505
형	opposite ɑ.pə.zət	반대의, 맞은편의		3506
동	oppose əpooz	반대[대항]하다		3507
명	opposition ɑ.pə.zɪʃ.n	반대, 저항, 상대방		3508
동	be opposed to bi.əpoozd.tu	~에 반대하다		3509
명	period pɪ.riəd	기간, 시기, 시대, 마침표		3510
형	perennial pə.re.niəl	1년 내내의, 장기간의		3511
형	periodic pɪ.ri.ɑ.dik	주기적인		3512
명	periodic table pɪ.ri.ɑ.dik.teɪb.l	주기율표		3513
동	prepare prɪ.per	준비하다		3514
명	preparation pre.pə.reɪʃ.n	준비, 예비, 태세		3515
동	be prepared to V bi.prɪ.perd.tə	~할 각오를 하다		3516
형명동	prep prep	예습, 예비의, 준비(하다)		3517
명	preparedness prɪ.pe.rəd.nəs	준비, 각오		3518
형	preparatory pre.pe.rə.tə.ri	준비의		3519
형	unprepared ʌn.prɪ.perd	준비 없는		3520
명동	race reɪs	경주[경쟁]하다, 인종		3521
형	racial reɪʃ.l	인종의		3522
명	racism reɪ.sɪ.zəm	인종차별주의		3523
명	racist reɪ.səst	인종차별주의자		3524
동	raise reɪz	높이다, 일으키다, 모으다		3525

명형동	rear rɪr	후방(의), 올리다, 기르다	3526
동	satisfy sæ.təs.faɪ	만족시키다, 채우다	3527
명	asset æ.set	자산, 재산	3528
형	dissatisfied dɪ.sæ.təs.faɪd	불만스런	3529
명	satisfaction sæ.təs.fæk.ʃn	만족	3530
명	dissatisfaction dɪ.sæ.təs.fæk.ʃn	불만	3531
동	saturate sæ.tʃə.reɪt	적시다, 포화시키다	3532
형	satisfactory sæ.təs.fæk.tə.ri	만족스런, 충분한	3533
형	unsatisfactory ʌn.sə.təs.fæk.tə.ri	불만스런	3534
동	dissatisfy dɪ.sæ.təs.faɪ	불만스럽게 하다	3535
형	insatiable ɪn.seɪ.ʃəb.l	만족을 모르는	3536
형	self-satisfied self.sæ.tɪ.sfaɪd	자기만족의	3537
형	untested ʌn.te.stəd	검증되지 않은	3538
명동	tire taɪər	지치게 하다, 타이어	3539
형	tired taɪərd	피곤한, 지루한	3540
명	fatigue fə.tig	피로, 노고	3541
형	untiring ʌn.taɪər.ɪŋ	지치지 않는	3542
동	be tired of bi.taɪərd.ʌv	~에 질리다	3543
형	tireless taɪər.ləs	지치지 않는	3544
형	sick and tired sɪk.ənd.taɪərd	지긋지긋한	3545
형	tired out taɪərd.aʊt	몹시 지친	3546
형	tiresome taɪər.səm	피곤한, 지루한	3547
명동	train treɪn	훈련하다, 열차	3548
명	trainer treɪ.nər	교관	3549
명	trainee treɪ.ni	훈련생	3550

동	retrain ri.trein	재훈련하다	3551
명·동	transport træn.sport	수송(하다), 교통	3552
명	transportation træn.spər.teiʃ.n	교통, 수송	3553
명	port pɔrt	항구	3554
명	portal pɔr.tl	입구	3555
동	export ik.spɔrt	수출(하다), 내보내다	3556
동	import im.pɔrt	수입(하다), 들여오다	3557
동	deport də.pɔrt	추방하다	3558
명	deportation di.pɔr.teiʃ.n	국외 추방, 수송	3559
형	export-driven ik.spɔrt.drɪv.n	수출 위주의	3560
명	exporter ik.spɔr.tər	수출업자, 수출국	3561
명	importer im.pɔr.tər	수입업자, 수입국	3562
형	portable pɔr.təb.l	이동식의	3563
명	portage pɔr.tədʒ	운송	3564
명	porter pɔr.tər	짐꾼	3565
동	achieve ə.tʃiv	성취하다	3566
명	achievement ə.tʃiv.mənt	성취, 업적	3567
형	achievable ə.tʃi.vəb.l	성취할 수 있는	3568
동	advance əd.væns	진보[전진, 승진]하다	3569
	in advance in.əd.væns	앞서서, 미리	3570
명	advancement əd.væn.smənt	진보, 전진, 승진	3571
동	advertise æd.vər.taiz	광고하다	3572
명	advertisement = ad əd.vɜr.təz.mənt.æd	광고	3573
명	advertising æd.vər.taiz.iŋ	광고(업)	3574
명	advertiser æd.vər.tai.zər	광고주	3575

명동	advert æd.vɔrt	광고, 언급하다	3576
형	available ə.deɪ.ləv.l	(이용)가능한, 유효한	3577
명	availability ə.ve.lə.bɪ.lə.ti	가용성, 유효성	3578
형	unavailable ʌ.nə.veɪ.ləb.l	이용 불가능한, (~)없는	3579
명동	avail ə.veɪl	소용(이 있다)	3580
명동	charge tʃɑrdʒ	요금, 청구[고소, 충전]하다	3581
	in charge of ɪn.tʃɑrdʒ.ʌv	~을 담당하는	3582
동	discharge dɪs.tʃɑrdʒ	배출[이행]하다, 내보내다	3583
형명	charging tʃɑrdʒ.ɪŋ	충전(하는)	3584
명동	recharge ri.tʃɑrdʒ	재충전(하다)	3585
동	supercharge su.pər.tʃɑrdʒ	과급하다	3586
명	surcharge sər.tʃɑrdʒ	할증	3587
형명	current kɜ.rənt	현재의, 통용된, 흐름	3588
부	currently kɜ.rənt.li	현재, 일반적으로	3589
명	currency kɜ.rən.si	통화, 유통	3590
명동	cycle saɪk.l	순환(하다), 주기, 회전, 자전거	3591
형	recyclable ri.saɪ.kləb.l	재활용 가능한	3592
형	cyclic saɪ.klɪk	순환[주기]적인	3593
형	cyclical saɪk.lɪk.l	순환[주기]적인	3594
동	recycle ri.saɪk.l	재활용하다	3595
명	employee em.plɔɪ	직원	3596
동	employ em.plɔɪ	고용[사용]하다	3597
명	unemployment ʌ.nəm.plɔɪ.mənt	실직(률), 실직자수	3598
명	employer em.plɔɪər	고용주	3599
명	employment em.plɔɪ.mənt	고용	3600

형	unemployed ʌn.em.plɔɪd	실직한	3601
동	engage en.geɪdʒ	참여[약속, 약혼]하다, 관심 끌다	3602
형·명	wage weɪdʒ	임금(의), 급여	3603
동	be engaged in bi.en.geɪdʒd.ɪn	~에 근무하다[바쁘다]	3604
형	engaging en.geɪdʒ.ɪŋ	매력적인	3605
명	engagement en.geɪdʒ.mənt	약혼, 약속, 교전	3606
명·동	mortgage mɔr.gɪdʒ	저당(잡히다), 담보	3607
형	unwed ʌn.wed	미혼의, 독신의	3608
부	exactly ɪg.zækt.li	정확히	3609
동	exact ɪg.zækt	정확한, 강요하다	3610
형	inexact ɪ.nɪg.zækt	부정확한	3611
형	exiguous eg.zɪ.gjuəs	미미한	3612
명	college kɑ.lɪdʒ	대학	3613
명	colleague kɑ.liq	동료	3614
명	league liq	연맹	3615
명	planet plæ.nət	행성	3616
형	planetary plæ.nə.te.ri	행성의	3617
동	predict prə.dɪkt	예언[예보]하다	3618
형	unpredictable ʌn.prə.dɪk.təb.l	예상 불가능한	3619
명	prediction pri.dɪk.ʃn	예측, 예언	3620
형	predictive prə.dɪk.tɪv	예측의	3621
형	predictable prə.dɪk.təb.l	예상 가능한	3622
형	unpredicted ʌn.prɪ.dɪk.tɪd	예상치 못한	3623
명	predictor prə.dɪk.tər	예언자	3624
동	prevent prɪ.vent	막다, 예방하다	3625

명	**prevention** prɪ.ven.ʃn	예방(법), 저지	3626
형	**preventable** prɪ.ven.təb.l̩	예방 가능한	3627
형	**preventive** prɪ.ven.tɪv	예방적인	3628
동	**prevent from ~ing** prɪ.vent.frəm	~하지 못하게 하다	3629
명동	**purpose** pɝ.pəs	목적, 의도(하다)	3630
형	**purposeful** pɝ.pə.sfəl	목적있는, 의도적인	3631
부	**purposely** pɝ.pə.sli	고의로	3632
	on purpose ɑn.pɝ.pəs	고의로	3633
동	**repurpose** reɪ.pɝ.pəs	재용도하다	3634
형	**remote** rɪmoʊt	먼, 외딴, 원격의	3635
명	**removal** rə.mu.vəl	제거, 이동, 철수	3636
동	**remove from** ri.muv.frʌm	~에서 없애다[꺼내다]	3637
형	**removable** rə.mu.vəb.l̩	제거[이동]할 수 있는	3638
명	**role** roʊl	역할, 임무	3639
명	**role-playing** roʊlpleɪŋ	역할 연기	3640
동	**stay up** steɪ.ʌp	안 자다	3641
동	**stay away** steɪ.ə.weɪ	멀리하다	3642
형	**teeming** tim.ɪŋ	많은	3643
명	**teammate** ti.met	팀원, 동료	3644
명	**trick** trɪk	속임수, 계략, 장난	3645
명동	**intrigue** ɪn.trig	음모 (꾸미다), 흥미를 끌다	3646
형	**tricky** trɪk.i	까다로운, 미묘한	3647
형	**intricate** ɪn.trəkət	복잡한, 얽힌	3648
형	**treacherous** tre.tʃə.rəs	배반하는, 위험한	3649
명	**trickery** trɪk.ə.ri	속임수	3650

동	entrap en.træp	함정에 빠트리다	3651
동	extricate ek.strəket	구출[해방]하다	3652
형	inextricable ɪ.nɪk.strɪk.əb.l̩	풀리지 않는	3653
동	wear wer	입다, 착용하다, 닳다 ③ wear | wore | worn	3654
동	wear out wer.aʊt	닳다, 지치다	3655
형	wearable we.rəb.l̩	입는, 착용 가능한	3656
	no wonder noʊ.wʌn.dər	놀랄 것도 없이, 당연히, "당연하지!"	3657
형	wondrous wʌn.drəs	놀랄만한	3658
명동	advantage æd.væn.tɪdʒ	유리, 이점, 이익(보다)	3659
명	disadvantage dɪ.səd.væn.tɪdʒ	불리함	3660
형	advantageous æd.vən.teɪ.dʒəs	유리한, 유익한	3661
명	vantage væn.tədʒ	유리, 우세	3662
동	arrive ə.raɪv	도착[도달]하다	3663
형명	arrival ə.raɪv.l̩	도착(의), 도달	3664
동	bite baɪt	물다 ③ bite | bit | bitten	3665
	a bit ə.bɪt	조금, 약간	3666
명	bit bɪt	조금, 조각	3667
형명	bitter bɪ.tər	신랄한, 쓰라린, 쓴(맛)	3668
	a little bit ə.lɪt.l̩.bɪt	조금, 약간	3669
동	bite off baɪt.ɔf	베어 물다	3670
	by chance baɪ.tʃæns	우연히	3671
	by any chance baɪ.e.ni.tʃæns	혹시라도	3672
동	clothe kloʊð	옷을 입다[입히다]	3673
명	clothes kloʊðz	의복	3674
명	cloth klɒθ	천, 걸레	3675

명동	**desire** dəˈzaɪər	욕구, 원하다	3676
형	**desirable** dəˈzaɪ.rəb.l	바람직한, 탐나는	3677
형	**undesirable** ʌn.dəˈzaɪ.rəb.l	바람직하지 않은, 꺼려지는	3678
동	**expose** ɪkˈspoʊz	드러내다, 폭로하다	3679
명	**exposure** ɪkˈspoʊ.ʒə	폭로, 노출	3680
명	**exposition** ek.spəˈzɪʃ.n	박람회, 설명	3681
동	**expose to** ɪkˈspoʊz.tu	~에 드러내다	3682
형	**unexposed** ʌn.ɪkˈspoʊzd	노출되지 않은	3683
명	**eyesight** aɪ.saɪt	시력, 시야	3684
형	**one-eyed** wʌn.aɪd	외눈의, 편협한	3685
형	**wild-eyed** waɪld.aɪd	분노한, 과격한	3686
명동	**feed** fid	먹이(주다), 공급하다 ③ feed | fed | fed	3687
명	**feedback** fid.bæk	반응, 의견	3688
동	**be fed up** bi.fed.ʌp	질리다, 물리다	3689
동	**feed on** fid.ɑn	~을 먹고 살다	3690
동	**breastfeed** brest.fid	모유 먹이다	3691
형	**unhappy** ʌn.hæ.pi	불행한, 불만족한	3692
명	**unhappiness** ʌn.hæ.pi.nəs	불행, 비참	3693
명	**intelligence** ɪn.te.lə.dʒəns	지능, 정보	3694
명	**intellectual** ɪn.tə.lek.tʃuəl	지적인, 지식인	3695
형	**intelligent** ɪn.te.lə.dʒənt	지적인, 이성적인	3696
명	**intellect** ɪn.tə.lekt	지적 능력	3697
형	**intelligible** ɪn.te.lə.dʒəb.l	이해할 수 있는	3698
명	**intellectualism** ɪn.te.lək.tʃuə.lɪ.zəm	지성주의	3699
명동	**issue** ɪ.ʃu	주제, 사안, 발행(하다)	3700

명	keystone kí.stoʊn	쐐기돌, 요점	3701
명	keynote kí.noʊt	주안점, 기본 방침	3702
명	key factor kí.fæk.tər	주요 요인	3703
명	key point kí.pɔɪnt	요점	3704
동	maintain meɪn.téɪn	유지[주장]하다	3705
명	maintenance méɪn.tə.nəns	유지(비), 정비, 생활비	3706
형	sophisticated sə.fí.stɪk.eɪ.təd	정교한, 복잡한, 속세의	3707
명	philosophy fə.lá.sə.fi	철학	3708
명	philosopher fə.lá.sə.fər	철학자	3709
형	philosophical fì.lə.sá.fɪk.l	철학적인	3710
동	pick up pɪk.ʌp	집어 들다, 싣다, 고르다	3711
동	pick on pɪk.ɑn	~을 괴롭히다	3712
명·동	pickpocket pɪk.pɑkət	소매치기(하다)	3713
부	quite kwaɪt	아주, 완전히	3714
	quite a few kwaɪt.ə.fju	상당수(의)	3715
명	rainforest raɪn.fɔ.rəst	강우림	3716
명	raincheck reɪn.tʃek	다음을 기약함	3717
형	rainy reɪ.ni	비가 오는, 비의	3718
명	rainfall reɪn.fɔl	강우(량)	3719
명	raindrop reɪn.drup	빗방울	3720
명	rainstorm reɪn.stɔrm	폭풍우	3721
동	refer rə.fɜ	참조[언급]하다, ~의 탓으로 하다	3722
명	reference re.fə.rəns	참조, 언급, 관련	3723
명	referral rə.fɜ.rəl	위탁	3724
명	referendum re.fə.ren.dəm	국민 투표	3725

명	referee re.fə.ri	심판, 중재자	3726
명	region ri.dʒən	지역, 영역	3727
형	regional ri.dʒən.l	지역의, 지방의	3728
명	realm relm	왕국, 영역, 분야	3729
형	regal ri.gəl	왕의	3730
명	regimen re.dʒə.mən	통치, 섭생	3731
명	regime rə.ʒim	정권, 제도	3732
형	unreturned ən.rə.tɜ·nd	돌아오지 않은	3733
	in return for in.rə.tɜ·n.fɔr	(~대한) 보답으로	3734
형	skilled skɪld	숙련된	3735
형	skillful skɪl.fʃ	숙련된	3736
동	be skilled at bi.skɪld.æt	~에 능숙하다	3737
형	chic ʃik	세련된, 멋진	3738
명	species spi.ʃiz	종, 인종, 종류	3739
형동	stray streɪ	벗어나다, 길 잃은, 빗나간	3740
형부	astray ə.streɪ	길을 잃어, 없어져	3741
명	busy street bɪ.zi.strit	번화가	3742
명	task tæsk	업무, 과제	3743
명	task force tæsk.fɔrs	대책 본부	3744
명	temperature tem.prə.tʃər	온도, 체온	3745
형	temperate tem.prət	온화한, 절제된	3746
명동	temper tem.pər	성질, 완화하다	3747
동	keep one's temper kip.wʌnz.tem.pər	화를 참다	3748
형	temperamental tem.prə.men.tl	기질의, 변덕스런	3749
형	terrible te.rəb.l	끔찍한, 무서운, 심한	3750

동	**terrify** te.rə.faɪ	무섭게 하다, 두렵다	3751
명	**terror** te.rər	공포, 테러	3752
형	**terrorism** te.rə.ri.zəm	테러 행위	3753
형	**terrific** tə.ri.fik	멋진, 무서운	3754
명	**terrorist** te.rə.rɪst	테러범	3755
형	**thick** θɪk	두꺼운, 굵은, 빽빽한	3756
형부	**thin** θɪn	얇은, 얇게, 마른	3757
동	**thicken** θɪkən	걸쭉해지다, 두껍게 하다	3758
명	**thigh** θaɪ	허벅지	3759
	thick and thin θɪk.ənd.θɪn	물불 가리지 않는	3760
형	**thick-skinned** θɪk.skɪnd	뻔뻔한	3761
동	**transmit** trænz.mɪt	전하다, 전염시키다	3762
동	**emit** e.mɪt	방출[발산]하다	3763
명	**emission** ɪ.mɪʃ.n	배출(물), 방사	3764
명	**mission** mɪʃ.n	임무, 파견, 선교	3765
형명	**missionary** mɪ.ʃə.ne.ri	선교사, 선교의	3766
명	**transmission** træn.smɪʃ.n	전달, 전염, 전송	3767
명	**transmitter** træn.smɪ.tər	전달자, 전송기	3768
동	**remit** ri.mɪt	보내다, 면하다	3769
동	**treat** trit	취급[치료, 대접]하다	3770
명	**treatment** trit.mənt	치료, 취급, 대우	3771
동	**mistreat** mɪ.strit	학대하다	3772
명	**treaty** tri.ti	조약, 협정	3773
형	**untreated** ʌn.tri.təd	미처리의	3774
명	**mistreatment** mɪ.strit.mənt	학대	3775

형	mistreated mɪ.striː.təd	학대받은	3776
동	treat oneself to triːt.wʌn.self.tu	~을 즐기다	3777
동	await ə.weɪt	기다리다	3778
동	wait on weɪt.ɑn	~을 시중들다[기다리다]	3779
명	waitress weɪ.trəs	여종업원	3780
명	waiter weɪ.tər	종업원, 대기자	3781
형	watchful wɑtʃ.fəl	주의 깊은	3782
동	watch out wɑtʃ.aʊt	조심하다	3783
형	wrongful rɒŋ.fəl	부당한, 잘못된	3784
명	wrongness rɒŋ	잘못, 틀림	3785
명	wrongdoing rɒŋ.duːŋ	범죄, 비행	3786
전	along with ə.lɒŋ.wɪθ	~와 함께, ~에 따라	3787
동	go along goʊ.ə.lɒŋ	따라가다, 동의하다	3788
전	alongside ə.lɒŋ.saɪd	옆에, 나란히	3789
형명	alternative ɒl.tɝ.nə.tɪv	대안(의), 양자택일	3790
동	alter ɒl.tər	변경[변화]하다	3791
명	alteration ɒl.tə.reɪ.ʃn	변경, 변화	3792
형동	alternate ɒl.tər.nət	교대[교체, 교차]하다, 교대의	3793
부	alternatively ɒl.tɝ.nə.tɪ.vli	그 대신에, 교대로	3794
형명	ancient eɪn.tʃənt	고대의, 고대인	3795
명	ancestor æn.se.stər	조상	3796
형	ancestral æn.se.strəl	조상의	3797
명	ancestry æn.se.stri	조상	3798
형	chemical ke.mək.l	화학적인	3799
명	chemistry ke.mə.stri	화학	3800

품사	단어	뜻	번호
명	chemist ke.mɪst	화학자, 약사	3801
명	alchemy ælk.ə.mi	연금술	3802
명	alchemist æl.tʃə.məst	연금술사	3803
명	biochemist baɪo.ok.e.mɪst	생화학자	3804
명	biochemistry baɪo.ok.e.mɪ.stri	생화학	3805
명	chimney tʃɪm.ni	굴뚝	3806
형	comfortable kʌm.fər.təb.l	편안한, 만족하는	3807
명,동	comfort kʌm.fərt	위로(하다), 안락	3808
형	uncomfortable ʌnk.əm.fər.təb.l	불편한	3809
명	discomfort dɪs.kʌmf.ərt	불편(함)	3810
명	consciousness kɑn.ʃə.snəs	의식	3811
형	conscious kɑn.ʃəs	의식[자각]하는	3812
형	unconscious ʌnk.ɑn.ʃəs	무의식의, 모르는	3813
형,명	subconscious sʌbk.ɑn.ʃəs	잠재 의식(의)	3814
부	deeply di.pli	깊게, 몹시	3815
명	depth depθ	깊이	3816
동	deepen di.pən	깊게 하다, 깊어지다	3817
명,동	dip dɪp	담그다, 급락(하다)	3818
동	defend də.fend	방어[변호]하다, 지키다	3819
명	defense də.fens	방어, 변호, 변명	3820
형	defensive də.fen.sɪv	방어적인	3821
명,동	fence fens	울타리(치다), 막다	3822
형	defenseless də.fen.sləs	무방비의, 방어할 수 없는	3823
형	offensive ə.fen.sɪv	공격적인	3824
동	offend ə.fend	불쾌하게 하다, 죄를 짓다	3825

명	offender ə.fen.dər	범죄자, 위반자	3826
명	defendant də.fen.dənt	피고인	3827
명	defence də.fens	방어	3828
동	defend oneself də.fend.wʌn.self	항변하다	3829
명	defender də.fen.dər	방어자, 피고인	3830
명	offense ə.fens	공격, 범죄, 반칙	3831
동	drop by drɑp.baɪ	~에 들르다	3832
명	droplet drɑ.plət	비말	3833
동	drop out drɑp.aʊt	중퇴[탈락]하다	3834
동	drop a line drɑp.ə.laɪn	소식을 전하다	3835
동	drop off drɑp.ɒf	감소하다	3836
명·동	exercise ek.sər.saɪz	운동[연습, 행사](하다)	3837
동	exert ɪg.zɝt	발휘[행사]하다	3838
명	exertion ɪg.zɝ.ʃn	노력, 행사	3839
동	expand ɪk.spænd	확대[설명]하다	3840
명	expansion ɪk.spæn.ʃn	확대, 확장, 팽창	3841
형	expanse ɪk.spæns	광활한	3842
형	expansive ɪk.spæn.sɪv	광범위한, 팽창하는	3843
형·명	fair fer	공평한, 상당한, 박람회	3844
명	fairness fer.nəs	공평	3845
형	unfair ən.fer	불공평한, 부당한	3846
형	fearless fir.ləs	겁없는	3847
형	fearful fir.fəl	무서운, 걱정하는	3848
명·동	figure fɪ.gjər	수치, 인물, 모습, 계산(하다)	3849
동	figure out fɪ.gjər.aʊt	계산[이해]하다	3850

명	configuration kən.fi.gjə.reɪʃ.n	구성, 설정, 형상	3851
동	configure kən.fi.gjər	구성[설정]하다	3852
동	gain geɪn	얻다, 증가하다	3853
동	obtain əb.teɪn	얻다, 손에 넣다	3854
동	regain rə.geɪn	되찾다, 복귀하다	3855
형명동	bargain bar.gən	흥정(하다), 헐값의	3856
형	goal-oriented goʊl.ɔ.ri.en.təd	목표 지향적인	3857
형	harmful harm.fəl	해로운	3858
명동	harm harm	해(치다)	3859
형	harmless harm.ləs	해가 없는	3860
형	unharmed ʌn.harmd	무사한	3861
동	do harm to də.harm.tu	~에 해를 주다	3862
동	hearten har.tn	용기를 주다	3863
명	heart attack hart.ə.tæk	심장마비	3864
명	heartland hart.lænd	핵심지	3865
형	wholehearted hoʊl.ha.tɪd	헌신적인	3866
명	broken heart broʊkən.hart	상심	3867
형	half-hearted harf.har.tɪd	성의 없는, 냉담한	3868
명	heartache har.tek	심적 고통	3869
명	heartbeat hart.bit	심장 박동	3870
형	hearty har.ti	다정한, 왕성한	3871
형명	intent ɪn.tent	의도, 계획, 열중하는	3872
동	intend ɪn.tend	의도[의미]하다	3873
형	intentional ɪen.ten.ʃə.nəl	의도적인	3874
명	intention ɪn.ten.tʃn	의도	3875

동	superintend su.pə.rin.tend	감독하다	3876
형	unintended ʌ.nin.ten.dəd	고의가 아닌, 우연한	3877
명	superintendent su.pə.rən.ten.dənt	감독	3878
형	unintentional ʌ.nin.ten.ʃə.nəl	고의가 아닌, 무의식중의	3879
동	manage mæ.nədʒ	관리[경영]하다, 잘 해내다	3880
명	management mæ.nədʒ.mənt	관리, 경영, 감독	3881
형	manageable mæ.ni.dʒəb.l	다루기 쉬운	3882
형	managerial mæ.ni.dʒi.riəl	관리자의	3883
형 명	minute mi.nət	분, 미세한, 잠깐	3884
부	minutely mi.nət.li	자세히, 1분마다	3885
동	depict də.pikt	묘사하다, 그리다	3886
명	depiction də.pik.ʃn	묘사, 서술	3887
부	probably pra.bə.bli	아마도	3888
형	probable pra.bəb.l	그럴듯한, 유력한	3889
명	probability pra.bə.bi.lə.ti	개연성, 그럴듯함	3890
형	improbable im.pra.bəb.l	개연성 없는	3891
명 동	report ri.pɔrt	보고[보도]하다, 보고서	3892
명	reportage rə.pɔr.tidʒ	보도, 보고	3893
형	reportedly rə.pɔr.təd.li	전해지는 바로는	3894
동	resell ri.sel	되팔다	3895
동	sell out sel.aut	품절되다	3896
형	sold out soold.aut	품절된	3897
형	top-selling tap.sel.iŋ	가장 잘 팔리는	3898
명	speeding spid.iŋ	과속	3899
명 동	speed up spid.ʌp	가속(하다)	3900

명동	**spur** spɝ	박차(를 가하다)	3901
명동	**spout** spaut	분출(하다)	3902
명동	**step** step	걸음, 발소리, 단계, 밟다	3903
동	**sidestep** saɪd.step	회피하다	3904
명동	**back step** bæk.step	뒷걸음질(하다)	3905
명	**theory** θɪ.ri	이론	3906
형	**theoretical** θiə.re.tɪk.l	이론적인	3907
명	**theorist** θiə.rəst	이론가	3908
동	**theorize** θiə.raɪz	이론을 세우다	3909
명	**threat** θret	위협, 협박	3910
동	**threaten** θret.n	위협하다	3911
동	**thrust** θrʌst	밀다, 쑤시다	3912
형	**threatened** θret.nd	위협받는	3913
형	**threatening** θret.n.ɪŋ	위협적인	3914
부	**totally** tou.tə.li	완전히	3915
형명	**totalitarian** tou.tæ.lɪ.teə.rɪən	전체주의의, 전체주의자	3916
명	**totality** tou.tæ.lɪ.ti	전체, 합계	3917
동	**totalize** tou.tə.laɪz	합계하다	3918
명	**version** vɝ.ʒən	~판, 번역(문)	3919
동	**convert** kən.vɝt	바꾸다, 전환하다	3920
동	**divert** daɪ.vɝt	전환[우회]시키다	3921
명	**conversion** kən.vɝ.ʒən	전환, 개조, 개종	3922
형	**convertible** kən.vɝ.təb.l	바꿀 수 있는	3923
명	**subversion** səb.vɝ.ʒən	전복, 파괴	3924
동	**subvert** sʌb.vɝt	전복[파괴]하다	3925

형	subversive səb.vɜ.sɪv	전복[파괴]하는	3926
동	advocate æd.vəkət	변호사, 옹호자, 옹호하다	3927
명	vowel vauəl	모음	3928
명	vocabulary vokæ.bjə.le.ri	어휘, 단어집	3929
형	equivocal ɪ.kwɪ.vək.l	애매한	3930
형	unequivocal ʌ.nɪ.kwɪ.vək.l	분명한	3931
명	voiceover vɔɪso.vər	해설	3932
명	advocacy æd.vək.ə.si	변호, 옹호	3933
형	vociferous vosɪ.fə.rəs	외치는, 시끄러운	3934
형	worrisome wɜ.ri.səm	걱정된	3935
명	wintering wɪn.tər.ɪŋ	겨울나기	3936
형	armed ɑrmd	무장한, ~팔을 가진	3937
명	forearm fɔ.rɑrm	팔뚝	3938
명	firearm faɪə.rɑrm	총기류	3939
명	armor ɑr.mər	갑옷, 철갑	3940
명	disarmament dɪ.sɑr.mə.mənt	무장 해제, 군비 축소	3941
동	disarm dɪ.sɑrm	무장 해제하다	3942
명	armament ɑr.mə.mənt	무기, 무장	3943
형	unarmed ə.nɑrmd	비무장한	3944
형	armored ɑr.mərd	무장한, 강화된	3945
명	battlefield bæ.təl.fild	전쟁터	3946
명	battlefront bæ.təl.frənt	최전선	3947
동	batter bæ.tər	난타하다	3948
형	biological baɪə.lɑ.dʒɪk.l	생물학적인	3949
명	biology baɪɑ.lə.dʒi	생물학	3950

명	biologist baɪə.lə.dʒəst	생물학자	3951
명	antibiotic æn.ti.bi.ɑ.tɪk	항생제	3952
명	biodiversity baɪɔ.ʊ.daɪ.vɜ.sə.ti	생물의 다양성	3953
형	biotic baɪ.ɑ.tɪk	생물의	3954
명	biomass baɪɔ.ʊ.mæs	생물량	3955
형	symbiotic sɪm.baɪɔ.ʊ.sɪs	공생하는	3956
동	bleed blid	출혈하다 ③ bleed | bled | bled	3957
형	cold-blooded koʊld.blʌ.dɪd	냉혈의, 냉담한	3958
명	blood clot bləd.klɑt	혈전	3959
명	bloodstream blʌd.strim	혈류	3960
명	bloodline blʌd.laɪn	혈통	3961
형	bloody blʌ.di	피의, 유혈의	3962
형	broad brɒd	넓은, 광범위한	3963
부	abroad ə.brɔd	해외로, 널리	3964
부	broadly brɒd.li	대체로, 넓게	3965
동	broaden brɒd.n̩	넓히다	3966
명	breadth bredθ	폭, 넓음	3967
명	cell sel	세포	3968
형	cellular se.ljə.lər	세포의, 휴대전화의	3969
형	multicellular mʌlti.se.ljə.lər	다세포의	3970
명동	claim kleɪm	주장[요구, 청구](하다)	3971
동	acclaim ə.kleɪm	호평[격찬]하다	3972
명	claimant kleɪ.mənt	청구인, 요구자	3973
동	proclaim prokleɪm	선언[증명]하다	3974
동	reclaim ri.kleɪm	되찾다, 개선[재생]하다	3975

동	**lay claim to** leɪ.kleɪm.tu	~의 권리를 주장하다	3976
명	**disclaimer** dɪ.skleɪ.mər	거부, 포기	3977
동	**exclaim** ɪk.skleɪm	외치다	3978
동	**disclaim** dɪ.skleɪm	거부[포기]하다	3979
형	**confident** kɑn.fə.dənt	자신 있는	3980
명	**confidence** kɑn.fə.dəns	신뢰, 자신(감)	3981
동	**confide** kən.faɪd	믿다, 털어놓다	3982
형	**overconfident** oʊv.ɔ.k.ɑn.fɪ.dənt	과신하는	3983
형	**confidential** kɑn.fə.den.ʃl	기밀의, 은밀한	3984
형	**diffident** dɪ.fɪ.dənt	자신 없는	3985
형·동	**contact** kɑn.tækt	연락[접촉](하다)	3986
형	**contagious** kən.teɪ.dʒəs	전염성의	3987
형	**contiguous** kən.tɪ.ɡjuəs	인접한, 연속된	3988
명	**contagion** kən.teɪ.dʒən	전염(병)	3989
형·동	**correct** kə.rekt	정정하다, 정확한	3990
명	**correction** kə.rek.ʃn	수정, 정정, [감옥] 교정	3991
형	**incorrect** ɪnk.ə.rekt	부정확한	3992
형	**corrective** kə.rek.tɪv	바로잡는, 수정의	3993
명	**correctness** kə.rekt.nəs	정확함	3994
형	**correctional** kə.rek.ʃnəl	교정의 *교도소의	3995
동	**rectify** rek.tə.faɪ	개정하다, 고치다	3996
형	**correctable** kə.rekt.eɪb.l	수정[정정]가능한	3997
동	**determine** də.tɜ.mən	결정하다, 알아내다	3998
명	**determination** də.tər.mə.neɪʃ.n	결정, 각오	3999
명	**determinism** də.tɜ.mə.nɪ.zəm	결정론	4000

동	predetermine pri.di.tɜ.mən	미리 결정하다	4001
형	efficient ə.fi.ʃənt	효율적인, 유능한	4002
명	efficiency ə.fi.ʃən.si	효율(성)	4003
명	efficacy e.fik.æ.si	효능	4004
명	proficiency prə.fi.ʃən.si	숙달	4005
형	proficient prəfi.ʃənt	익숙한, 능숙한	4006
형	inefficient ɪ.nə.fi.ʃənt	비효율적인	4007
명	inefficiency ɪ.nə.fi.ʃən.si	비효율, 무능	4008
동	encourage enk.ɜ.rɪdʒ	용기 주다, 장려하다	4009
명	encouragement enk.ɜ.rɪdʒ.mənt	격려	4010
동	be filled with bi.fild.wɪθ	~로 가득차다	4011
동	fill in fil.ɪn	~을 채우다	4012
형	unfilled ʌn.fild	채워지지 않은	4013
동	fill up fil.ʌp	~을 가득 채우다	4014
동	confront kən.frʌnt	맞서다, 들이대다	4015
명·동	affront ə.frʌnt	모욕(하다)	4016
명	frontier frən.tɪr	국경, 미개척지, 최첨단	4017
명	frontline frʌnt.laɪn	최전방	4018
명	confrontation kʌn.frən.teɪʃ.n	대립	4019
명	impact ɪm.pækt	충격, 충돌, 영향	4020
동	have an impact on həv.ən.ɪm.pækt.ʌn	~에 영향을 주다	4021
형·명	initial ɪ.nɪʃ.l	처음의, 머리글자	4022
명	initiative ɪ.nɪ.ʃə.tɪv	주도(권), 시작, 발의	4023
동	initiate ɪ.nɪ.ʃi.et	시작[착수, 가입]하다	4024
명	initiation ɪ.nɪ.ʃi.eɪʃ.n	입문, 개시	4025

동	initialize	초기화하다	4026
	ɪ.nɪʃə.laɪz		
동	inspire	영감[자극]을 주다	4027
	ɪn.spaɪr		
명	inspiration	영감, 자극	4028
	ɪn.spə.reɪʃ.n		
형 명	joint	공동의, 관절, 접합	4029
	dʒɔɪnt		
명	conjunction	합동, 접속사	4030
	kən.dʒəŋk.ʃn		
명	injunction	명령	4031
	ɪn.dʒəŋk.ʃn		
명	junction	교차로, 접점	4032
	dʒʌŋk.ʃn		
명	adjunct	부속물	4033
	æ.dʒəŋkt		
동	adjoin	인접하다, 붙이다	4034
	ɔ.dʒɔɪn		
동	rejoin	재결합하다	4035
	rɪ.dʒɔɪn		
명	juncture	시기, 국면	4036
	dʒʌŋk.tʃər		
형 명	net	그물, 망, 순수한	4037
	net		
형	neat	깔끔한, 정돈된	4038
	nit		
명	outcome	결과, 성과	4039
	aʊtkəm		
명	income	소득	4040
	ɪnkəm		
형	low-income	저소득의	4041
	loʊ.ɪnkəm		
형	high-income	고소득의	4042
	haɪ.ɪnkəm		
형	middle-income	중간 소득의	4043
	mɪd.l.ɪnkəm		
형 명	professional	전문적인, 직업의, 전문가	4044
	prə.fe.ʃə.nəl		
명	profession	직업, 전문직	4045
	prə.feʃ.n		
명	professor	교수	4046
	prə.fe.sər		
명	professionalism	직업 의식	4047
	prə.fe.ʃə.nə.lɪ.zəm		
동	profess	주장[종사]하다	4048
	prə.fes		
명 동	project	계획[사업, 투영, 발사](하다)	4049
	prə.dʒɛkt		
명	projection	투영, 예상, 돌출	4050
	prə.dʒek.ʃn		

동	inject	주사[주입]하다	4051
명	injection	주사, 주입	4052
명	trajectory	탄도, 궤적	4053
동	eject	내쫓다, 탈출하다	4054
동	reject	거부하다	4055
명	rejection	거절, 배제	4056
동	deject	낙담시키다	4057
명	dejection	낙담, 우울	4058
형	abject	비참한, 비굴한	4059
형	rapid	빠른, 신속한	4060
명	rapidity	빠름	4061
부	regularly	규칙[정기]적으로	4062
동	regulate	규제[조절]하다	4063
형/명	regulation	법률, 규칙, 규제, 정규의	4064
명	regulator	조절기, 규제 기관	4065
	on a regular basis	정기적으로	4066
형	regulative	규제하는	4067
명	irregularity	불규칙, 부정	4068
명	regularity	정기적임	4069
형	regulatory	규제의, 단속의	4070
명	deregulation	규제 철폐[완화]	4071
형	irregular	비정상의, 불규칙한	4072
동	stipulate	규정[계약]하다	4073
동	send back	돌려보내다	4074
동	send off	배웅하다	4075

명동	shape	모양, 형성하다	4076
	feɪp		
	in good shape	상태 좋은	4077
	ɪn.gʊd.feɪp		
명동	strike	치다, 파업 ③ strike | struck | struck	4078
	straɪk		
명동	stroke	치다, 쓰다듬다, 뇌졸중	4079
	stroʊk		
형	striking	파업, 눈에 띄는	4080
	straɪkɪŋ		
명동	supply	공급(하다), 보충하다	4081
	sə.plaɪ		
명동	complement	보완(하다), 보어	4082
	kɑm.plə.mənt		
형	complementary	보완적인	4083
	kɑm.plə.men.tri		
명	supplement	추가(요금), 보충, 보완, 부록	4084
	sʌ.plə.mənt		
형	supplementary	보충의	4085
	sʌ.plə.men.tə.ri		
형	supplemental	보충의, 추가의	4086
	sʌ.plə.men.təl		
명	supplier	공급자	4087
	sə.plaɪər		
명	supply chain	공급망	4088
	sə.plaɪ.tʃeɪn		
명	wisdom	지혜	4089
	wɪz.dəm		
명동	witness	목격(하다), 증거, 증인	4090
	wɪt.nəs		
형	wise	현명한	4091
	waɪz		
명	wiseman	현자	4092
	waɪz.mən		
형	unwise	어리석은	4093
	ʌn.waɪz		
부	unwittingly	모르게	4094
	ʌn.wɪ.tɪŋ.li		
명	wit	지혜, 재치	4095
	wɪt		
형	witty	재치 있는	4096
	wɪ.ti		
명	wisdom tooth	사랑니	4097
	wɪz.dəm.tuθ		
명	wit's end	속수무책	4098
	wɪts.end		
형	accurate	정확한	4099
	æ.kjə.rət		
명	accuracy	정확(성), 정밀도	4100
	æ.kjə.rə.si		

형	inaccuracy ɪ.næ.kjə.rə.si	부정확	4101
형	inaccurate ɪ.næ.kjə.rət	부정확한	4102
부	basically beɪ.sɪk.li	근본적으로	4103
명	depression də.preʃ.n	우울, 불황	4104
동	depress də.pres	우울하게 하다	4105
명	dogma dɑɡ.mə	교리, 교조	4106
명	doctrine dɑk.trən	교리, 원칙	4107
형	dogmatic dɑɡmæ.tɪk	독단적인	4108
명	indoctrination ɪn.dɑk.trə.neɪʃ.n	주입, 세뇌	4109
명	element el.ɪ.mənt	요소, 원소	4110
형	elementary el.ɪ.ment.ər.i	초등의, 기본적인	4111
형	rudimentary ru.də.men.tə.ri	기본적인	4112
형	elemental el.ɪ.ment.l	기본적인, 원소의	4113
명	exception ɪk.sep.ʃn	예외, 제외	4114
동	except ɪk.sept	~을 제외하고, 제외하다	4115
	with the exception of wɪθ.ði.ɪk.sep.ʃn.ʌv	~외에는	4116
전	except for ɪk.sept.fɔr	~을 제외하고는	4117
형	exceptional ɪk.sep.ʃnəl	예외적인, 특별한	4118
명동	excerpt ek.sɚpt	발췌(하다)	4119
형	exceptionless ɪk.sep.ʃn.les	예외 없는	4120
명	fame feɪm	명성, 고유, 평판	4121
형	infamous ɪn.fə.məs	악명 높은	4122
동	earn fame ɚn.feɪm	명성을 얻다	4123
형	famed feɪmd	유명한	4124
형	financial fə.næn.ʃl	재정적인, 금융의	4125

명	finance fə.næns	재무, 자금	4126
부	frequently fri.kwənt.li	자주, 흔히	4127
형동	frequent fri.kwənt	빈번한, 자주 가다	4128
명	frequency fri.kwən.si	빈도, 빈번, 주파수	4129
부	infrequently ɪn.fri.kwənt.li	드물게	4130
명	impression ɪm.preʃ.n̩	인상, 감동	4131
형	impressive ɪm.pre.sɪv	인상[감동]적인	4132
동	impress ɪm.pres	인상[감동]을 주다	4133
형	impressionable ɪm.pre.ʃə.nəb.l̩	쉽게 영향[감동] 받는	4134
명	impressionist ɪm.pre.ʃə.nəst	인상파 화가	4135
명동	presage pre.sɪdʒ	전조(가 되다)	4136
형	multiple mʌlt.ɪp.l̩	다양한, 복합적인	4137
명	multitude mʌlt.ɪ.tud	다수, 군중	4138
형	multi mʌlti	다양한, 다수의	4139
동	multiply mʌlt.ɪ.plaɪ	곱하다, 증가시키다	4140
명	multiplicity mʌlt.ɪ.plɪs.ə.ti	다수, 다양성	4141
명	myth mɪθ	신화, 미신	4142
명	mystery mɪ.stə.ri	신비, 수수께끼	4143
형	mysterious mɪ.stɪ.riəs	신비한	4144
명	mythology mə.θɑ.lə.dʒi	신화(학)	4145
형	mythical mɪ.θək.l̩	신화적인, 상상의	4146
형	mystic mɪ.stɪk	신비로운	4147
명	poet poʊɪt	시인	4148
명	poem poʊɪm	시	4149
명	poetry poʊɪ.tri	시	4150

품사	단어	뜻	번호
형	**poetic** pou.e.tık	시의, 시적인	4151
명동	**inroad** ınroud	침해[침략](하다)	4152
명	**raid** reıd	습격	4153
	(a) **long time ago** ə.lɔŋ.taım.əgo.o	오래 전에	4154
동	**assume** ə.sum	가정[추측]하다, 떠맡다	4155
명	**assumption** ə.səmp.ʃn	가정, 추측, 인수	4156
부	**presumably** prə.zu.mə.bli	아마도	4157
동	**presume** prə.zum	가정[추측]하다, 건방지다	4158
명	**presumption** prə.zəmp.ʃn	가정, 추측, 건방짐	4159
접	**assuming** (that) ə.sum.ıŋ.ðæt	~라면	4160
동	**concentrate** kan.sən.tret	집중[농축]하다	4161
명	**concentration** kan.sən.treıʃ.n	집중, 농도, 농축	4162
명	**concept** kan.sept	개념	4163
형	**conceptual** kən.sep.tʃuəl	개념적인	4164
명	**conception** kən.sep.ʃn	개념, 신념, 구상	4165
명	**misconception** mı.skən.sep.ʃn	오해	4166
동	**conceptualize** kən.sep.tʃuə.laız	개념화하다	4167
동	**construct** kən.strəkt	건설하다	4168
명	**construction** kən.strək.ʃn	건설, 건축, 공사	4169
형	**constructive** kən.strək.tıv	건설[구조]적인	4170
동	**reconstruct** rik.ən.strəkt	재건[복구]하다	4171
동	**deconstruct** dik.ən.strəkt	해체하다	4172
형	**out-of-date** aut.əv.deıt	구식의, 쓸모없는	4173
형	**up-to-date** ʌp.tə.deıt	최신의	4174
형	**outdated** aut.de.təd	구식의	4175

동	**predate** pri.deɪt	앞서다, 앞당기다	4176
명동	**decline** dɪ.klaɪn	감소, 쇠퇴, 거절하다	4177
명동	**incline** ɪn.klaɪn	(~로) 기울다, 경사	4178
동	**be inclined to V** bi.ɪn.klaɪnd.tə	~할 의향[경향]이 있다	4179
명동	**die** daɪ	죽다, 사라지다, 주사위	4180
동	**die out** daɪ.aʊt	멸종[사장]되다	4181
동	**die down** daɪ.daʊn	사그라지다	4182
명동	**doubt** daʊt	의심(하다)	4183
	no doubt noʊ.daʊt	확실히, 확실한	4184
부	**undoubtedly** ʌn.daʊ.təd.li	의심의 여지없이	4185
형	**dubious** du.biəs	의심스런	4186
형	**doubtful** daʊt.fəl	의심스런, 불확실한	4187
형부	**doubtless** daʊt.ləs	확실한, 확실히	4188
부	**without doubt** wɪð.aʊt.daʊt	의심의 여지없이	4189
명	**drought** draʊt	가뭄	4190
형	**dried** draɪd	건조한	4191
형	**electrical** ə.lek.trɪk.l̩	전기의	4192
명	**electricity** ə.lek.trɪ.sə.ti	전기	4193
동	**electrify** ə.lek.trə.faɪ	전기가 통하다	4194
명	**entrance** en.trəns	입구, 입장	4195
명	**entry** en.tri	입장, 가입, 참가	4196
동	**enter into** en.tər.ɪn.tu	~에 참여[입력]하다	4197
명	**entrant** en.trənt	신입	4198
부	**extremely** ɪk.strim.li	극단적으로	4199
명	**extremist** ɪk.stri.məst	극단주의자	4200

영	extremity tk.stre.mə.ti	극단, 끝부분	4201
영	extremism ek.stre.mɪ.zəm	극단주의	4202
영	fashion fæʃ.n	패션, 유행, 관습	4203
영	fad fæd	유행	4204
형	fashionable ɪ.dæn.fə.nəb.l	유행하는, 상류층의	4205
형	unfashionable ʌn.fæ.ʃə.nəb.l	인기 없는	4206
동	grab græb	움켜[사로]잡다	4207
영동	grasp græsp	꽉 잡다, 이해(하다), 붙잡음	4208
동	grapple græp.l	맞서다, 붙잡다	4209
영동	grip grɪp	꽉 잡음, 꽉 쥐다	4210
형	gripping grɪp.ɪŋ	주목을 끄는	4211
동	grope group	더듬다	4212
영	injury ɪn.dʒə.ri	부상, 상처, 피해	4213
동	injure ɪn.dʒər	다치다, 해치다	4214
형	Victorian vɪk.tɔ.riən	빅토리아 여왕 시대의	4215
형	Elizabethan e.lɪ.zə.biθ.n	엘리자베스 여왕 시대의	4216
형영	material mə.tɪ.riəl	직물, 재료, 물질(적인)	4217
부	materially mə.tɪ.riə.li	물질[실질]적으로	4218
영	materialism mə.tɪ.riə.lɪ.zəm	물질주의, 유물론	4219
형	materialistic mə.tɪ.riə.lɪ.stɪk	물질주의적인	4220
영	diameter daɪæ.mə.tər	직경, 지름	4221
영	perimeter pə.rɪ.mə.tər	주변, 둘레	4222
영	parameter pə.ræ.mə.tər	매개 변수	4223
형	metric me.trɪk	미터(법)의, 계량의	4224
영	mileage maɪ.lədʒ	주행 거리, 연비	4225

명	**milestone** maɪlstoun	이정표	4226
명·동	**notice** noʊ.tɪs	인지[공지, 통보](하다)	4227
명	**notification** noʊ.tɪ.fɪk.eɪʃ.n	통보, 공지	4228
동	**notify** noʊ.tɪ.faɪ	알리다, 통보하다	4229
형	**noticeable** noʊ.tɪ.səb.l	눈에 띄는, 분명한	4230
형	**unnoticed** ʌnno.ʊ.tɪst	눈에 안 띄는, 무시된	4231
명	**ocean** n.ʃoʊ	해양	4232
형	**oceanic** oʊ.ʃi.æ.nɪk	대양의	4233
명	**oceanographer** oʊ.ʃə.nn.grə.fə	해양학자	4234
형	**ordinary** ɔr.də.ne.ri	일상적인, 평범한	4235
형	**extraordinary** ɪk.strɔr.dɪ̯.ri	비범한	4236
동	**overpaint** oʊv.r.peɪnt	덧칠하다	4237
형	**painterly** peɪnt.ər.li	화가 특유의	4238
명	**pattern** pæ.tərn	(반복적) 무늬[행동]	4239
명	**patron** peɪ.trən	후원자, 단골손님	4240
명	**patronage** pæ.trə.nɪdʒ	후원, 단골	4241
동	**persuade** pər.sweɪd	설득하다	4242
형	**persuasive** pər.sweɪ.sɪv	설득력 있는	4243
동	**assuage** ə.sweɪdʒ	달래다, 완화하다	4244
동	**dissuade** dɪ.sweɪd	설득[만류]하다	4245
명	**program** proʊ.græm	계획표, 차례, 프로그램	4246
명	**diagram** daɪə.græm	도표, 도식	4247
명	**ideogram** ɪ.dɪə.græm	표의 문자	4248
명·동	**range** reɪndʒ	범위, 정렬(하다), 사거리, 산맥	4249
명	**ridge** rɪdʒ	산등성이, 산맥	4250

형/부	rarely rer.li	드물게, ~을 잘 하지않는	4251
명	rarity re.rə.ti	희귀함, 희박	4252
형/명/동	record rək.ɔrd	기록(하다), 기록적인	4253
명/동	reward rə.wɔrd	보상[보답](하다), 보상금	4254
명/동	award ə.wɔrd	상, 수여하다	4255
형	rewarding rə.wɔrd.ɪŋ	보람있는, 보상하는	4256
	on sale ɑn.seɪl	판매[할인]중인	4257
형/명	wholesale hoʊl.seɪl	도매(의)	4258
명	not for sale nɑt.fɔr.seɪl	비매품	4259
	for sale fɔr.seɪl	판매중	4260
형/명	saving seɪv.ɪŋ	구조[절약](하는), 저축(savings)	4261
명	salvation sæl.veɪʃ.n	구조, 구원	4262
명	savior seɪ.vjər	구원자	4263
명/동	salvage sæl.vədʒ	구조[인양](하다)	4264
명	sir sɜr	~씨, ~님	4265
형	surly sɜr.li	무뚝뚝한, 고압적인	4266
	sorry to hear (that) sɑ.ri.tə.hɪr.ðæt	~가 안타까운	4267
	sorry to V sɑ.ri.tə	~해서 미안한	4268
명/동	structure strʌk.tʃər	구조, 건물, 조직(하다)	4269
명	infrastructure ɪn.frə.strʌk.tʃər	기반 시설, 기초	4270
동	restructure ri.strʌk.tʃər	재구성하다	4271
형	structural strʌk.tʃə.rəl	구조적인	4272
부	suddenly sʌd.n.li	갑자기	4273
부	surprisingly sər.praɪ.zɪŋ.li	놀랍게도	4274
	to one's surprise tə.wʌnz.sər.praɪz	놀랍게도	4275

형	**unsurprising** ʌn.sər.praɪz.ɪŋ	놀랍지 않은	4276
명동	**suspect** sə.spekt	의심[추측]하다, 용의자	4277
형	**suspicious** sə.spɪʃ.əs	의심스런	4278
명	**inspection** ɪn.spek.ʃn	검사, 조사	4279
명	**inspector** ɪn.spek.tər	조사관	4280
명	**suspicion** sə.spɪʃ.n	혐의, 의심	4281
동	**inspect** ɪn.spekt	검사[점검]하다	4282
명	**tradeoff** treɪ.dɒf	거래, 교환, 흥정	4283
명	**trademark** treɪd.mɑrk	(등록)상표, 특성	4284
동	**transform** træn.sfɔrm	변형[변화, 변압]하다	4285
동	**transfer** træn.sfɚ	이동[양도, 이적]하다	4286
명	**transformation** træn.sfər.meɪʃ.n	변형, 변화	4287
형	**transformative** træn.sfɔrmə.tɪv	변화시키는	4288
형	**transient** træn.ʒənt	덧없는, 일시적인	4289
명동	**transit** træn.zət	운송, 통과(하다)	4290
명	**transition** træn.zɪʃ.n	변천, 전환	4291
형	**transitional** træn.sɪʃ.nəl	변천하는, 과도기의	4292
명	**vacation** veɪk.eɪʃ.n	휴가, 방학	4293
명	**vacancy** veɪk.ən.si	빈자리, 공허	4294
형	**vacant** veɪkənt	빈	4295
동	**evacuate** ɪ.væ.kjə.et	대피시키다, 비우다	4296
명	**evacuation** ɪ.væ.kjə.weɪʃ.n	대피, 철수, 배설	4297
동	**vacate** veɪket	비우다, 떠나다	4298
명동	**vacuum** væ.kjum	공허, 진공(청소하다)	4299
형	**vague** veɪg	막연한, 흐린	4300

동	adopt	채택[입양]하다	4301
형	adoptable	입양 가능한	4302
명	adoption	채택, 입양	4303
명	adopter	입양인, 채택자	4304
명	adoptee	입양아	4305
형·부	alone	홀로, 외로운	4306
형	lonely	외로운, 외딴	4307
	let alone	~은 커녕	4308
형	lone	혼자인, 외로운	4309
명	loneliness	외로움	4310
형	stand-alone	독립형의	4311
동	analyze	분석[분해]하다	4312
명	analysis	분석, 분해	4313
명	analyst	분석가	4314
형	analytical	분석적인	4315
형	analyzable	분석[분해]가능한	4316
명	anatomy	해부(학)	4317
명	attitude	태도, 자세	4318
형	apt	적절한, 쉬운	4319
동	be apt to V	~하기 쉽다	4320
명	aptitude	적성, 소질, 경향	4321
명	breathing	호흡, 미풍	4322
명	breath	숨, 호흡	4323
동	breathe	숨쉬다, 호흡하다	4324
동	breathe in	들이쉬다	4325

형	**breathtaking** breθ.tek.ɪŋ	숨막히는	4326
형	**breathless** breθ.ləs	숨가쁜	4327
	out of breath aut.əv.breθ	숨가쁜	4328
명	**cancer** kæn.sər	암	4329
형	**anti-cancer** æn.taık.æn.sər	항암의	4330
명	**chunk** tʃəŋk	덩어리, 상당량	4331
동	**cling to** klɪŋ.tu	~에 집착하다, 달라붙다 ③ cling | clung | clung	4332
명동	**cluster** klʌ.stər	무리(짓다), 송이	4333
형	**clutter** klʌ.tər	잡동사니, 어수선함	4334
동	**clench** klentʃ	다물다, 쥐다	4335
형	**clumsy** klʌm.zi	어설픈	4336
명동	**clutch** klətʃ	움켜쥠, 쥐다, 변속장치	4337
형	**plump** pləmp	통통한, "쿵"	4338
명	**lump** ləmp	덩어리, 혹	4339
명	**clump** kləmp	덩어리, 집단	4340
명	**hunk** həŋk	덩어리, 덩치	4341
형	**collective** kə.lek.tɪv	집단[단체]적인	4342
명	**collection** kə.lek.ʃn	수집품, 수거	4343
동	**collect** kə.lekt	모으다, 모이다	4344
부	**collectively** kə.lek.tɪ.vli	통틀어서, 단체로	4345
형	**collectivistic** kə.lek.tɪ.vɪstik	집산주의적인	4346
명	**collector** kə.lek.tər	수집가	4347
동	**combine** kʌm.baɪn	결합[겸비]하다	4348
명	**combination** kʌm.bə.neɪʃ.n	결합, 연합, 조합	4349
동	**conflict with** kʌn.flɪkt.wɪθ	~와 충돌하다	4350

	in conflict with in.kan.flikt.wiθ	~와 싸우는		4351
형·명	criminal krɪ.mən.l	범죄자, 범법적인		4352
명	criminologist krɪ.mə.nɑ.lə.dʒəst	범죄학자		4353
형	crime-ridden kraɪm.rɪd.n	범죄가 들끓는		4354
명	democracy dɪ.mɑ.krə.si	민주주의		4355
형	democratic de.mə.kræ.tɪk	민주적인, 민주주의의		4356
명	democrat de.mə.kræt	민주주의자, 민주당원		4357
동	detect də.tekt	발견[감지]하다		4358
명	detective də.tek.tɪv	형사, 탐정		4359
명	detection də.tek.ʃn	발견, 탐지		4360
명	detector də.tek.tər	탐지기		4361
형	undetectable ən.də.tek.təb.l	발견[감지]불가능한		4362
형	undetected ʌn.də.tek.təd	발견되지 않은		4363
명	diet daɪət	식습관, 식사		4364
동	ingest in.dʒest	섭취하다, 삼키다		4365
형	digestive daɪ.dʒe.stɪv	소화의		4366
명	digestion daɪ.dʒes.tʃən	소화		4367
동	digest daɪ.dʒest	소화[요약]하다		4368
형	dietary daɪə.te.ri	음식물의, 식습관의		4369
명·동	display dɪ.spleɪ	전시(하다), 표시장치		4370
동	deploy də.plɔɪ	전개[배치]하다		4371
명	deployment də.plɔɪ.mənt	전개, 배치		4372
	on display ɑn.dɪ.spleɪ	전시된		4373
동	emerge ɪ.mɝdʒ	나타나다, 드러나다		4374
명	emergency ɪ.mɝ.dʒən.si	비상상황		4375

명	emergence	출현, 발생	4376
형	emergent	긴급한, 나타나는	4377
형	urgent	긴급한	4378
명·동	urge	충동, 욕구, 촉구[설득]하다	4379
명	urgency	긴급(상황)	4380
명	exigency	긴급사태	4381
형	exigent	위급한	4382
명	engineering	공학기술, 공학	4383
명·동	experiment	실험(하다)	4384
형	experimental	실험적인, 실험의	4385
	on experiment	시험적으로	4386
명·동	function	기능[작동](하다), 활동하다	4387
형	defunct	없어진, 죽은	4388
명	dysfunction	기능 장애	4389
형	functionless	기능이 없는	4390
명	functionality	기능(성)	4391
명	malfunction	오작동	4392
형	functional	기능[실용]적인	4393
명	multifunction	다기능	4394
명	glance	흘끗 보다, 눈짓, 섬광	4395
명·동	glimpse	흘끗 보다, 눈짓, 섬광	4396
명·동	glare	섬광, 노려보다	4397
	at a glance	첫눈에	4398
명·동	gleam	빛(나다)	4399
형·명	background	배경(의)	4400

품사	단어	뜻	번호
영	playground	운동장, 놀이터	4401
형	grounded	기초를 둔, 접지한	4402
형	groundless	근거 없는	4403
형영	underground	지하(의), 비밀의	4404
영	groundwater	지하수	4405
영	foreground	전경, 전면	4406
영	ground floor	1층, 최저	4407
형	ungrounded	근거 없는	4408
부	hopefully	바라건대	4409
형	hopeless	절망적인	4410
부	indeed	정말로, "정말"	4411
영	deed	행위, 업적	4412
	in (very) deed	진정, 실제로	4413
영	investment	투자	4414
동	invest	투자하다	4415
동	memorize	암기[기억]하다	4416
형	commemorative	기념의	4417
영	memento	기념물	4418
영	memorial	기념비	4419
형	memorable	기억할 만한, 잊지 못할	4420
영	memoir	회고록	4421
동	commemorate	기념하다	4422
동	memorialize	기념하다	4423
영	method	방법, 수단, 절차	4424
형	methodical	체계적인	4425

혱웽	**missing** mis.ıŋ	없어진, 실종	4426
뎽	**omission** omıʃ.ŋ	생략, 누락	4427
동	**omit** omıt	빠뜨리다, 제외하다	4428
동	**vomit** va.mət	토하다, 내뱉다	4429
혱뎽	**novel** nav.l	소설, 새로운	4430
뎽	**novelty** na.vəl.ti	신기함, 새로움	4431
뎽	**novice** na.vəs	초보자	4432
뎽	**imperfection** ım.pər.fek.ʃn	결함	4433
혱	**imperfect** ım.pɝ.fıkt	결함 있는	4434
뷔	**a piece of** ə.pis.ʌv	~의 부분	4435
뷔	**apiece** ə.pis	각각, 하나에	4436
뎽동	**patch** pætʃ	조각, 파편, 고치다	4437
	a piece of cake ə.pis.əv.keık	식은 죽 먹기	4438
혱	**piecemeal** pi.smil	단편적인, 조금씩의	4439
혱	**potential** pə.ten.ʃl	가능한, 잠재적인	4440
혱	**omnipotent** amnı.pə.tənt	전능한	4441
혱	**potent** pootnt	강한, 유력한	4442
혱	**latent** leı.tənt	숨은, 잠복기의	4443
뎽	**potency** pootn.si	힘, 잠재력	4444
혱	**impotent** ım.pə.tənt	무력한	4445
뎽	**potentiality** pə.ten.ʃı.æ.lı.ti	잠재력	4446
동	**promote** prəmoot	촉진[진급]하다	4447
뎽	**promotion** prəmo.oʃn	승진, (판매)촉진	4448
혱뎽	**quality** kwa.lə.ti	품질, 특성, 훌륭한	4449
혱	**qualitative** kwa.lə.te.tıv	질적인	4450

	in quality of in.kwɑ.lə.ti.ʌv	~의 자격으로	4451
형	**remarkable** rə.mɑrk.əb.l	놀라운, 눈에 띄는	4452
명동	**remark** rə.mɑrk	발언(하다)	4453
형	**unremarkable** ən.rə.mɑrk.əb.l	평범한	4454
명	**restoration** re.stə.reɪʃ.n	회복, 복구	4455
동	**restore** rə.stɔr	회복[복구]하다	4456
명	**secretary** se.krə.te.ri	비서, 장관	4457
명	**secrecy** si.krə.si	비밀	4458
동	**secrete** sɪ.krit	숨기다, 분비하다	4459
동	**excrete** ɪk.skrit	분비하다	4460
동	**seek** sik	찾다, 노력[시도]하다 ③ seek ǀ sought ǀ sought	4461
형	**sought-after** æf.tər	수요가 많은	4462
명	**sight** saɪt	시력, 시야	4463
명	**insight** ɪn.saɪt	통찰력	4464
명	**hindsight** haɪnd.saɪt	뒤늦은 깨달음	4465
형	**insightful** ɪn.saɪt.fəl	통찰력 있는	4466
형	**near-sighted** nɪə.saɪ.tɪd	근시의, 근시안적인	4467
형	**shortsighted** ʃɔrt.saɪ.tɪd	근시의, 근시안적인	4468
명	**oversight** oʊv.r.saɪt	간과, 무시	4469
명	**foresight** fɔr.saɪt	통찰력	4470
형	**unsightly** ʌn.saɪt.li	보기 흉한	4471
명	**stimulus** stɪ.mjə.ləs	자극(제), 격려	4472
동	**stimulate** stɪ.mjə.let	자극[격려]하다	4473
명	**stimulation** stɪ.mjə.leɪʃ.n	자극, 격려, 흥분	4474
동	**overstimulate** oʊv.r.stɪ.mjə.let	과다 자극하다	4475

명	strategy stræ.tə.dʒi	전략	4476
형	strategic strə.ti.dʒɪk	전략적인	4477
명	strategist stræ.ti.dʒəst	전략가	4478
동	strategize stræ.tə.dʒaɪz	전략을 짜다	4479
형	sunny sʌ.ni	햇빛이 드는	4480
형	sunlit sʌn.lɪt	햇빛 비치는	4481
	in touch with ɪn.tətʃ.wɪθ	~와 접촉[연락]하여	4482
형	touched tətʃt	감동한, 감정적인	4483
동	touch off tətʃ.of	유발하다	4484
형	touching tʌtʃ.ɪŋ	감동시키는, 접촉한	4485
형	untouched ʌn.tətʃt	손대지 않은	4486
명	warmth wɔrmθ	따뜻함	4487
동	warm up wɔrm.ʌp	몸풀다, 준비하다	4488
형	lukewarm lu.kwɔrm	미지근한	4489
형	wealthy wel.θi	부유한	4490
명	wealth welθ	부, 재산, 풍부함	4491
동	abandon ə.bæn.dən	버리다, 포기하다	4492
명동	ban bæn	금지[추방](하다)	4493
동	banish bæ.nɪʃ	추방하다	4494
동	adapt ə.dæpt	적응[개조]하다	4495
명	adaptation æ.dəp.teɪʃ.n	적응, 각색	4496
명	adaptability ə.dæp.tə.bɪ.lə.ti	적응성, 융통성	4497
형	adaptive ə.dæp.tɪv	적응의, 조절의	4498
형	adaptable ə.dæp.təb.l	융통성 있는	4499
형	unadaptable ʌ.nə.dæp.təbl	융통성 없는	4500

형	**adequate** æ.də.kwət	충분한, 적당한	4501
형	**inadequate** ɪ.næ.də.kwət	불충분한, 무능한	4502
명	**adequacy** æ.də.kwə.si	적절, 타당성	4503
명	**inadequacy** ɪ.næ.dɪ.kwə.si	불충분, 무능	4504
형	**adept** ə.dept	숙련된	4505
형	**afraid** ə.freɪd	무서워[걱정]하는	4506
명	**friction** frɪk.ʃn	마찰, 갈등	4507
부	**amazingly** ə.meɪ.zɪŋ.li	놀랍게도	4508
명	**amazement** ə.meɪz.mənt	놀라움	4509
동	**be amazed at** bi.ə.meɪzd.æt	~에 놀라다	4510
명	**maze** meɪz	미로, 당혹	4511
동	**attach** ə.tætʃ	붙이다, 첨부하다	4512
명	**attachment** ə.tætʃ.mənt	부착, 첨부, 부속물	4513
동	**detach** də.tætʃ	떼다, 분리[파견]하다	4514
명동	**dispatch** dɪ.spætʃ	급파(하다), 파견	4515
형	**unattached** ʌ.nə.tætʃt	무소속의, 솔로인	4516
명	**detachment** də.tætʃ.mənt	무관심, 분리, 파견	4517
동	**discard** dɪ.skɑrd	버리다	4518
동	**catch up** (with) kætʃ.ʌp.wɪθ	~을 따라잡다[처벌하다]	4519
동	**check out** tʃek.aʊt	확인[대출]하다, 나가다	4520
명	**checkpoint** tʃek.pɔɪnt	검문소, 검토 항목	4521
동	**recheck** ri.tʃek	재검토[재검사]하다	4522
명	**checklist** tʃe.klɪst	점검표	4523
동	**check in** tʃek.ɪn	투숙[수속]하다	4524
	Check this out tʃek.ðɪs.aʊt	"이것 봐봐"	4525

동	check up tʃek.ʌp	조사[검사]하다	4526
동	double-check dʌb.l.tʃek	재확인하다	4527
형	unchecked ən.tʃekt	방치된, 미검토의	4528
명	conversation kɑn.vər.seɪʃ.n	대화	4529
부	conversely kɑn.vər.sli	반대로	4530
형동	converse kɑn.vərs	대화하다, 정반대의	4531
형	conversational kɑn.vər.seɪ.ʃə.nəl	대화(체)의	4532
명	definition de.fə.nɪʃ.n	정의, 의미, 명확	4533
동	define də.faɪn	정의[한정]하다	4534
동	redefine ri.də.faɪn	재정의하다	4535
형	well-defined wel.dɪ.faɪnd	명확한	4536
동	destroy də.strɔɪ	파괴하다	4537
명	destruction də.strək.ʃn	파괴, 파멸	4538
형	destructive də.strək.tɪv	파괴적인	4539
명	discussion dɪ.skəʃ.n	토론, 논의	4540
동	discuss dɪ.skəs	토론[논의]하다	4541
명	discourse dɪs.kɔrs	강연, 토론	4542
형	discursive dɪ.skɝ.sɪv	산만한, 광범위한	4543
형	diverse daɪ.vɝs	다양한	4544
명	diversity dɪ.vɝ.sə.ti	다양성, 변화	4545
동	diversify daɪ.vɝ.sə.faɪ	다양화하다	4546
명	diversion daɪ.vɝ.ʒən	전환	4547
동	divide into dɪ.vaɪd.ɪn.tu	~로 나누다	4548
명	dividend dɪ.və.dend	배당금	4549
명	division dɪ.vɪʒ.n	분할, 분배, 부서	4550

형	**dividual** dɪ.vɪ.dʒuəl	분리된	4551
형	**divisible** dɪ.vɪ.zəb.l	나눌 수 있는	4552
형	**divisive** dɪ.vaɪ.sɪv	분열시키는	4553
형	**indivisible** ɪn.dɪ.vɪ.zəb.l	나눌 수 없는	4554
형	**undivided** ʌn.də.vaɪ.dəd	완전한	4555
명동	**divorce** dɪ.vɔrs	이혼[분리](하다)	4556
부	**dramatically** drə.mæ.tɪk.li	극적으로	4557
형	**dramatic** drə.mæ.tɪk	극적인	4558
동	**dramatize** drɑ.mə.taɪz	각색[과장]하다	4559
명	**jollity** dʒɑ.lɪ.ti	즐거움	4560
형	**joyful** dʒɔɪ.fəl	즐거운	4561
동	**rejoice** ri.dʒɔɪs	즐겁다, 즐겁게 하다	4562
형	**enjoyable** ɪn.dʒɔɪ.əb.l	즐거운	4563
명	**enjoyment** ɪn.dʒɔɪ.mənt	즐거움	4564
형	**flowering** flauər.ɪŋ	꽃이 피는	4565
명	**flora** flɔ.rə	식물군	4566
형	**floral** flɔ.rəl	꽃의, 식물의	4567
형	**flowery** flauə.ri	꽃이 많은, 꽃무늬의	4568
동	**flourish** flɜ.rɪʃ	번창[번성]하다	4569
동	**guarantee** ge.rən.ti	보장[약속]하다	4570
명	**guaranty** ge.rənt.ti	보증	4571
명	**warranty** wɔ.rən.ti	보증(서), 담보	4572
명동	**warrant** wɔ.rənt	보증(하다), 영장, 근거	4573
명동	**grant** grænt	수여[승인, 인정]하다, 보조금	4574
동	**hit the road** hɪt.ðə.roʊd	출발하다, 떠나다	4575

명	hit and run hit.ən.rən	뺑소니, 치고 달리기	4576
동	hit the ceiling hit.ðə.sil.ɪŋ	격노[폭등]하다	4577
동	hit the nail on the head hit.ðə.neɪl.ɑn.ðə.hed	정곡을 찌르다	4578
동	hit (up)on hit.ʌp.ɑn	~을 떠올리다	4579
동	hit the jackpot hit.ðə.dʒæk.pɑt	대박 나다	4580
동	indicate ɪn.dəket	나타내다, 암시하다	4581
명	indication ɪn.dək.eɪʃ.n	나타냄, 지시, 암시	4582
명	index ɪn.deks	색인, 지표	4583
명	indicator ɪn.dək.e.tər	지표, 계기판	4584
형	indicative ɪn.dɪk.ə.tɪv	나타내는	4585
명동	manufacture mæ.njə.fæk.tʃər	제조(하다), 제조업	4586
형명	mass mæs	덩어리, 대량의, 대중의, 무리	4587
형	massive mæ.sɪv	거대한, 덩어리의, 대량의	4588
동	amass ə.mæs	모으다	4589
형	paramount pe.rə.mɑwnt	최고의, 최중요한	4590
형	mountainous mɑʊn.tə.nəs	산의, 산더미의	4591
명	mound mɑʊnd	흙무더기, 동산	4592
명동	mount mɑʊnt	산, 오르다, 설치하다	4593
명	mounting mɑʊnt.ɪŋ	설치, 받침대	4594
동	occupy ɑ.kjə.paɪ	차지[거주]하다	4595
동	preoccupy pri.ɑ.kjə.paɪ	선점[몰두]하다	4596
명	occupation ɑ.kjə.peɪʃ.n	직업, 점유, 거주	4597
동	be preoccupied in bi.pri.ɑ.kjə.paɪd.ɪn	~에 몰두하다	4598
명	occupant ɑ.kjə.pənt	점유자, 입주자	4599
명	occupancy ɑ.kjə.pən.si	거주, 점유	4600

형	occupational akjə.peɪ.ʃə.nəl	직업(상)의	4601
형	unoccupied ʌ.na.kjə.paɪd	빈, 한가한	4602
부	previously pri.viə.sli	이전에, 미리	4603
명동	progress prɑ.gres	전진[진보, 진행](하다)	4604
형	progressive prə.gre.sɪv	진보적인, 진행하는	4605
부	progressively pragre.sɪ.vli	계속해서	4606
동	reflect rə.flekt	반사[반영, 숙고]하다	4607
명	reflection rə.flek.ʃn	반사, 반영, 숙고	4608
형	reflective rə.flek.tɪv	반사적인, 반영하는	4609
동	deflect də.flekt	빗나가다	4610
명동	respect rə.spekt	존경[존중](하다)	4611
형	respectful rə.spekt.fəl	존중하는, 공손한	4612
명	disrespect dɪ.srə.spekt	무례	4613
형	respectable rə.spek.təb.l	존경할 만한	4614
형	disrespectful dɪ.srə.spekt.fəl	무례한	4615
명	unrest ʌn.rest	불안	4616
형	restless rest.ləs	불안정한, 끊임없는	4617
동	rest in peace rest.ɪn.pis	명복을 빕니다	4618
명	requiem re.kwiəm	추모곡, 안식	4619
명	route raʊt	길, 방법, 수단, 경로	4620
형명	routine ru.tin	일상[관례](적인)	4621
	en route en.raʊt	도중에	4622
형명	serial sɪ.riəl	연속적인, 연재물	4623
형	sizable saɪ.zəb.l	꽤 큰, 꽤 많은	4624
동	downsize daʊn.saɪz	줄이다	4625

명	sportsmanship _{spɔrt.smən.ʃɪp}	정당함, 기량	4626
형	stylish _{staɪ.lɪʃ}	유행의, 멋진	4627
	all walk(s) of life _{ɔl.wak.es.əv.laɪf}	각계각층의 사람	4628
동	jaywalk _{dʒeɪ.wɔk}	무단 횡단하다	4629
동	walk out _{wak.aʊt}	떠나다, 파업하다	4630
동	admit _{əd.mɪt}	인정하다, 들이다	4631
명동	permit _{pər.mɪt}	허락[묵인]하다, 허가증	4632
부	admittedly _{æd.mɪ.təd.li}	인정하건대, 확실히	4633
형	permissible _{pər.mɪ.səb.l}	허용된	4634
명	permission _{pər.mɪʃ.n}	허가, 면허	4635
형	admissible _{əd.mɪ.səb.l}	용인된	4636
명	admission _{æd.ʃɪm.n}	입장(료), 입학, 승인	4637
동	admit of _{əd.mɪt.ʌv}	~을 인정[허용]하다	4638
명	athlete _{æθ.lit}	운동선수	4639
형	athletic _{æθ.le.tɪk}	운동 경기의, 선수의	4640
명	athletics _{æθ.le.tɪks}	운동경기	4641
명	audience _{ɑ.diəns}	관객, 청중	4642
형	audible _{ɑ.dəb.l}	잘 들리는	4643
형	inaudible _{ɪ.nɑ.dəb.l}	들리지 않는	4644
형	audio _{ɑ.dio.ʊ}	음성의, 청각의	4645
명	auditorium _{ɑ.də.tɔ.riəm}	강당	4646
명동	audit _{ɑ.dət}	회계 감사, 청강(하다)	4647
명	auditor _{ɑ.də.tər}	회계관, 청강생	4648
명	audition _{adɪʃ.n}	심사회, 청력	4649
형	auditory _{ɔ.də.tɔ.ri}	청각의	4650

명	authority ə.θɔ.rə.ti	권한, 권력, 권위	4651
명	authorities ə.θɔ.rə.tiz	당국	4652
동	authorize ɔ.θə.raɪz	권한을 주다, 허가하다	4653
형	unauthorized ʌn.ɔ.θə.raɪzd	허가 없는	4654
형	authoritative ə.θɔ.rə.tə.tɪv	권위 있는	4655
형	authoritarian ə.θɔ.rə.te.riən	권위적인	4656
명동	bar bɑr	방해(하다), 술집, 법정, 막대기	4657
명	barrier bæ.riər	장벽, 장애물	4658
명	barrage bə.rɑʒ	강둑, 공세	4659
명	embargo em.bɑrgo.ʊ	금지령, 봉쇄	4660
명	barricade bæ.rəked	장애물	4661
동	beautify bju.tə.faɪ	아름답게 하다	4662
동	hinder hɪn.dər	뒤쪽의, 방해하다	4663
형	hind haɪnd	뒤쪽의	4664
	behind bars bə.haɪnd.bɑrz	감옥[철창]에 갇힌	4665
동	fall behind fɑl.bə.haɪnd	뒤쳐지다	4666
명	confusion kən.fjuʒ.n	혼란, 당황	4667
동	confuse kən.fjuz	혼동하다[시키다]	4668
동	confound kɑnfaʊnd	혼동하다, 당황시키다	4669
형명동	content kɑn.tent	내용물, 만족하다, 만족하는	4670
명	contentment kɑn.tent.mənt	만족	4671
명	discontent dɪs.kɑn.tent	불만, 불평	4672
동	be content with bi.kɑn.tent.wɪθ	~에 만족하다	4673
명동	couple kʌp.l	한 쌍, 연결하다, 부부	4674
	a couple of ə.kʌp.l.ʌv	둘의, 몇 몇의	4675

동	decouple dik.ɔp.l	분리하다	4676
명·동	credit kre.dət	신용(하다), 외상, 명예	4677
명	credibility kre.də.bɪ.lə.ti	신뢰성	4678
명·동	credential krə.den.tʃl	자격(을 주다)	4679
형	credible kre.dəb.l	믿을 수 있는	4680
형	incredible ɪn.kre.dəb.l	믿을 수 없는	4681
형	incredulous ɪn.kre.dʒə.ləs	믿지 않는	4682
동	accredit ə.kre.dət	~라 믿다, 파견하다	4683
명	creed krid	교리, 신념	4684
명·동	discredit dɪ.skre.dət	불명예, 불신하다	4685
형	creditable kre.də.təb.l	칭찬[신용]할 만한	4686
명	database deɪt.ə.beɪs	자료 모음	4687
명	daydream deɪ.drim	몽상	4688
명	dreamer dri.mər	몽상가	4689
동	endure en.djʊr	참다	4690
명	duration dʊ.reɪʃ.n	지속 기간	4691
형	durable dʊ.rəb.l	오래 견디는	4692
명	durability də.rə.bɪ.lə.ti	내구성	4693
형	endurable ɪn.dju.rəb.l	견딜 수 있는	4694
명	endurance en.də.rəns	인내	4695
동	excite ɪk.saɪt	흥분시키다, 자극하다	4696
동	incite ɪn.saɪt	선동[격려]하다	4697
명	excitement ɪk.saɪt.mənt	흥분, 자극	4698
형·명	executive ɪg.ze.kjə.tɪv	행정적인, 실행의, 관리자	4699
동	execute ek.sə.kjut	실행[처형]하다	4700

명	**execution** ek.sə.kjuʃ.ņ	실행, 처형	4701
형	**executable** ıg.ze.kjə.təb.l	실행 가능한	4702
명	**expert** ek.spərt	전문가, 숙련된	4703
명	**expertise** ek.spər.tiz	전문 지식, 전문성	4704
형·명	**friendly** frend.li	친한, ~친화적인, 친선경기	4705
명	**friendship** frend.ʃıp	우정	4706
형	**eco-friendly** iko.ʊ.frend.li	환경친화적인	4707
명	**friendliness** frend.li.nəs	우정, 친절, 친선	4708
형	**unfriendly** ən.frend.li	불친절한, 적대적인	4709
동	**gather** ɡæ.ðər	모으다, 모이다	4710
명	**gathering** ɡæ.ðər.ıŋ	모임, 군중, 수집품	4711
형·명·동	**aggregate** æ.ɡrə.ɡət	모으다, 총계, 종합적인	4712
동	**ignore** ıg.nɔr	무시하다	4713
명	**ignorance** ıg.nə.rəns	무지, 무식	4714
형	**ignorant** ıg.nə.rənt	무지한, 무식한	4715
명	**intensity** ın.ten.sə.ti	강함, 집중	4716
형	**intense** ın.tens	강한, 집중적인	4717
동	**intensify** ın.ten.sə.faı	강해지다	4718
형	**intensive** ın.ten.sɔv	강한, 집중적인	4719
형	**one-legged** wʌn.leɡd	외다리의, 일방적인	4720
동	**oxidize** ɑk.sə.daız	산화시키다, 녹슬다	4721
명	**perception** pər.sep.ʃn	인식, 견해	4722
동	**perceive** pər.siv	인식하다	4723
형	**perceptible** pər.sep.təb.l	인식 가능한	4724
명	**precept** pri.sept	교훈, 수칙	4725

형	**permanent** pɜː.mə.nənt	영구적인, 종신의	4726
형	**perpetual** pər.pe.tʃuəl	영구적인, 종신의	4727
동	**perpetuate** pər.pe.tʃə.wet	영구화하다	4728
명동	**perm** pɜːm	파마(하다)	4729
명	**perpetuation** pər.pe.tʃə.weɪʃ.n	영구화, 영구보존	4730
형	**rational** ræʃ.n.əl	합리[이성]적인	4731
명	**rationality** ræʃ.ə.næl.ət.i	합리성	4732
형	**irrational** ɪ.ræʃ.nəl	비이성적인	4733
명동	**ration** ræʃ.n	배급(하다)	4734
명	**rationalism** ræʃ.n.ə.lɪz.əm	합리[이성]주의	4735
형	**relevant** re.lə.vənt	관련된, 적절한	4736
형	**irrelevant** ɪ.re.lə.vənt	무관한, 부적절한	4737
동	**retire** rə.taɪr	은퇴하다, 자다	4738
명	**retirement** ri.taɪər.mənt	은퇴	4739
형	**retiring** rə.taɪr.ɪŋ	은퇴의, 내성적인	4740
명	**retiree** ri.taɪ.ri	은퇴자	4741
형	**ridden** rɪd.n	시달린, 들끓는	4742
형	**rough** rəf	거친, 대충의	4743
형	**tough** təf	강한, 거친, 고된	4744
동	**toughen** tʌf.n	강화하다	4745
명	**makeshift** meɪk.ʃɪft	임시방편	4746
동	**suppose** səpouz	추측[가정]하다	4747
동	**be supposed to** bi.səpouzd.tu	~하기로 되어있다	4748
부	**supposedly** səpo.ʊ.zəd.li	아마도	4749
접	**supposing** (that) səpo.ʊz.ɪŋ.ðæt	~라면	4750

형	**universal** juːnɪˈvɜːrsl	보편[세계]적인, 우주의	4751
명	**universe** ˈjuːnɪvɜːrs	우주, 세계	4752
부	**universally** juːnɪˈvɜːrsəli	널리	4753
동	**weaken** ˈwiːkən	약화시키다, 약해지다	4754
명	**weakness** ˈwiːknəs	약점	4755
전	**above** əˈbʌv	~위에, ~을 넘는	4756
	above all əˈbʌv.ɔːl	무엇보다	4757
동	**afford** əˈfɔːrd	~할 여유가 있다	4758
형	**affordable** əˈfɔːrdəbl	감당 가능한, 저렴한	4759
동	**beat** biːt	이기다, 때리다 ③ beat ǀ beat ǀ beat, beaten	4760
동	**beat around the bush** biːt.əˈraʊnd.ðə.bʊʃ	요점을 피하다	4761
형	**beaten** ˈbiːtn	패배한, 얻어맞은	4762
형	**blank** blæŋk	비어있는, 공허한	4763
형	**blanket** ˈblæŋkət	담요	4764
형	**blizzard** ˈblɪzərd	눈보라	4765
명동	**bleach** bliːtʃ	표백(하다)	4766
형	**bleak** bliːk	황량한, 냉랭한	4767
형	**blight** blaɪt	어두움, 병충해	4768
명	**campaign** kæmˈpeɪn	사회운동, 작전	4769
형	**camp** kæmp	야영지, 주둔지	4770
형	**campus** ˈkæmpəs	대학 교정, 분교	4771
형	**campsite** ˈkæmpsaɪts	야영지	4772
부	**constantly** ˈkɑːnstəntli	끊임없이, 자주	4773
형	**corporation** kɔːrpəˈreɪʃn	법인, 회사	4774
형	**corporate** ˈkɔːrpərət	법인의, 단체의	4775

통	incorporate ɪnk.ɔr.pə.ret	통합[법인화]하다	4776
명	incorporation ɪnk.ɔr.ʒə.pə.reɪʃ.n	법인 설립, 합병	4777
명동	crowd kraʊd	군중, 많음, 모이다	4778
형	crowded kraʊ.dəd	붐비는, 가득 찬	4779
통	overcrowd oʊv.ə.kraʊd	과다 수용하다	4780
명동	scream skrim	비명(지르다)	4781
형	crying kraɪ.ɪŋ	울부짖는	4782
명동	clamor klæ.mər	외침, 외치다	4783
통	decry dɪ.kraɪ	비난하다	4784
통	dispose dɪspoʊz	처리[배치]하다	4785
통	dispose of dɪspoʊz.ʌv	~을 처리하다	4786
명	disposal dɪspo.ʊz.l	처분, 처리, 배치	4787
형	disposable dɪspo.ʊ.zəb.l	일회용의, 처분 가능한	4788
명	predisposition pri.dɪ.spə.zɪʃ.n	성향	4789
	at one's disposal ət.wʌnz.dɪspo.ʊz.l	~의 마음대로	4790
명	distribution dɪ.strə.bjuʃ.n	분배, 분포	4791
통	distribute dɪ.strɪ.bjut	분배하다	4792
명	distributor dɪ.strɪ.bjə.tər	배급자, 유통업자	4793
명동	estimate e.stə.mət	추정[평가, 견적](하다)	4794
명동	underestimate ʌn.də.re.stə.met	과소평가(하다)	4795
형	estimation e.stə.meɪʃ.n	추정, 평가	4796
통	overestimate oʊv.ə.re.stɪ.meɪt	과대평가하다	4797
통	refine rə.faɪn	정제하다, 다듬다	4798
명	refinement rə.faɪn.mənt	개량, 교양	4799
명	refinery rə.faɪ.nə.ri	정제소	4800

형동	**fix** fiks	수리[고정]하다, 해결책	4801
동	**fixate** fik.set	고정하다	4802
명	**fixture** fiks.tʃər	고정물, 시합	4803
명	**prefix** pri.fiks	접두사	4804
동	**fix up** fiks.ʌp	~을 수리하다	4805
동	**refresh** rə.freʃ	상쾌하게[새롭게]하다	4806
명	**refreshment** rə.fre.ʃmənt	상쾌함, 간식	4807
형	**freshwater** fre.ʃwɒ.tər	민물의	4808
명	**freshman** fre.ʃmən	신입생	4809
형	**refreshing** rə.fre.ʃ.ɪŋ	신선한, 재충전한	4810
명	**fund** fənd	기금, 자금	4811
명동	**refund** rə.fənd	환불[환급](하다)	4812
형	**refundable** rə.fən.də.bəl	환불 가능한	4813
명	**heritage** he.rə.tədʒ	유산	4814
명	**heredity** hə.re.də.ti	유전, 상속	4815
동	**inherit** ɪn.he.rət	상속받다, 유전하다	4816
형	**inherent** ɪn.hɪ.rənt	고유의, 내재된	4817
명	**heirloom** er.lum	가보	4818
명	**heir** er	상속인, 후계자	4819
형	**hereditary** hə.re.də.te.ri	세습의, 유전적인	4820
명	**imagery** ɪ.mədʒ.ri	형상, 심상	4821
동	**imply** ɪm.plaɪ	암시[함축]하다	4822
명	**implication** ɪm.plək.eɪʃ.n	암시, 함축, 연루	4823
형	**implicit** ɪm.plɪ.sət	암시된, 내포된, 절대적인	4824
동	**implicate** ɪm.plɪket	연루시키다, 시사하다	4825

형	innovative /ɪ.nə.veɪ.tɪv/	혁신적인	4826
명	innovation /ɪ.n.jəv.veɪʃ.n/	혁신	4827
명	renovation /re.nə.veɪʃ.n/	개조, 혁신	4828
동	renovate /re.nə.veɪt/	개조[혁신]하다	4829
동	innovate /ɪ.nə.veɪt/	혁신하다	4830
부	literally /lɪ.tə.rə.li/	문자 그대로, 정말로	4831
명	literature /lɪ.tə.rə.tʃər/	문학	4832
형	literary /lɪ.tə.re.ri/	문학적인, 교양있는	4833
명	literacy /lɪ.tə.rə.si/	글을 앎, 교양 있음	4834
형	literate /lɪ.tə.rət/	글을 아는, 교양 있는	4835
형	literal /lɪ.tə.rəl/	문자 그대로의	4836
형	illiterate /ɪ.lɪ.tə.rət/	문맹의, 무식한	4837
명	illiteracy /ɪ.lɪ.tə.rə.si/	문맹, 무식	4838
명	mechanism /mek.ə.nɪ.zəm/	기계, 구조, 방법	4839
명	mechanic /mək.æ.nɪk/	기술자	4840
형	mechanical /mək.æ.nɪk.l/	기계적인	4841
명동	mistake /mɪ.steɪk/	실수[오해](하다) ③ mistake | mistook | mistaken	4842
형	unmistakable /ʌn.mɪ.steɪk.əb.l/	틀림없는	4843
	by mistake /baɪ.mɪ.steɪk/	실수로	4844
형	muscular /mʌ.skjə.lər/	근육의	4845
형	native /neɪ.tɪv/	원주민[원어민]의, 토착의, 타고난	4846
형	innate /ɪ.neɪt/	타고난, 선천적인	4847
형	prenatal /pri.neɪt.l/	출생전의	4848
형	obvious /ɑb.viəs/	분명한	4849
명	occasion /ək.eɪʒ.n/	경우, 때, 행사, 기회	4850

형	occasional ɑk.eɪ.ʒən.l	때때로의	4851
	on occasion ʌn.ɑk.eɪʒ.n	때때로	4852
	on this occasion ɑn.ðɪs.ɑk.eɪʒ.n	이번 기회에	4853
명동	pack pæk	짐(싸다)	4854
명	package pækɪdʒ	묶음, 포장, 소포	4855
명	backpack bæk.pæk	배낭	4856
명	packet pækət	다발, 봉지	4857
동	unpack ən.pæk	(짐을) 풀다	4858
명	plastic bag plæ.stɪk.bæg	비닐 봉지	4859
명	plasticity plæ.stɪ.sɪ.ti	가소성, 유연성	4860
명	plastic surgeon plæ.stɪk.sɝ.dʒən	성형외과 의사	4861
동	possess pə.zes	소유하다, 지니다	4862
명	possession pə.zeʃ.n	소유(물), 재산, 영토	4863
동	repossess ri.pə.zes	압류하다	4864
형	footprint fʊt.prɪnt	발자국	4865
명	fingerprint fɪŋ.gɚ.prɪnt	지문	4866
동	misprint mɪ.sprɪnt	잘못 인쇄하다	4867
명	printout prɪn.taʊt	출력물	4868
동	imprint ɪm.prɪnt	새겨지다	4869
	out of print aʊt.ɑv.prɪnt	절판된	4870
명동	praise preɪz	칭찬[찬양](하다)	4871
형동	prize praɪz	상, 소중히 여기다	4872
형	prized praɪzd	소중한	4873
형	praiseworthy preɪz.wɔr.ði	칭찬할 만한	4874
형	prone proʊn	~하기 쉬운, 엎드린	4875

동	be prone to V	~하기 쉽다	4876
	bi.proon.tə		
명동	replace	교체[대신]하다	4877
	ri.pleis		
명	replacement	교체, 대체	4878
	rə.pleis.smənt		
동	reveal	폭로하다, 드러내다	4879
	ri.vil		
명	revelation	폭로, 드러냄	4880
	re.və.leiʃ.n		
명	scale	규모, 비례, 등급, 비늘	4881
	skeil		
명	scales	저울	4882
	skeilz		
형	large-scale	대규모의	4883
	lɑrdʒ.skeil		
형	small-scale	소규모의	4884
	smɒl.skeil		
형	full-scale	실물 크기의, 전면적인	4885
	fʊl.skeil		
명동	season	계절, 양념하다	4886
	siz.n		
형	seasonal	계절적인	4887
	si.zən.l		
명	seasoning	양념, 조미료	4888
	siz.n.iŋ		
명	sector	부문, 구역, 부채꼴	4889
	sek.tər		
명	section	부분, 구역, 절개	4890
	sek.ʃn		
명	sect	파벌	4891
	sekt		
동	dissect	해부하다	4892
	dai.sekt		
명	intersection	교차(로)	4893
	in.tər.sek.ʃn		
동	intersect	교차하다	4894
	in.tər.sekt		
명	security	보안, 안전, 경비	4895
	si.kjʊ.rə.ti		
형동	secure	확보[보장, 보호]하다, 안전한	4896
	si.kjʊr		
형	insecure	불안한, 자신 없는	4897
	in.sə.kjʊr		
명	insecurity	불안(정)	4898
	in.si.kjʊ.rə.ti		
명동	sentence	문장, 판결(하다)	4899
	sen.təns		
명	station	정거장, 위치, -서 *시설	4900
	steiʃ.n		

명	stagnation	침체, 부진, 불경기	4901
형	static	정지한, 정전기의	4902
형	stationary	고정된, 멈춘	4903
형	stagnant	침체된	4904
명동	struggle	분투[노력](하다)	4905
명	tablet	알약, (현)판	4906
명	tab	식별표	4907
	under the table	비밀리에	4908
형	teen	10대의	4909
명	teenager	청소년	4910
형	teenage	10대의	4911
명	tween	10대 초반	4912
부	ultimately	결국, 최후로	4913
형	ultimate	최후의, 최고의	4914
명	ultimatum	최후통첩	4915
동	warn	경고[주의]하다	4916
명	warning	경고, 주의	4917
형	wary	조심하는	4918
	under the weather	편찮은	4919
명동	yield	양보[산출](하다)	4920
명	crop yield	수확량, 산출량	4921
형	high-yield	고수확[수익]의	4922
동	acquire	얻다, 습득하다	4923
명	acquisition	습득(물)	4924
명	assistance	도움	4925

동	**assist** ə.sɪst	돕다, 지원하다	4926
명	**assistant** ə.sɪ.stənt	조수, 보조 수단	4927
명·동	**attack** ə.tæk	공격(하다)	4928
명	**assassination** n.ə.sæ.sə.neɪʃ.n	암살	4929
동	**assassinate** ə.sæ.sə.net	암살하다	4930
동	**assail** ə.seɪl	공격하다	4931
명	**assassin** ə.sæ.sən	암살범	4932
명·동	**assault** ə.sɔlt	폭행[습격](하다)	4933
	under attack ʌnd.r.ə.tæk	공격 당하여	4934
명·동	**attribute** æ.trə.bjut	~의 탓이다, ~라고 보다, 속성	4935
명	**attribution** æ.trə.bjuʃ.n	속성, 귀속	4936
형	**attributable** ə.trɪ.bjə.təb.l	~의 탓인	4937
명	**bath** bæθ	욕조, 욕탕, 목욕	4938
동	**bask** bæsk	(햇빛, 불)쬐다, 은혜 입다	4939
동	**bathe** beɪð	목욕하다[시키다]	4940
명	**bedding** bed.ɪŋ	침구, 잠자리	4941
형·명·동	**bound** baʊnd	묶인, 튀다, 범위	4942
동	**be bound to V** bi.baʊnd.tə	~을 꼭 하다	4943
명	**boundary** baʊn.də.ri	경계(선)	4944
형	**binding** baɪnd.ɪŋ	구속력 있는	4945
동	**rebound** ri.baʊnd	되튀다	4946
형	**inbound** ɪn.baʊnd	들어오는	4947
동	**bind** baɪnd	속박하다, 묶다, 굳다 ③ bind | bound | bound	4948
형	**boundless** baʊnd.ləs	끝이 없는	4949
명	**bounds** baʊndz	한계, 범위	4950

형	**unbounded** ʌn.baʊn.dəd	무제한의, 무한한	4951
동	**cease** sis	중지하다, 그치다	4952
명	**recession** rə.seʃ.n	불황, 후퇴	4953
명	**recess** rə.ses	휴식(시간), 오목한 곳	4954
명	**decease** də.sis	사망	4955
형	**incessant** ɪn.se.sənt	끊임없는	4956
명	**predecessor** pre.də.se.sər	전임자, 이전의 것	4957
명	**cessation** se.seʃ.n	중단	4958
형	**ceaseless** si.sləs	끊임없는	4959
형	**deceased** də.sist	사망한	4960
명	**commitment** kə.mɪt.mənt	헌신, 약속, 위임	4961
동	**commit** kə.mɪt	저지르다, 약속하다	4962
명	**committee** kə.mɪ.ti	위원회	4963
명	**commission** kə.mɪʃ.n	위임, 수수료	4964
명	**commissioner** kə.mɪ.ʃə.nər	위원(장)	4965
명	**darkness** dɑrk.nəs	어둠, 암흑, 무지	4966
동	**darken** dɑrkən	어둡게 하다[되다]	4967
명	**detail** də.teɪl	세부(사항)	4968
	in detail ɪn.də.teɪl	상세히	4969
명	**device** dɪ.vaɪs	장치	4970
동	**devise** dɪ.vaɪz	고안[발명]하다	4971
명동	**drink** drɪŋk	마시다, 음료 ③ drink | drank | drunk	4972
명동	**drench** drentʃ	적시다, 호우	4973
형	**drunk** drəŋk	술 취한	4974
형	**drunken** drʌŋkən	술 취한	4975

명	**soft drink** soft.drɪŋk	음료수	4976
동	**elevate** e.lə.vet	올리다, 높이다	4977
명	**elevation** e.lə.veɪʃ.n	승격, 증가, 높이	4978
명	**lever** le.vər	지렛대	4979
명	**leverage** le.və.rɪdʒ	영향력, 지레 작용	4980
동	**establish** ə.stæ.blɪʃ	설립하다, 세우다	4981
명	**establishment** ə.stæ.blɪʃ.mənt	기관, 시설, 설립	4982
형	**well-established** wel.ə.stæ.blɪʃt	확립된	4983
동	**reestablish** riə.stæ.blɪʃ	복구[복직]하다	4984
명	**film** fɪlm	얇은 막, 영화	4985
형	**flimsy** flɪm.zi	얇은, 부실한	4986
명	**filmmaker** fɪl.mekər	영화 제작자	4987
명	**floor** flɔr	바닥, 층	4988
형	**floored** flɔrd	쓰러진, 패배한	4989
형	**fruitful** frut.fəl	번성하는, 유익한	4990
명	**fruition** fru.ɪʃ.n	결실, 성과	4991
동	**grind** graɪnd	빻다, 갈다 ③ grind | ground | ground	4992
명	**grindstone** graɪndstoʊn	맷돌	4993
명동	**guide** gaɪd	안내하다, 안내서	4994
명	**guidance** gaɪ.dəns	지도, 안내	4995
명	**guideline** gaɪd.laɪn	지침, 안내선	4996
동	**misguide** mɪs.gaɪd	잘못 안내하다	4997
형	**harsh** hɑrʃ	가혹한, 거슬리는, 거친	4998
형	**hairy** he.ri	털 많은, 거친	4999
형	**hairless** her.ləs	털이 없는	5000

명·동	harvest hɑr.vəst	수확(하다)		5001
형	herbal ɜ.bl	약초의		5002
명	herb ɜb	약초, 풀(잎)		5003
명	herbicide hɜ.bə.saɪd	제초제		5004
명	herbivore hɜ.bɪ.vɔr	초식 동물		5005
형	icy aɪ.si	얼음의, 차가운		5006
명	iceberg aɪs.bɜrɡ	빙산		5007
	the tip of an iceberg ðə.tɪp.əv.ən.aɪs.bɜrɡ	빙산의 일각		5008
명	machine mɪ.ʃin	기계		5009
명	machinery mɪ.ʃi.nə.ri	기계(류), 조직		5010
명·동	mark mɑrk	표시(하다), 점수		5011
명·동	hallmark hɑl.mɑrk	품질보증(하다)		5012
명	marker mɑrkər	표식, 채점자		5013
부	markedly mɑrk.əd.li	뚜렷히		5014
명	benchmark bentʃ.mɑrk	기준(점), 성능 비교		5015
형	mental men.tl	정신의, 마음의		5016
명	dementia dɪ.men.ʃiə	치매		5017
명	mentality men.tæ.lə.ti	사고방식, 정신		5018
명	mentor men.tɔr	(정신적) 스승		5019
명	minimum mɪ.nə.məm	최소(한도), 최저		5020
동	diminish də.mɪ.nɪʃ	줄(이)다, 약해지다		5021
형	minimal mɪ.nəm.l	최소의, 아주 적은		5022
동	minimize mɪ.nə.maɪz	최소화[축소]하다		5023
형	miniature mɪ.niə.tʃʊr	축소형, 소형의		5024
	at a minimum æt.ə.mɪ.nə.məm	최소한도로		5025

명	diminution dɪ.mə.nuʃ.n	감소	5026
명	moment moʊ.mənt	순간, 중요	5027
형	momentous momen.təs	중요한	5028
명	momentum momen.təm	기세, 운동량, 가속도	5029
형	momentary moʊ.mən.tri	순간적인	5030
	in a moment ɪn.ə.moʊ.mənt	잠시	5031
형	moral mɔ.rəl	도덕적인	5032
명	morality mə.ræ.lə.ti	도덕(성), 교훈	5033
형	immoral ɪ.mɔ.rəl	부도덕한	5034
명	morale mə.ræl	의욕, 도덕	5035
명·동	pair per	한 쌍, 한 벌, 짝짓다	5036
	paired with perd.wɪθ	~와 짝지어진	5037
명	par par	동등	5038
	on a par with ɑn.ə.par.wɪθ	~와 동등한	5039
명	parity pe.rə.ti	동등함	5040
형	disparate dɪ.spə.rət	이질적인	5041
명	disparity dɪ.spe.rə.ti	차이, 격차, 불균형	5042
형·명	patient peɪ.ʃənt	인내심 있는, 환자	5043
명	patience peɪ.ʃəns	인내(심), 끈기	5044
명	outpatient aʊt.pe.ʃənt	통원 환자	5045
명	inpatient ɪn.pe.ʃənt	입원 환자	5046
형	impatient ɪm.peɪ.ʃənt	성급한	5047
동	prefer prə.fɝ	선호하다	5048
형	preference pre.fə.rəns	선호, 우선	5049
형	preferable pre.fə.rəb.l	더 좋은	5050

형	**preferential** pre.fə.ren.tʃl	선호하는, 우선적인	5051
명	**principle** prin.səp.l	원칙, 원리, 신념	5052
형	**unprincipled** ʌn.prin.səp.ld	줏대 없는	5053
	in principle in.prin.səp.l	원칙적으로	5054
형·명	**principal** prin.səp.l	교장, 주요한	5055
부	**principally** prin.sə.pli	주로	5056
명	**improvisation** impra.və.zeiʃ.n	즉흥(시, 연주)	5057
형·동	**prompt** prɑmpt	즉시의, 신속한, ~하게 하다	5058
동	**improvise** im.prə.vaiz	즉석에서 하다	5059
부	**impromptu** im.prɑmp.tu	즉흥적[즉석]으로	5060
동	**release** ri.lis	발표[해방]하다, 풀다	5061
명·동	**lease** lis	임대(하다)	5062
동	**remember** rə.mem.bər	기억[회상]하다	5063
명	**remembrance** ri.mem.brəns	기억, 회상, 추모	5064
동	**remember oneself** rə.mem.bər.wʌn.self	떠올리다, 정신차리다	5065
명·동	**screen** skrin	화면, 체, 막, 영화, 가리다	5066
명	**screenplay** skrin.ple	각본	5067
동	**settle** set.l	해결[정착]하다, 진정되다	5068
명	**settlement** se.təl.mənt	해결, 정착, 합의, 개척지	5069
명	**settler** se.tə.lər	정착민	5070
동	**settle down** set.l.daun	정착하다	5071
명	**sedation** sə.deiʃ.n	진정(제), 진정 작용	5072
형	**sexual** sek.ʃuəl	성적인	5073
형	**same-sex** seim.seks	동성의	5074
명	**homosexual** homosek.ʃə.wəl	동성애자	5075

명	**heterosexual** he.təro.sek.ʃə.wəl	이성애자	5076
명	**bisexual** baı.sek.ʃuəl	양성애자	5077
명	**transsexual** træn.sekʃ.juəl	성전환자	5078
명	**sexist** sek.sɪst	성차별주의자	5079
명동	**sort** sɔrt	분류하다, 종류	5080
동	**assort** ə.sɔrt	분류하다	5081
동	**sort out** sɔrt.aʊt	분류[정리]하다	5082
형	**stable** steɪb.l	안정된, 마구간	5083
명	**stability** stə.bɪ.lə.ti	안정(성), 확고	5084
동	**stabilize** steɪ.bə.laɪz	안정되다[시키다]	5085
형	**unstable** ʌn.steɪb.l	불안정한	5086
명	**instability** ɪn.stə.bɪ.lə.ti	불안정	5087
명	**stabilization** steɪ.bə.lə.zeɪʃ.n	안정화	5088
명	**symptom** sɪmp.təm	징후, 증상	5089
명	**symbol** sɪm.bl	기호, 상징	5090
형	**symbolic** sɪm.bɑ.lɪk	상징적인, 부호의, 나타내는	5091
명	**symbolism** sɪm.bə.lɪ.zəm	상징주의	5092
명	**syndrome** sɪndroʊm	증후군, 증상	5093
동	**symbolize** sɪm.bə.laɪz	상징[의미]하다	5094
명	**talent** tæ.lənt	재능	5095
형	**talented** tæ.lən.təd	재능 있는	5096
동	**tie up** taɪ.ʌp	~을 묶다	5097
동	**be tied up** bi.taɪd.ʌp	~에 발묶이다	5098
동	**untie** ʌn.taɪ	끄르다, 풀다	5099
명동	**tour** tʊr	여행(하다)	5100

명	**tourist** to.rəst	여행객	5101
명	**tourism** to.ri.zəm	여행(객)	5102
명	**contour** kan.tor	윤곽, 등고선	5103
명.동	**detour** di.tor	우회하다, 우회로	5104
명	**trip** trip	여행	5105
형	**round-trip** rownd.trip	왕복 여행의	5106
형	**wild** waild	야생의, 사나운	5107
명	**wildlife** waild.laif	야생 동물	5108
명	**wilderness** wil.dər.nəs	황야	5109
동	**bewilder** bə.wil.dər	당황하게 하다, 길을 잃다	5110
형	**academic** æk.ə.de.mɪk	학문의, 학술적인	5111
명	**academy** ək.æ.də.mi	학원, 학회	5112
명	**advice** æd.vaɪs	조언, 충고	5113
명	**advisor = adviser** æd.vaɪ.zər æd.vaɪ.zər	조언자	5114
동	**advise** æd.vaɪz	조언[충고]하다	5115
형	**advisory** æd.vaɪ.zə.ri	조언하는	5116
명	**anxiety** æŋ.zaɪə.ti	걱정, 불안	5117
형	**anxious** æŋk.ʃəs	걱정하는, 바라는	5118
명	**anguish** æŋ.gwɪʃ	걱정, 고통	5119
명	**angst** aŋkst	불안	5120
동	**be anxious to V** bi.æŋk.ʃəs.tə	~하길 바라다	5121
명	**atmosphere** æt.məs.fir	대기(권), 분위기	5122
형	**atmospheric** æt.məs.fe.rɪk	대기의, 분위기의	5123
명	**hemisphere** he.məs.fir	반구체	5124
명	**sphere** sfir	구체, 범위, 영역	5125

동	**attend** /ə.tend/	참석[주의]하다	5126
명	**attendance** /ə.ten.dəns/	출석, 참석	5127
형/명	**attendant** /ə.ten.dənt/	종업원, 참석자, 수반된	5128
명	**attendee** /ə.ten.di/	참석자	5129
형	**automatic** /ɒ.tə.mæ.tɪk/	자동의, 무의식[기계]적인	5130
명	**automation** /ɒ.tə.meɪ.ʃn/	자동화	5131
동	**automate** /ɒ.tə.meɪt/	자동화하다	5132
명	**baggage** /bæ.gədʒ/	수하물	5133
명	**luggage** /lʌ.gədʒ/	수하물, 짐	5134
명	**bank** /bæŋk/	은행, 강둑	5135
명	**bankruptcy** /bæŋ.krʌp.si/	파산	5136
형/명	**bankrupt** /bæŋ.krʌpt/	파산한, 파산자	5137
명	**bottom** /bɑ.təm/	밑(바닥), 기초	5138
명	**bottom line** /bɑ.təm.laɪn/	결론, 손익	5139
형	**bottom-up** /bɑ.təm.ʌp/	아래에서 위로의, 거꾸로의	5140
명	**category** /kæ.tə.gə.ri/	분류, 범주	5141
동	**categorize** /kæ.tə.gə.raɪz/	분류하다	5142
형	**categorical** /kæ.tə.gɑ.rɪk.l/	단정적인, 범주의	5143
동	**clean up** /klin.ʌp/	깨끗이[청소]하다	5144
동	**cleanse** /klenz/	세척하다	5145
명	**cleanliness** /klen.li.nəs/	청결	5146
동	**rinse** /rɪns/	씻다	5147
명	**climate** /klaɪ.mət/	기후, 분위기	5148
형	**climatic** /klaɪ.mæ.tɪk/	기후상의	5149
부	**counterclockwise** /kɑw.tər.klɒ.kwaɪz/	시계 반대 방향으로	5150

형영	clockwise klɑ.kwaɪz	시계 방향으로(의)	5151
명	coast koʊst	해안, 가까운 바다	5152
형	coastal koʊ.stl̩	해안의, 가까운 바다의	5153
명	coastline koʊst.laɪn	해안선	5154
동	confirm kən.fɝm	확인[확정]하다	5155
명	confirmation kɑn.fər.meɪʃ.n̩	확인, 확정	5156
형	unconfirmed ʌnk.ən.fɝmd	확인[확정]안 된	5157
형명	contemporary kən.tem.pə.re.ri	동시대의[현대의](사람)	5158
형	temporary tem.pə.re.ri	일시적인, 임시의	5159
형	temporal tem.pə.rəl	시간의, 일시적인, 측두엽의	5160
명동	contest kɑn.test	대회, 경쟁(하다)	5161
동	contend kən.tend	주장하다, 다투다	5162
명	contender kən.ten.dər	경쟁자	5163
형	contentious kən.ten.ʃəs	논쟁적인	5164
형	uncontested ʌnk.ən.te.stəd	논란[반대]없는	5165
명	contestant kən.te.stənt	참가자, 경쟁자	5166
명	contention kən.ten.ʃn̩	논쟁, 주장	5167
동	undercook ʌnd.rkʊk	덜 익히다	5168
명	cookery kʊk.ə.ri	요리법	5169
동	encounter enk.aʊn.tər	(우연히) 만나다, 충돌하다	5170
부명동	counter kaʊn.tər	반대(하다), 반대로, 계산대	5171
형명동	counterfeit kaʊn.tər.fɪt	위조의, 모조품, 위조하다	5172
	under the counter ʌnd.r.ðə.kaʊn.tər	불법적으로	5173
형	crucial kruʃ.l̩	중대한, 결정적인	5174
형동	deliberate də.lɪ.bə.rət	고의적인, 신중한, 숙고하다	5175

명	**deliberation** də.li.bə.reɪʃ.n	숙고, 심의	5176
명동	**dress** dres	옷(을 입다)	5177
동	**undress** ʌn.dres	(옷) 벗기다	5178
명	**dressing** dres.ɪŋ	소스, 붕대, 옷입기	5179
동	**dress up** dres.ʌp	꾸미다, 변장하다	5180
명동	**redress** rə.dres	교정(하다), 보상	5181
명동	**escape** ə.skeɪp	달아나다, 탈출(하다)	5182
형	**inescapable** ɪ.nə.skeɪ.pəb.l	피할 수 없는	5183
동	**eschew** es.tʃu	피하다	5184
형동	**skew** skju	왜곡하다, 비스듬한	5185
형	**faithful** feɪθ.fəl	충실한, 믿을 만한	5186
동	**be faithful to** bi.feɪθ.fəl.tu	~에 충실하다	5187
형	**unfaithful** ən.feɪθ.fəl	외도하는, 불성실한	5188
형	**fatal** feɪt.l	치명적인, 중요한	5189
명	**fatality** fə.tæ.lə.ti	사망자, 참사, 숙명	5190
명	**fate** feɪt	운(명)	5191
형	**fateful** feɪt.fəl	운명적인	5192
형	**flexible** flek.səb.l	신축성[융통성]있는, 유연한	5193
명	**flexibility** flek.sə.bɪ.lə.ti	탄력성, 유연성, 융통성	5194
동	**flex** fleks	구부리다	5195
형	**inflexible** ɪn.flek.səb.l	융통성[신축성]없는	5196
형	**foreign** fɔ.rən	외국의, 이질적인	5197
명	**foreignness** fɔ.rən.nes	외국풍, 이질성	5198
명	**foreigner** fɔ.rə.nər	외국인, 이방인	5199
명	**deforestation** də.fɔ.rə.steɪʃ.n	살림 벌채	5200

형	forested fɔːrəstəd	숲이 우거진	5201
명	forestry fɔːrəstri	임업	5202
형	gigantic dʒaɪɡæntɪk	거대한	5203
명동	graduate ɡrædʒəweɪt	졸업하다, 졸업생	5204
형명	undergraduate ʌndərɡrædʒəweɪt	대학 재학생(의)	5205
명	graduation ɡrædʒueɪʃn	졸업	5206
명	postgraduate poʊstɡrædʒuət	대학원생	5207
명	hierarchy haɪərɑːrki	계급제, 계층	5208
명	patriarchy peɪtriɑːrki	가부장제	5209
명	monarchy mɑnɑrki	군주제, 왕정(국가)	5210
명	oligarchy ɑləɡɑːrki	과두정치	5211
명	patriarch peɪtriɑːrk	가장, 족장	5212
명	monarch mɑnɑrk	군주	5213
명	anarchy ænɑrki	무정부 상태	5214
명	anarchist ænɑrkəst	무정부주의자	5215
형	huge hjuːdʒ	거대한	5216
명	hypothesis haɪpɑθəsəs	가설	5217
명	thesis θisɪs	논제, 논문	5218
명	theme θiːm	주제	5219
명	instruction ɪnstrʌkʃn	지시, 설명, 교육	5220
명	instructor ɪnstrʌktɔr	강사, 교관, 교사	5221
동	instruct ɪnstrʌkt	지시하다, 가르치다	5222
형	instructive ɪnstrʌktɪv	교육적인	5223
형	intact ɪntækt	손대지 않은, 온전한	5224
형	tactile tæktəl	촉각의	5225

몡	**tactics** tæk.tɪks	전술	5226
형	**tactical** tæk.tɪk.l	전술적인	5227
몡	**tact** tækt	재치, 요령	5228
형	**tactful** tækt.fəl	재치[요령]있는	5229
통	**interpret** ɪn.tɝ.prət	해석[통역, 이해]하다	5230
몡	**interpretation** ɪn.tər.prə.teɪʃ.n	해석, 통역	5231
몡	**interpreter** ɪn.tɝ.prə.tər	통역사 , 해석자	5232
통	**misinterpret** mɪ.sɪn.tɝ.pret	오해[오역]하다	5233
통	**introduce** ɪn.trə.dus	소개[도입]하다	5234
몡	**introduction** ɪn.trə.dək.ʃn	소개, 도입	5235
형	**introductory** ɪn.trə.dək.tə.ri	출시의, 입문의	5236
몡	**intro** ɪntro.ʊ	도입부	5237
몡	**knuckle** nʌk.l	손가락 관절	5238
통	**knuckle down** nʌk.l.daʊn	열심히 하다	5239
통	**knock out**[down] nɑk.aʊt[daʊn]	때려눕히다, 쓰러트리다	5240
통	**kneel** nil	무릎 꿇다 ③ kneel | knelt, kneeled | knelt, kneeled	5241
몡	**linguist** lɪŋ.gwəst	언어학자	5242
형	**linguistic** lɪŋ.gwɪ.stɪk	언어의	5243
형	**bilingual** baɪ.lɪŋ.gwəl	2개 언어를 하는	5244
형	**paralinguistic** pæ.rə.lɪŋ.gwɪ.stɪk	준언어적인	5245
형	**multilingual** mʌlt.i.lɪŋ.gwəl	다중 언어의	5246
몡	**linguistics** lɪŋ.gwɪ.stɪks	언어학	5247
통	**enlist** ɪn.lɪst	입대[협력]하다	5248
몡	**roster** rɑ.stər	명부	5249
통	**blackmail** blæk.meɪl	갈취[협박]하다	5250

명	immigration ɪ.mə.greɪʃ.n	이주, 이민	5251
명	migration maɪ.greɪʃ.n	이주	5252
동	emigrate e.mə.greɪt	이민[이주] 나가다	5253
명	immigrant ɪ.mə.grənt	(들어온) 이민자	5254
동	immigrate ɪ.mə.greɪt	이민[이주] 오다	5255
동	migrate maɪ.greɪt	이주[이동]하다	5256
형명	migrant maɪ.grənt	이민자, 이주하는	5257
명	emigrant e.mə.grənt	(나가는) 이민자	5258
명	emigration e.mə.greɪʃ.n	(나가는) 이민	5259
동	modify mɑ.də.faɪ	수정[변경]하다	5260
명	modification mɑ.də.fɑk.eɪʃ.n	변경, 조정	5261
형	nervous nɜ.vəs	불안한, 신경질적인, 신경의	5262
명	nerve nɜv	신경(질), 용기	5263
동	unnerve ə.nɜv	불안케 하다	5264
명	opinion ə.pɪ.njən	의견, 여론, 관점	5265
형	painful peɪn.fəl	고통스런	5266
형	pain-free peɪn.fri	고통 없는	5267
형	painless peɪn.ləs	고통 없는	5268
명	painkiller peɪnk.ɪ.lər	진통제	5269
명동	photograph foʊ.tə.græf	사진(을 찍다)	5270
명동	photocopy foʊtoʊk.ɒ.pi	복사(하다)	5271
형	photographic foʊ.tə.græ.fɪk	사진의	5272
명	photography fə.tɑ.grə.fi	사진촬영(술)	5273
명	pollution pə.luʃ.n	오염, 공해	5274
동	pollute pə.lut	오염시키다	5275

명	pollutant pə.lu.tənt	오염 물질	5276
형·명·동	foul faʊl	반칙(하다), 더러운	5277
명·동	portion pɔr.ʃn	부분, 분할[분배]하다	5278
명	proportion prə.pɔr.ʃn	비율, 균형, 부분	5279
형	disproportionate di.sprə.pɔr.ʃə.nət	불균형의	5280
형	proportional prə.pɔr.ʃnəl	비례하는	5281
	in proportion to ın.prə.pɔr.ʃn.tu	~에 비례하여	5282
명·동·전	post poʊst	우편, 기둥, 직위, 알리다, ~후에	5283
명	postage poʊ.stɪdʒ	우편료	5284
형	postal poʊ.stl	우편의	5285
명	postscript poʊs.skrɪpt	추신	5286
명	postcode poʊstkoʊd	우편 번호	5287
명	posterity paste.rə.ti	후손, 후예	5288
명	president pre.zə.dent	대통령, 사장	5289
형	presidential pre.zə.den.tʃl	대통령의	5290
명	vice president vais.pre.zə.dent	부통령, 부사장	5291
동	preside prə.zaid	주도[통솔]하다	5292
명	priority prajɔ.rə.ti	우선(권), 우위	5293
형	prior praɪər	~전의	5294
	prior to praɪər.tu	~전에, 먼저	5295
동	prioritize prajɔ.rə.taɪz	우선을 정하다	5296
형	radiation re.di.eɪʃ.n	방사(선), 복사(열)	5297
형	radiant reɪ.diənt	빛나는, 방사하는	5298
동	radiate reɪ.di.et	방사[발산]하다, 뻗다	5299
형	radioactive reɪ.dɪo.o.æk.tɪv	방사성의	5300

명	radar reɪ.dɑr	탐지기	5301
명	radius reɪ.diəs	반경, 반지름	5302
명	resistance rə.zɪ.stəns	저항, 반대	5303
동	resist rə.zɪst	저항[반대]하다	5304
형명	resistant rə.zɪ.stənt	저항하는, 저항자	5305
형	resistive rɪ.zɪ.stɪv	저항하는	5306
형	irresistible ɪ.rə.zɪ.stəb.l	저항할 수 없는	5307
형	rocky rɑk.i	바위 투성의, 험난한	5308
명동	seat sit	자리, 앉히다	5309
동	unseat ən.sit	내쫓다	5310
형	severe sə.vɪr	엄격한, 심각한	5311
명	severity sɪ.ve.rə.ti	엄격, 심각성	5312
명	perseverance pər.sə.vɪ.rəns	인내	5313
동	persevere pər.sə.vɪr	인내[고집]하다	5314
명동	shame ʃeɪm	부끄러움, 부끄럽게 하다	5315
명	shyness ʃaɪ.nəs	수줍음	5316
형	ashamed ə.ʃeɪmd	부끄러운	5317
형	shameful ʃeɪm.fəl	부끄러운	5318
	shy of ʃaɪ.ʌv	모자라는	5319
형	shameless ʃeɪm.ləs	부끄러움 없는	5320
형	unashamed ʌ.nə.ʃeɪmd	뻔뻔한	5321
형	skinny skɪ.ni	깡마른	5322
명	skyline skaɪ.laɪn	지평선	5323
동	skyrocket skaɪ.rɑkət	급등하다	5324
명	skyscraper skaɪ.skre.pər	고층 건물	5325

명	**stranger** streɪn.dʒər	낯선 사람, 이방인	5326
부	**strangely** streɪndʒ.li	이상하게	5327
형	**extraneous** ek.streɪ.niəs	이질적인, 관계 없는	5328
	strange to say streɪndʒ.tə.seɪ	이상한 말이지만	5329
동	**strengthen** streŋ.θn	강화하다[되다]	5330
명	**strength** streŋkθ	힘, 세기	5331
형	**strenuous** stre.njuəs	격렬한, 분투하는	5332
	on the strength of ɑn.ðə.streŋkθ.ʌv	~에 힘입어	5333
명	**substance** sʌb.stəns	물질, 본질, 핵심	5334
형	**substantial** səb.stæn.tʃl	상당한, 실질적인	5335
명	**subsistence** səb.sɪ.stəns	생존, 생계	5336
동	**subsist** səb.sɪst	살아가다, 존재하다	5337
형	**substantive** sʌb.stən.tɪv	실질적인	5338
명동	**suit** sut	정장, 어울리다, 알맞다, 소송	5339
형	**suitable** su.təb.l	적당한, 어울리는	5340
명	**suite** swit	한 벌, 특실	5341
동	**be suited to**[for] bi.su.təd.tə.fɔr	~에 적합하다	5342
형	**unsuitable** ʌn.sut.əb.l	부적당한	5343
동	**sweep** swip	청소하다, (휙)쓸다 ③ sweep | swept | swept	5344
형	**sweeping** swip.ɪŋ	전체적인	5345
동	**sweep up** swip.ʌp	쓸어 담다	5346
동	**sweep down** swip.daʊn	휩쓸다	5347
동	**sweep away** swip.ə.weɪ	휩쓸다, 털다	5348
동	**swoop** swup	급습하다	5349
형부	**swift** swɪft	빠른, 재빨리	5350

형	**tasty** teɪ.sti	맛 좋은, 맛있는	5351
명동	**tax** tæks	세금(부과하다)	5352
명	**taxation** tæk.seɪʃ.n	과세(액)	5353
명	**taxpayer** tæk.speər	납세자	5354
명	**tariff** te.rəf	관세	5355
형	**tax-free** tæks.fri	면세의	5356
동	**throw away** θroʊ.ə.weɪ	버리다, 허비하다	5357
동	**overthrow** oʊvərθroʊ	뒤엎다 ③ overthrow | overthrew | overthrown	5358
동	**undermine** ʌn.dər.maɪn	약화[훼손]시키다, 파내다	5359
명동	**mine** maɪn	채굴하다, 광산, 지뢰, 나의 것	5360
명	**mineral** mɪ.nə.rəl	광물, 무기물	5361
명	**mining** maɪn.ɪŋ	채굴, 광업	5362
명	**miner** maɪ.nər	광부, 채광기	5363
형명	**vegetarian** ve.dʒə.te.riən	채식주의자(의)	5364
명	**vegetation** ve.dʒə.teɪʃ.n	초목	5365
명동	**vote** voʊt	투표(하다)	5366
명동	**vow** vaʊ	맹세[서약](하다)	5367
명	**voucher** vaʊ.tʃər	상품권, 증표	5368
	off the wall ɒf.ðə.wɔl	특이한, 즉흥적인	5369
동	**absorb** əb.zɔrb	흡수하다, 열중시키다	5370
명	**absorption** əb.zɔrp.ʃn	흡수, 열중	5371
형	**absorbed** əb.zɔrbd	~에 열중한	5372
명	**agency** eɪ.dʒən.si	대리점, 대행사	5373
명	**agent** eɪ.dʒənt	대리인, 요원	5374
형	**ambiguous** æm.bɪ.gjuəs	애매한	5375

명	ambiguity æm.bi.gjuə.ti	애매함	5376
형	unambiguous ʌn.næm.ɡjə.wəs	명백한	5377
형	ambivalent æm.bi.və.lənt	양면적인, 애매한	5378
명	approval ə.pruv.l	찬성, 승인	5379
동	approve ə.pruv	찬성[만족]하다	5380
명	disapproval di.sə.pru.vəl	반대, 불만족	5381
동	disapprove di.sə.pruv	반대[불만족]하다	5382
동	approve of ə.pruv.ʌv	~을 찬성[승인]하다	5383
명동	author ɒ.θər	저자, 작가, 저술하다	5384
명	authorship ɒ.θər.ʃip	원작자	5385
명	authorization ŋ.θə.rə.zeɪʃ.ŋ	허가, 결재	5386
명	bias baɪəs	편견, 성향	5387
형	unbiased ʌn.baɪəst	편견 없는, 공평한	5388
동	be busy ~ing bi.bi.zi	~하기에 바쁘다	5389
명	career kə.rɪr	직업, 경력	5390
	in mid career in.mɪd.kə.rɪr	도중에, 근무중에	5391
명	competence kɑm.pə.təns	능력, 자격	5392
형	competent kɑm.pə.tənt	능숙한	5393
형	incompetent ɪnk.ɑm.pə.tənt	무능한	5394
명	incompetence ɪnk.ɑm.pə.təns	무능함	5395
명동	conduct kən.dʌkt	행동[지도](하다), 전하다	5396
명	conduit kɑn.du.ɪt	(전하는) 도관, 수도관	5397
명	duct dʌkt	(전하는) 도관, 배관	5398
명	conductor kən.dʌk.tər	지휘자, 수도관	5399
형	conducive kən.du.sɪv	~에 도움된	5400

명	**misconduct** mɪ.skʌn.dəkt	불법 행위	5401
동	**constitute** kʌn.stə.tut	구성하다, ~되다	5402
명	**constitution** kʌn.stə.tuʃ.n	헌법, 구성, 체질	5403
명	**constituent** kən.sti.tjuənt	성분, 유권자	5404
명	**context** kʌn.tekst	맥락, 상황	5405
형	**contextual** kən.teks.tʃuəl	맥락적인	5406
형	**convincing** kən.vɪns.tŋ	설득하는, 확실한	5407
동	**convince** kən.vɪns	확신[설득]시키다	5408
명	**conviction** kən.vɪk.ʃn	유죄 판결, 확신, 설득력	5409
명 동	**convict** kʌn.vɪkt	죄수, 유죄 선고하다	5410
부	**definitely** de.fə.nət.li	확실히, 한정적으로, "물론"	5411
형	**finite** faɪ.naɪt	유한한	5412
형	**definite** de.fə.nət	확실한, 한정된	5413
형	**indefinite** ɪn.de.fə.nət	무기한의, 불확실한	5414
명	**infinity** ɪn.fɪ.nə.ti	무한대, 끝없음	5415
형	**infinite** ɪn.fə.nət	무한한	5416
형	**definitive** də.fɪ.nə.tɪv	최종적인, 확실한	5417
동	**deprive A of B** də.praɪv.ə.əv.bi	A에게 B를 빼앗다	5418
명	**deprivation** de.prə.veɪʃ.n	박탈	5419
동	**deprive** də.praɪv	빼앗다	5420
형	**digital** dɪ.dʒət.l	디지털식의, 숫자의, 손가락의	5421
명	**digit** dɪ.dʒət	숫자, 자릿수, 손가락	5422
동	**repeal** rə.pil	폐지[취소]하다	5423
동	**dispel** dɪ.spel	쫓아내다, 없애다	5424
동	**propel** prə.pel	추진하다	5425

동	expel ɪk.spel	추방[배출]하다	5426
명	expulsion ɪk.spʌl.ʃn	추방, 제명	5427
형	repellent rə.pe.lənt	싫은, 쫓는	5428
동	repel rə.pel	쫓아[몰아]내다	5429
동	impel ɪm.pel	재촉[추진]하다	5430
형	domestic də.me.stɪk	국내의, 가정의	5431
명	domain doʊ.meɪn	영토, 분야, 범위	5432
동	domesticate də.me.stɪ.ket	길들이다, 정들다	5433
명	dome doʊm	둥근 천장	5434
명	ecosystem iko.ʊ.sɪ.stəm	생태계	5435
형	ecological ik.ɔ.lɑ.dʒɪk.l	생태계의	5436
명	empathy em.pə.θi	공감, 동정심	5437
명	sympathy sɪm.pə.θi	동정(심), 공감	5438
형	empathic em.pæθɪk	공감적인	5439
동	empathize em.pə.θaɪz	공감하다	5440
형	sympathetic sɪm.pə.θe.tɪk	동정적인, 호감 가는	5441
형	pathetic pə.θe.tɪk	불쌍한, 한심한	5442
동	sympathize sɪm.pə.θaɪz	동정하다	5443
명	antipathy æn.tɪ.pə.θi	반감, 혐오	5444
동	emphasize em.fə.saɪz	강조하다	5445
명	emphasis em.fə.sɪs	강조, 중요	5446
형	emphatic em.fæ.tɪk	강조된, 확실한	5447
동	facilitate fə.sɪ.lə.tet	가능케[촉진]하다	5448
명	facility fə.sɪ.lə.tɪ	시설, 설비, 재능	5449
형	conciliatory kən.sɪ.liə.tɔ.ri	달래는, 회유하는	5450

동	reconcile rek.ən.saɪl	화해[조화]시키다	5451
동	conciliate kən.sɪ.lɪeɪt	달래다, 중재하다	5452
형	former fɔr.mər	이전의	5453
형	fundamental fʌn.də.men.tl	기본[근본]적인	5454
명	fundamentalist fʌn.də.men.tə.ləst	근본주의자	5455
명	gravity græ.və.ti	중력	5456
동	aggravate æ.grə.veɪt	악화시키다, 무겁게 하다	5457
형	gravitational græ.və.teɪʃ.nəl	중력의	5458
명	guest gest	손님	5459
형동	host hoʊst	주최하다, 주인	5460
명	hostess hoʊ.stɪs	여주인, 안주인	5461
	Be my guest bi.maɪ.gest	"그러세요"	5462
	a host of ə.hoʊst.ʌv	다수의, 많은	5463
명	hostage ha.stɪdʒ	인질	5464
명	honesty ɑ.nə.sti	정직, 성실	5465
형	honest ɑ.nəst	정직한, 솔직한	5466
형	dishonest dɪ.sɑ.nəst	부정직한	5467
명	dishonesty dɪ.sɑ.nə.sti	부정직, 불성실	5468
동	be in (the) hospital bi.ɪn.ðə.hɑ.spɪt.l	입원해 있다	5469
형	hospitable hɑ.spɪ.təb.l	환대하는, 친절한	5470
명	hospitality hɑ.spə.tæ.lə.ti	환대	5471
명	hospice hɑ.spəs	요양원, 수용소	5472
부	ill ɪl	병든, 나쁜, 나쁘게	5473
명	illness ɪl.nəs	(질)병	5474
동	investigate ɪn.ve.stə.geɪt	조사[수사]하다	5475

형	investigator	수사관	5476
명	investigation	조사, 수사	5477
형	investigative	조사의	5478
형	leafless	잎이 없는	5479
명	leaflet	잎사귀	5480
형	leafy	잎이 많은	5481
명	letter	편지, 글자	5482
동	obliterate	지우다	5483
형	pacific	태평한	5484
명	the Pacific	태평양	5485
동	pacify	진정시키다	5486
명	poverty	가난, 결핍, 부족, 불모	5487
동	impoverish	가난하게 하다	5488
명동	promise	약속(하다), 가망성	5489
명동	compromise	타협[화해](하다), 손상시키다	5490
형	promising	장래성 있는	5491
동	push out	~을 밀어내다	5492
형	pushy	강요하는	5493
동	recover	회복[복구]하다	5494
명	recovery	회복, 구조, 복구	5495
형	recoverable	회복 가능한	5496
명동	repeat	반복(하다)	5497
명	repetition	반복	5498
형	repetitive	반복적인	5499
형	repeatable	반복할 수 있는	5500

부	repeatedly rə.pi.təd.li	자꾸, 여러 차례	5501
명	scene sin	장면, 현장, 풍경	5502
명	scenario sə.ne.rio.ʊ	각본	5503
명	scenery si.nə.ri	풍경, 배경	5504
명	crime scene kraɪm.sin	범죄 현장	5505
명,동	seal sil	인장, 봉인하다, 물개	5506
동	conceal kən.sil	감추다	5507
명,동	shelter ʃel.tər	주거지, 피난처, 보호하다	5508
명	sheriff ʃe.rəf	보안관	5509
명,동	shield ʃild	방패, 보호하다	5510
명,동	shock ʃak	충격, 놀라게 하다	5511
명	aftershock æft.ər.ʃak	여진	5512
부	shockingly ʃak.ɪŋ.li	충격적으로	5513
명,동	smoke smoʊk	흡연[훈제](하다), 연기	5514
형	smoked smoʊkt	훈제한, 그을린	5515
명	smog smɑg	미세먼지	5516
형	smoky smoʊk.i	연기나는	5517
명	passive smoking pæ.sɪv.smoʊkɪŋ	간접 흡연	5518
명	non-smoker nɒn.smoʊk.ə	비흡연자	5519
형	smoke-free smoʊk.fri	금연의	5520
형	unsung ən.sʌŋ	(노래)불리지 않은, 이름 없는	5521
명	spot spɑt	장소, 지점, 얼룩	5522
형	spotted spɑ.təd	얼룩[오점]있는	5523
	on the spot ɑn.ðə.spɑt	즉석에서	5524
부	backstage bæk.steɪdʒ	무대 뒤에서, 은밀히	5525

형	offstage ɔf.steɪdʒ	무대 뒤의, 은밀한	5526
형	onstage ɑn.steɪdʒ	무대 위의	5527
동	sweeten swiː.tn	달게 하다	5528
명	sweetener swiː.tə.nər	감미료	5529
명	sweetness swiːt.nəs	달콤함	5530
형	urban ɜː.bən	도시의	5531
명	urbanization ɜr.bə.nə.zeɪʃ.n	도시화	5532
형	suburban sə.bɜː.bən	교외의	5533
명	suburb sʌ.bɜrb	교외, 외곽	5534
동	urbanize ɜ.bə.naɪz	도시화하다	5535
명동	wave weɪv	파도, 흔들다	5536
형	microwave maɪk.rə.weɪv	전자 렌지, 극초단파	5537
동	waver weɪ.vər	흔들리다	5538
동	wave to weɪv.tu	~에 손 흔들다	5539
명	wavelength weɪv.leŋθ	파장	5540
명동	wish wɪʃ	바라다, 소원(빌다)	5541
형	wishful wɪʃ.fəl	희망하는	5542
	with best wishes wɪθ.best.wɪ.ʃəz	행복을 빌며	5543
형	absolute æb.sə.lut	절대적인, 완전한	5544
동	accumulate ə.kju.mjə.let	모으다	5545
명	accumulation ə.kju.mjə.leɪʃ.n	축적, 누적	5546
동	accrue ə.kru	쌓이다	5547
동	attain ə.teɪn	달성하다, 얻다	5548
명	attainment ə.teɪn.mənt	성과, 성취, 달성	5549
명동	block blɑk	토막, 건물 단지, 차단하다	5550

품사	단어	뜻	번호
명	blockbuster blɑk.bə.stər	초대작, 강력 폭탄	5551
명	bloc blɑk	연합, 집단	5552
명동	blockade blɑk.eɪd	봉쇄(하다)	5553
명	blockage blɑkɪdʒ	봉쇄	5554
명	circulation sɜr.kjə.leʃ.n	(혈액)순환, 유통	5555
명	circuit sɜkət	순환, 순회, 회로	5556
형	circular sɜr.kjə.lər	원형의, 순회하는	5557
동	circumscribe sərk.əm.skraɪb	제한하다, 둘러싸다	5558
동	circulate sɜr.kjə.let	순환하다	5559
명	circumference sərk.əm.frəns	원주, 둘레	5560
동	encircle en.sɜrk.l	둘러싸다	5561
형	semi-circular se.mi.sɜr.kjə.lər	반원의	5562
동	circumvent sərk.əm.vent	돌다, 피하다	5563
형	compelling kəm.pel.ɪŋ	주목시키는, 설득[강제]적인	5564
동	compel kəm.pel	강요하다	5565
동	be compelled to V bi.kəm.peld.tə	~을 강제로 하다	5566
명	convention kən.ven.ʃn	집회, 협정, 관습	5567
형	conventional kən.ven.ʃnəl	전통적인, 틀에 박힌	5568
형	unconventional ʌnk.ən.ven.ʃnəl	비전통[파괴]적인	5569
명	covenant kʌ.və.nənt	약속, 서약	5570
동	convene kən.vin	소집[소환]하다	5571
명	curve kɜv	곡선	5572
동	curl kɜl	곱슬하다, 말다	5573
명동	curb kɜb	구속[억제](하다)	5574
형	delicious də.lɪ.ʃəs	맛있는, 즐거운	5575

224

명·동	**delight** da.laɪt	유쾌(하게 하다)	5576
형	**delectable** da.lek.təb.l	맛있는, 즐거운	5577
형	**delightful** də.laɪt.fəl	유쾌한	5578
형·명	**dozen** dʌz.n	12개(의)	5579
명	**dozens** dʌz.nz	많음, 수십	5580
형	**eager** i.gər	열망하는	5581
동	**yearn** jɜn	열망[그리워]하다	5582
동	**be eager to V** bi.i.gər.tə	~하길 열망하다	5583
형	**meager** mi.gər	빈약한, 마른	5584
명	**entertainment** en.tər.teɪn.mənt	오락, 연예	5585
동	**entertain** en.tər.teɪn	(즐겁게) 대접하다, 지니다	5586
형	**entertaining** en.tər.teɪn.ɪŋ	재미있는	5587
명	**entertainer** en.tər.teɪ.nər	연예인	5588
명	**error** e.rər	잘못, 오류	5589
형	**erratic** ɪ.ræ.tɪk	이상한, 불규칙한	5590
형	**aberrant** æ.be.rənt	벗어난, 비정상의	5591
형	**erroneous** ero.ʊ.nɪəs	잘못된	5592
형	**false** fɔls	틀린, 허위의	5593
명	**falsehood** fæls.hʊd	허위	5594
동	**falsify** fɒl.sə.faɪ	왜곡[위조]하다	5595
명	**fallacy** fæ.lə.si	틀린 생각, 오류	5596
형	**fallacious** fə.leɪ.ʃəs	틀린, 허위의	5597
형	**fallible** fæ.ləb.l	틀리기 쉬운	5598
형	**infallible** ɪn.fæ.ləb.l	완벽한	5599
형	**fertile** fɜ.təl	비옥한, 풍부한, 다산의	5600

명	**fertilizer** fɜː.tə.laɪ.zər	비료	5601
동	**fertilize** fɜː.tə.laɪz	비옥[풍부, 임신]하게 하다	5602
명	**fertility** fər.tɪ.lə.ti	비옥함, 번식력	5603
형	**infertile** ɪn.fɜː.təl	불임의, 불모의	5604
형명	**firm** fɜːm	확고한, 회사	5605
명	**affirmation** æ.fər.meɪʃ.n	확언, 지지	5606
형	**affirmative** ə.fɜː.mə.tɪv	긍정[단정]적인	5607
동	**affirm** ə.fɜːm	단언[확인]하다	5608
형	**infirm** ɪn.fɜːm	허약한, 무른	5609
명	**infirmary** ɪn.fɜː.mə.ri	진료소	5610
명동	**flame** fleɪm	불꽃, 타오르다	5611
형	**flammable** flæ.məb.l	인화성의	5612
동	**inflame** ɪn.fleɪm	격분시키다	5613
명동	**flare** fler	타오르다, 화염	5614
형	**flamboyant** flæm.bɔɪənt	화려한, 타는 듯한	5615
형	**inflammatory** ɪn.flæ.mə.tɔ.ri	염증의, 자극적인	5616
명	**inflammation** ɪn.flə.meɪʃ.n	염증, 연소, 흥분	5617
동	**forget** fər.get	잊다 ③ forget	forgot	forgot, forgotten	5618
형	**forgotten** fər.gɑt.n	잊어버린	5619
형	**unforgettable** ʌn.fər.ge.təb.l	잊지 못할	5620
형	**forgetful** fər.get.fəl	잘 잊는	5621
형	**forgettable** fər.ge.təb.l	잊기 쉬운	5622
명	**fondness** fɑnd.nəs	좋아함	5623
동	**make fun of** meɪk.fʌn.ʌv	~을 놀리다	5624
형	**fond** fɑnd	좋아하는, 다정한	5625

동	be fond of bi.fond.ʌv	~을 좋아하다	5626
	for[in] fun fər[m].fən	재미로	5627
명	paragraph pe.rə.græf	절, 단락	5628
명동	autograph ɒ.tə.græf	서명(하다)	5629
명	autobiography ɔto.u.baɪ.ɒ.grə.fi	자서전	5630
명	biography baɪɒ.grə.fi	일대기	5631
명	graph græf	그림, 도표	5632
형	graphic græ.fɪk	그림의, 도표의	5633
부	graphically græ.fɪk.li	생생히, 도표로	5634
형	internal ɪn.tɜ.nl	내부의, 체내의	5635
형명	external ɪk.stɜ.nl	외부(의), 외국의	5636
동	kidnap kɪd.næp	납치[유괴]하다	5637
명	kidnapper kɪd.næ.pər	유괴범	5638
형	logical lɑ.dʒɪk.l	논리적인	5639
명	logic lɑ.dʒɪk	논리(학)	5640
형	illogical ɪ.lɑ.dʒɪk.l	비논리적인	5641
명	manner mæ.nər	방법, 예절, 태도	5642
명	manners mæ.nərz	예절	5643
형	ill-mannered ɪl.mæ.nəd	무례한	5644
형	well-mannered wel.mæ.nəd	예의 바른	5645
	in that manner ɪn.ðət.mæ.nər	그런 식으로	5646
형명	marine mə.rin	바다의, 해병대원	5647
명	marine life mə.rin.laɪf	해양 생물	5648
형	maritime me.rə.taɪm	바다의, 해변의	5649
형	submarine sʌb.mə.rin	잠수함, 해저의	5650

명동	**match** mætʃ	맞먹다, 일치(하다), 성냥, 시합	5651
형	**matching** mætʃ.ɪŋ	어울리는	5652
명동	**mismatch** mis.mætʃ	부조화(시키다)	5653
형	**matchless** mætʃ.ləs	독보적인, 무적의	5654
형	**mathematical** mæ.θə.mæ.tɪk.l	수학적인	5655
명	**mathematics = math** mæ.θə.mæ.tɪks.mæθ	수학	5656
명	**mathematician** mæ.θə.mə.tɪʃ.n	수학자	5657
명	**arithmetic** ə.rɪθ.me.tɪk	산수, 계산	5658
형명	**metal** met.l	금속(의)	5659
형	**metallic** mə.tæ.lɪk	금속의	5660
명	**medal** med.l	훈장	5661
형	**military** mɪ.lə.te.ri	군대의	5662
명	**militia** mə.lɪ.ʃə	민병대	5663
형	**militant** mɪ.lə.tənt	전투적인	5664
동	**meddle** med.l	참견하다	5665
동	**mingle** mɪŋ.gl	섞다, 어울리다	5666
형	**miscellaneous** mɪ.sə.leɪ.niəs	잡다한	5667
동	**mix up** mɪks.ʌp	~을 섞다[혼동하다]	5668
명	**mixture** mɪks.tʃər	혼합[합성](물)	5669
명동	**monitor** mɑ.nə.tər	감시하다, 감시원, 화면	5670
동	**navigate** næ.və.geɪt	길 찾다, 항해하다	5671
명	**navigator** næ.və.geɪ.tər	항해자	5672
형	**nautical** nɑ.tək.l	항해의	5673
명	**navigation** næ.və.geɪʃ.n	항해, 항공	5674
명	**nausea** nɑ.ziə	(배)멀미, 메스꺼움	5675

명	**pace** peis	속도, 보폭, 걷다, 한 걸음	5676
명	**apace** ə.peis	빨리, 신속히	5677
명	**pessimism** pe.sə.mɪ.zəm	비관(주의)	5678
형	**pessimistic** pe.sə.mɪ.stɪk	비관적인	5679
명	**pessimist** pe.sə.məst	비관론자	5680
명	**phenomenon** fə.nɑ.mə.nɑn	현상, 비범한 인물	5681
명동	**profit** prɑ.fət	이익(을 얻다), 흑자	5682
형	**profitable** prɑ.fə.təb.l	수익이 좋은, 유익한	5683
형	**nonprofit** nɑnprɑ.fət	비영리적인	5684
명	**profitability** prɑ.fə.tə.bɪ.lə.ti	수익성	5685
형	**unprofitable** ʌn.prɑ.fə.təb.l	무익한, 헛된	5686
동	**purchase** pɜ.tʃəs	구매[획득]하다	5687
명동	**refuse** rə.fjuz	거절하다, 쓰레기	5688
명	**refusal** rə.fjuz.l	거절, 사퇴	5689
동	**repudiate** ri.pju.di.et	거절[부인]하다	5690
동	**repair** rə.per	수리하다	5691
명	**revolution** re.və.luʃ.n	혁명	5692
동	**revolutionize** re.və.lu.ʃə.naɪz	혁명을 일으키다	5693
형	**revolutionary** re.və.lu.ʃə.ne.ri	혁명적인	5694
형명	**rolling** rool.ɪŋ	구르는, 회전	5695
동	**enroll** ɪnrool	등록[입학]하다	5696
명	**enrollment** enrol.mənt	등록, 입학, 입대	5697
명동	**roll** rool	두루마리, 말다	5698
명	**scroll** skrool	두루마리	5699
동	**roll down** rool.daun	굴러 떨어지다, 흐르다	5700

동	roll up roolʌp	걷어[말아]올리다	5701
동	unroll ʌnrool	펼치다, 풀다	5702
명동	sacrifice sæ.krə.faɪs	희생(하다), 제물	5703
형	sacred seɪ.krəd	신성한	5704
명	sanctuary sæŋk.tʃu.e.ri	성역, 안식처	5705
명	saint seɪnt	성자	5706
명	sanctity sæŋk.tə.ti	신성함, 존엄	5707
부	sharply ʃɑr.pli	날카롭게, 급격히	5708
동	sharpen ʃɑr.pən	날카롭게[연마]하다	5709
형명	solid sɑ.lɪd	고체(의), 단단한, 굳은	5710
동	solidify sə.lɪ.də.faɪ	굳히다, 굳어지다	5711
동	consolidate kən.sɑ.lə.deɪt	굳히다, 강화하다	5712
명	solidarity sɑ.lə.de.rə.ti	결속, 연대	5713
명	consolidation kən.sɑ.lə.deɪʃ.n	합병, 강화	5714
형	solemn sɑ.ləm	엄숙한, 진지한	5715
명	staff stæf	직원, 막대기	5716
명	staffing stæf.ɪŋ	직원 채용	5717
명	stave steɪv	막대기, 빗장	5718
동	stave off steɪv.ɔf	미리 막다	5719
형부	straight streɪt	곧은, 똑바로, 솔직한	5720
형	straightforward streɪt.fɔr.wərd	간단한, 솔직한	5721
부형명	straightaway streɪt.tə.we	즉시, 직선(의)	5722
동	straighten streɪt.n	곧게 하다	5723
형	sufficient sə.fɪ.ʃənt	충분한	5724
형	insufficient ɪn.sə.fɪ.ʃənt	불충분한	5725

동	**suffice** sə.faɪs	충분하다	5726
형	**self-sufficient** self.sə.fɪ.ʃənt	자급자족의	5727
동	**suffice it to say** (that) sə.faɪs.ɪt.tə.seɪ.ðæt	~라 말하면 충분하다	5728
형	**sufficiency** sə.fɪ.ʃən.si	충분함	5729
형	**superior** su.pɪ.riər	우수한, 상급의	5730
형	**inferior** ɪn.fɪ.riər	열등한, 하급의	5731
명	**superiority** su.pɪ.ri.ɔ.rə.ti	우월	5732
형	**superb** sə.pɚb	훌륭한, 최고의	5733
명	**inferiority** ɪn.fɪ.ri.ɔ.rə.ti	열등	5734
명동	**title** taɪt.l	제목, 직위를 주다	5735
동	**entitle** en.taɪt.l	자격[권리]를 주다	5736
동	**be entitled to** bi.en.taɪt.ld.tu	~의 자격이 있다	5737
명	**entitlement** en.taɪ.təl.mənt	자격, 권리	5738
명	**subtitle** sʌb.taɪt.l	부제	5739
동	**tolerate** tɑ.lə.ret	견디다, 묵인하다	5740
형	**tolerant** tɑ.lə.rənt	관대한, 견디는	5741
명	**tolerance** tɑ.lə.rəns	관용, 인내력	5742
형	**intolerant** ɪn.tɑ.lə.rənt	참을 수 없는, 편협한	5743
형	**tolerable** tɑ.lə.rəb.l	참을 수 있는	5744
명	**intolerance** ɪn.tɑ.lə.rəns	참을 수 없음, 편협함	5745
형	**intolerable** ɪn.tɑ.lə.rəb.l	참을 수 없는	5746
명동	**trail** treɪl	자국, 길, 쫓다	5747
명	**trailer** treɪ.lər	견인차, 예고편	5748
명	**tract** trækt	넓이, 구역, 계	5749
명동	**extract** ɪk.strækt	추출하다, 추출물	5750

동	**subtract** səb.trækt	빼다, 공제하다	5751
동	**retract** ri.trækt	움츠리다, 취소하다	5752
명	**traction** træk.ʃn	견인	5753
형	**verbal** vɜ.bl	말의, 언어적인	5754
형	**nonverbal** nanvɜr.bəl	비언어적인	5755
명	**verb** vɜb	동사	5756
명	**proverb** pra.vɜrb	속담, 격언	5757
형 명	**acid** æ.səd	산성, 신맛, 신랄한	5758
형	**acetic** ə.se.tik	신맛의	5759
동	**acidify** ə.sɪ.də.faɪ	산성화[시게]하다	5760
명 동	**address** æ.dres	주소, 연설(하다), 말 걸다	5761
명	**addressee** æ.dre.si	수신인	5762
형	**adventurous** æd.ven.tʃə.rəs	모험적인	5763
명 동	**adventure** æd.ven.tʃər	모험(하다)	5764
명	**advent** æd.vent	출현, 도래	5765
명 동	**venture** ven.tʃər	모험적 사업, 모험(하다)	5766
형	**aggressive** ə.gre.sɪv	공격적인	5767
명	**aggression** ə.greʃ.n	공격, 침해	5768
형	**agricultural** æ.grək.əl.tʃə.rəl	농업의	5769
명	**agriculture** æ.grək.əl.tʃər	농업	5770
명	**aquaculture** æ.kwək.əl.tʃər	수산물 양식	5771
명	**horticulture** hɔr.tik.əl.tʃər	원예	5772
명 동	**aid** eɪd	도움, 돕다	5773
형	**unaided** ʌ.neɪ.dəd	도움받지 않는	5774
명	**aide** eɪd	조수, 측근	5775

형명동	alert ə.lɛt	경고(하다), 주의하는, 민첩한	5776
명동	alarm ə.lɑrm	경보(기), 놀라게 하다	5777
형	alarming ə.lɑrm.ɪŋ	걱정스런, 무서운	5778
동	be angry at[with] bi.æŋ.gri[ɪɛ.ɪə.ɪwɪθ]	~에 화나다	5779
형	annual æ.njuəl	1년의, 1년마다의	5780
명	anniversary æ.nə.vэ.sə.ri	기념일	5781
명동	appeal ə.pil	애원[간청](하다)	5782
형	appealing ə.pil.ɪŋ	매력적인, 호소하는	5783
형	unappealing ʌ.nə.pil.ɪŋ	매력[호소력]없는	5784
동	assemble ə.sem.bl	집합[조립]하다	5785
부	assembly ə.sem.bli	집합, 조립, 국회	5786
동	disassemble dɪ.sə.sem.bl	분해하다	5787
형	assertive ə.sɜr.tɪv	단정[독단]적인	5788
동	assert ə.sɜt	단언[주장]하다	5789
명	assertion ə.sɜr.ʃn	주장, 단정	5790
형	unassertive ʌ.nə.sɜr.tɪv	내성적인	5791
명	assessment ə.se.smənt	평가, 세액, 할당금	5792
동	assess ə.ses	평가[할당]하다	5793
명	reassessment riə.se.smənt	재평가	5794
명	astronomer ə.strɑ.nə.mər	천문학자	5795
명	astronaut æ.strə.nɑt	우주 비행사	5796
명	astrology ə.strɑ.lə.dʒi	점성술	5797
형	astronomical æ.strə.nɑ.mɪk.l	천문학적인	5798
형	asteroid æ.stə.rɔɪd	소행성	5799
명	astronomy ə.strɑ.nə.mi	천문학	5800

명	bill bɪl	계산서	5801
명	bulletin bu.lə.tən	게시, 속보	5802
명	carbon kɑɹ.bən	탄소	5803
명	carbohydrate kɑɹbo.haɪ.dret	탄수화물	5804
명동	climb klaɪm	오르다, 상승	5805
형명	climbing klaɪm.ɪŋ	오르는, 등산	5806
동	climb up and down klaɪm.ʌp.ənd.daʊn	오르내리다	5807
형	cognitive kɑg.nə.tɪv	인식하는	5808
명	cognition kagnɪʃ.n	인식	5809
명	cognizance kɑg.nə.zəns	인식, 이해	5810
형	cognizant kɑg.nə.zənt	인식하는	5811
형	commercial kə.mɜɹ.ʃl	상업적인	5812
명	commodity kə.mɑ.də.ti	상품, 필수품	5813
명	commerce kɑ.mərs	상업	5814
명	e-commerce i.kɑ.mərs	전자상거래	5815
명	commercials kə.mɜɹ.ʃlz	광고	5816
명	compensation kɑm.pən.seɪʃ.n	보상	5817
동	compensate kɑm.pən.set	보상[보완]하다	5818
동	compensate for kɑm.pən.set.fɔr	보상[보충]하다	5819
동	cope with koʊp.wɪθ	~에 대처[대항]하다	5820
명	crop krɑp	농작물	5821
동	crop up krɑp.ʌp	불쑥 나타나다	5822
동	deliver də.lɪ.vər	배달[연설, 출산]하다	5823
명	delivery də.lɪ.və.ri	배달, 출산	5824
명	natural delivery næ.tʃə.rəl.də.lɪ.və.ri	자연 분만	5825

통	devote dɪvoʊt	바치다, 전념하다	5826
명동	endeavor en.de.vər	노력[시도](하다)	5827
형	devotional dɪvoʊ.oʃnəl	헌신[종교]적인	5828
명	devotion dɪvoʊ.uʃn	헌신, 몰두, 전념	5829
통	devolve dɪ.vɑlv	양도하다	5830
명	devolution de.və.luʃn	양도	5831
형	devout dɪ.vaʊt	독실한	5832
통	devote oneself to dɪvoʊt.wʌn.self.tu	~에 전념하다	5833
통	disappoint dɪ.sə.pɔɪnt	실망시키다	5834
명	disappointment dɪ.sə.pɔɪnt.mənt	실망	5835
명	duty du.ti	의무, 직무, 세금	5836
형	dutiful du.ti.fəl	충실한, 의무적인	5837
명	earthquake ɝθ.kweɪk	지진	5838
명동	quake kweɪk	진동(하다)	5839
명	edge edʒ	끝, 가장자리, (칼)날	5840
	on edge ɑn.edʒ	날카로운, 가장자리에	5841
명	ledge ledʒ	암반, 선반	5842
형	electronic ə.lek.trɑ.nɪk	전자의	5843
명	electronics ə.lek.trɑ.nɪks	전자공학	5844
명	electron ə.lektran	전자	5845
명	electrode ɪ.lektroʊd	전극	5846
통	enhance en.hæns	향상하다[시키다]	5847
명	enhancement en.hæn.smənt	강화, 향상	5848
통	evoke ɪvoʊk	불러오다, 일깨우다	5849
통	provoke prəvoʊk	도발[유발]하다	5850

동	invoke ɪnvoʊk	실행[염원]하다, 불러오다	5851
형	provocative prəvak.ə.tɪv	도발적인	5852
명	provocation pra.vək.eɪʃ.n	도발	5853
명	exploration ek.splə.reɪʃ.n	탐사	5854
형	unexplored ʌ.nɪk.splɔrd	미탐험의, 미개척의	5855
동	explore ɪk.splɔr	탐험[탐사]하다	5856
형	exploratory ɪk.splɔ.rə.tɔ.ri	탐험의	5857
명	explorer ɪk.splɔ.rər	탐험가	5858
명	affluence æ.fluəns	풍족, 부유	5859
형	affluent æ.fluənt	풍부한, 부유한	5860
명	fluency fluən.si	유창함	5861
형	fluent fluənt	유창한, 유동적인	5862
형	superfluous su.pərfl.wəs	필요 없는	5863
명	geologist dʒi.u.lə.dʒəst	지질학자	5864
형	geological dʒiə.la.dʒɪk.l	지질학적인	5865
명	geography dʒi.a.grə.fi	지리(학)	5866
형	geopolitic dʒiə.pa.lə.tɪk	지정학적인	5867
형	geographic dʒiə.græ.fɪk	지리학의, 지리적인	5868
부	gradually græ.dʒuə.li	점차적으로, 차츰	5869
명	grammar græ.mər	문법	5870
형명	instant ɪn.stənt	즉시(의), 순간	5871
형	instantaneous ɪn.stən.tæ.niəs	순간적인	5872
명	institution ɪn.stə.tuʃ.n	협회, 시설, 제도	5873
명동	institute ɪn.stə.tut	설립[도입]하다, 기관	5874
동	institutionalize ɪn.stə.tu.ʃ.nə.laɪz	제도화하다	5875

형	institutional ɪn.stə.tu.ʃə.nəl	제도적인	5876
명	instrument ɪn.strə.mənt	기구, 도구, 악기	5877
형	instrumental ɪn.strə.men.tl	수단[도움]이 된, 악기의	5878
명	invasion ɪn.veɪʒ.n	침략, 침해	5879
동	invade ɪn.veɪd	침략[침해]하다	5880
명	invader ɪn.veɪ.dər	침략자	5881
형	invasive ɪn.veɪ.sɪv	침략[침해]적인	5882
동	evade ɪ.veɪd	피하다	5883
명	evasion ɪ.veɪʒ.n	회피	5884
동	overlap oʊv.ə.læp	겹치다	5885
명·동	lap læp	무릎, 한 바퀴, 겹치다	5886
명·동	leak lik	누출(되다), 구멍	5887
명	leakage lik.ədʒ	누출, 새어나감	5888
형	unlucky ʌn.lək.i	불운한, 불길한	5889
형·명	luxury lʌg.ʒə.ri	사치(스런), 사치품	5890
형	luxurious lʌg.ʒə.riəs	사치스런, 풍부한	5891
형	luxuriant lʌg.ʒə.riənt	풍부한, 다산의	5892
형	deluxe də.ləks	고급의	5893
형	lush ləʃ	무성한	5894
형	mapped mæpt	계획된, 배치된	5895
동	read a map rid.ə.mæp	지도를 보다	5896
형	marriageable mæ.rɪ.dʒəb.l	결혼 적령기의	5897
형	marital me.rət.l	결혼의	5898
형	unmarried ʌn.me.rid	미혼의	5899
동	remarry ri.me.ri	재혼하다	5900

형	**mature** mə.tʃʊr	어른스런, 숙성한	5901
명	**maturity** mə.tʃʊ.rə.ti	성숙, 만기일	5902
명	**premature** pri.mə.tʃʊr	조기의, 이른	5903
형	**immature** ɪ.mə.tʃʊr	미숙한	5904
동	**mention** men.ʃn	언급[말]하다	5905
	Don't mention it doʊnt.men.ʃn.ɪt	"천만에요"	5906
	not to mention nɑt.tə.men.ʃn	~은 말할 것도 없고	5907
명	**neighborhood** neɪ.bər.hʊd	이웃(사람들), 근처, 동네	5908
형명	**neighbor = neighbour** neɪ.bər.neɪ.bər	이웃(의)	5909
형	**neighboring** neɪ.bər.ɪŋ	이웃의, 근처의	5910
명	**notion** noʊʃ.n	개념, 생각	5911
형	**notional** noʊ.ʃnəl	개념[추상]적인	5912
명	**nutrition** nu.trɪʃ.n	영양분, 음식물	5913
명	**nutrient** nu.triənt	영양분	5914
형	**nutritious** nu.trɪ.ʃəs	영양가 있는	5915
형	**nutritional** nu.trɪʃ.nəl	영양적인	5916
명	**nutritionist** nu.trɪ.ʃə.nəst	영양사	5917
동	**ought to V** ɔt.tə	~해야 하다, ~가 틀림없다	5918
동	**owe** oʊ	~에 신세[빚]지다	5919
전	**owing to** oʊɪŋ.tu	~때문에	5920
동	**overwhelm** oʊv.ə.welm	압도하다	5921
형	**overwhelming** oʊv.ə.welm.ɪŋ	압도적인, 저항할 수 없는	5922
형명	**private** praɪ.vət	개인적인, 은밀한, 병사	5923
명	**privacy** praɪ.və.si	사생활, 비밀	5924
명	**privatization** praɪ.və.tə.zeɪ.ʃən	민영화, 개인화	5925

동	privatize pri.və.taiz	민영화[개인화]하다	5926
부	in private in.prai.vət	은밀히, 비공개로	5927
형	private-sector prai.vət.sek.tər	민간 부문의	5928
동	propose prəpooz	제안[청혼]하다	5929
명	proposal prəpo.uz.l	신청, 제안	5930
명	proposition pra.pə.zɪʃ.n	제안, 일, 문제	5931
동	recommend rek.ə.mend	추천[충고]하다	5932
명	recommendation rek.ə.mən.deɪʃ.n	추천, 충고	5933
동	commend kə.mend	추천[칭찬]하다	5934
명	commendation ka.mən.deɪʃ.n	추천, 칭찬	5935
형	religious rə.lɪ.dʒəs	종교의, 신앙의	5936
명	religion rə.lɪ.dʒən	종교	5937
명	root rut	뿌리, 근원	5938
동	uproot ə.prut	근절하다, 뽑아내다	5939
동	scare sker	놀라게[두려워]하다	5940
형	scary ske.ri	무서운, 겁나는	5941
명동	scar skɑr	흉터, 상처(내다)	5942
동	scare off sker.ɔf	~에게 겁 주다	5943
	behind schedule bə.haɪnd.skedʒ.ul	예정보다 늦게	5944
동	reschedule ri.ske.dʒul	일정을 바꾸다	5945
형동	shut ʃət	닫다, 닫은 ③ shut | shut | shut	5946
동	shut down ʃət.daon	폐쇄하다	5947
동	shut off ʃət.ɔf	차단하다, 멈추다	5948
명	snowfall snoo.fɔl	강설(량)	5949
형	snowy snoʊɪ	눈 덮인, 순백의	5950

명	**spirit** spɪ.rət	정신, 영혼	5951
형	**spiritual** spɪ.rɪ.tʃə.wəl	정신[영]적인, 마음의	5952
형	**spirited** spɪ.rə.təd	활기찬	5953
형동	**steady** ste.di	꾸준한, 확고한, 진정하다	5954
형	**steadfast** sted.fæst	변함없는, 굳건한	5955
형	**unsteady** ʌn.ste.di	불안정한	5956
명동	**stream** strim	하천, 흐름, 흐르다	5957
명	**mainstream** mein.strim	주류	5958
명동	**streamline** strim.laɪn	유선형, 간소화하다	5959
형부	**downstream** daʊn.strim	하류에(의)	5960
형부	**upstream** ʌp.strim	상류에(의)	5961
동	**strive** straɪv	노력[항쟁]하다	5962
동	**strive for** straɪv.fɔr	~을 위해 노력하다	5963
명	**retrieval** rə.tri.vəl	회복, 검색	5964
동	**retrieve** rə.triv	되찾다, 만회하다	5965
명	**strife** straɪf	투쟁	5966
동	**contrive** kən.traɪv	어떻게든 하다	5967
형	**irretrievable** ɪ.rɪ.tri.vəb.l	돌이킬 수 없는	5968
형	**textual** teks.tʃə.wəl	본문의, 교과서의	5969
명	**textbook** tekst.bʊk	교과서	5970
형	**theatrical** θi.æ.trɪk.l	극장의, 극적인	5971
형	**tight** taɪt	(꽉) 조이는, 엄격한	5972
동	**tighten** taɪt.n	조이다, 팽팽해지다	5973
형	**tremendous** trə.men.dəs	엄청난, 무서운	5974
명	**tremor** tre.mər	떨림, 전율, 진동	5975

동	**tremble** trem.bl	떨(리)다, 무서워하다	5976
명·동	**trigger** tri.gər	방아쇠, 발사[유발]하다	5977
형	**unique** ju.nik	유일한, 독특한	5978
명	**uniqueness** ju.nik.nəs	유일함, 독창성	5979
형	**vicious** vɪ.ʃəs	나쁜, 악의적인	5980
명	**vice** vaɪs	악덕, 부- *직책	5981
동	**vitiate** vɪ.ʃɪeɪt	훼손하다	5982
명	**victim** vɪk.təm	희생자, 피해자	5983
동	**victimize** vɪk.tə.maɪz	희생시키다	5984
명	**vicinity** və.sɪ.nə.ti	근처, 근접	5985
명	**volcano** valkeɪno.ʊ	화산	5986
형	**volcanic** valkæ.nɪk	화산의	5987
동	**wake** weɪk	깨(우)다 ③ wake | woke | woken	5988
동	**awaken** ə.weɪkən	깨(우)다, 깨닫다, 일으키다	5989
동	**wake up** weɪk.ʌp	일어나다, 깨다	5990
동	**waken** weɪkən	일어나다, 깨우다	5991
	in the wake of ɪn.ðə.weɪk.ʌv	~에 뒤이어	5992
형·동	**awake** ə.weɪk	깨(우)다, 깨어있는 ③ awake - awoke - awoken	5993
동	**wake up to** weɪk.ʌp.tu	~을 깨닫다, ~에 잠이 깨다	5994
명	**wetland** wet.lænd	습지	5995
명	**midwife** mɪ.dwaɪf	산파	5996
명	**housewife** haʊs.waɪf	주부	5997
명	**vine** vaɪn	포도나무, 덩굴	5998
명	**vinegar** vɪ.nə.gər	식초	5999
형·영	**vintage** vɪn.tɪdʒ	포도주, 연식(있는)	6000

명	winery / waɪ.nə.ri	양조장	6001
형	wooden / wʊd.n	나무의	6002
명	woodwind / wʊ.dwɪnd	목관 악기	6003
명	woodland / wʊd.lænd	삼림지	6004
명	woods / wʊdz	숲	6005
명	administration / æd.mɪ.nə.streɪʃ.n	경영, 행정	6006
명	administrator / əd.mɪ.nə.stre.tər	경영자, 행정관	6007
형	administrative / əd.mɪ.nə.stre.trv	경영의, 행정의	6008
동	administer / əd.mɪ.nə.stər	경영[관리]하다	6009
명동	aim / eɪm	목표[조준](하다)	6010
동	aim for / eɪm.fɔr	~로 향하다[목표하다]	6011
형	aimless / eɪm.ləs	목표 잃은	6012
동	alleviate / ə.li.vi.et	완화하다	6013
명	alleviation / ə.li.vi.eɪʃ.n	완화	6014
명	anthropology / æn.θrə.pʊ.lə.dʒi	인류학	6015
명	philanthropist / fə.læn.θrə.pəst	박애주의자	6016
명	philanthropy / fə.læn.θrə.pi	박애주의	6017
동	appoint / ə.pɔɪnt	임명[지정]하다	6018
명	appointment / ə.pɔɪnt.mənt	약속, 임명, 지명, 예약	6019
동	make an appointment / meɪk.ən.ə.pɔɪnt.mənt	임명[약속]하다	6020
명	appointee / ə.pɔɪn.ti	임명된 사람	6021
동	arrange / ə.reɪndʒ	정리[준비, 배열]하다	6022
명	arrangement / ə.reɪndʒ.mənt	정리, 배열, 조정	6023
동	array / ə.reɪ	배열[정렬]하다	6024
동	belong to / bɪ.lɔŋ.tu	~에 속하다	6025

명	belongings bɪ.lɔŋ.ɪŋz	소유물	6026
명동	board bɔrd	탑승하다, 판자, 위원회	6027
형	aboard ə.bɔrd	탑승한, 합류한	6028
명	dashboard dæʃ.bɔrd	계기판	6029
명	boarding bɔrd.ɪŋ	널빤지, 탑승, 기숙	6030
동	go overboard goʊ.oʊv.r.bɔd	열광하다	6031
	on board ɑn.bɔrd	배 위에, 탑승한	6032
	a bottle of ə.bɑt.l.ʌv	한 병의	6033
명	bottleneck bɑ.təl.nɛk	병목	6034
명	brand brænd	상표, 상품	6035
동	brandish bræn.dɪʃ	휘두르다, 과시하다	6036
형	brand-new bræn.nju	새로운	6037
명	brushwork brʌ.ʃwɔrk	화법	6038
동	brush up on brʌʃ.ʌp.ɑn	복습하다	6039
동	brush off brʌʃ.ɑf	거절[무시]하다, 털다	6040
동	calm down kɑm.daʊn	진정시키다	6041
명	calmness kɑm.nəs	고요, 침착	6042
부	cheaply tʃi.pli	싸게	6043
명동	collapse kə.læps	붕괴[실패](하다)	6044
명동	lapse læps	경과, 실수, 소멸(하다)	6045
명동	elapse ə.læps	경과(하다), 지나다	6046
동	relapse ri.læps	재발[퇴보]하다	6047
동	lapse into læps.ɪn.tu	~에 빠지다	6048
명동	contract kɑn.trækt	계약[약혼, 수축](하다), 병걸리다	6049
명	contraction kən.træk.ʃn	수축, 축소	6050

형	contractual kən.træk.tʃuəl	계약상의	6051
명	contractor kən.træk.tər	계약자	6052
형	convenient kən.vi.njənt	편리한, 가까운	6053
명	inconvenience ɪnk.ən.vi.njəns	불편	6054
명	convenience kən.vi.njəns	편의, 편리한 것	6055
형	inconvenient ɪnk.ən.vi.njənt	불편한	6056
명동	crash kræʃ	사고, 추락, 충돌(하다), "쿵!"	6057
동	rush rəʃ	돌진하다, 서두르다	6058
명	clash klæʃ	충돌	6059
동	slash slæʃ	후려치다, 베다	6060
명	dash dæʃ	돌진	6061
명동	smash smæʃ	박살(내다)	6062
동	mash mæʃ	으깨다	6063
동	bash bæʃ	때리다	6064
명동	smack smæk	찰싹 치다, 맛, 향	6065
동	demonstrate de.mən.stret	증명[데모]하다, 보여주다	6066
명	demonstration de.mən.streɪʃ.n	시위, 설명, 입증	6067
동	remonstrate re.mən.streɪt	항의하다	6068
동	deny də.naɪ	부인[거절]하다	6069
명	denial də.naɪəl	부인, 거절	6070
형	undeniable ʌn.də.naɪəb.l̩	부인할 수 없는	6071
명	dialect daɪə.lekt	방언	6072
명	dialog = dialogue daɪə.lɔg	대화	6073
동	discourage dɪs.kɜ.ɪdʒ	좌절시키다, 막다	6074
명	courage kɜ.rədʒ	용기	6075

형	courageous kə.ˈreɪ.dʒəs	용감한	6076
동	distort dɪ.stɔrt	비틀다, 왜곡하다	6077
명	distortion dɪ.stɔr.ʃn	왜곡, 찌그러짐	6078
명	torque tɔrk	회전력	6079
동	disturb dɪ.stɚb	방해하다	6080
명	disturbance dɪ.stɚ.bəns	소동, 방해	6081
형	disturbing dɪ.stɚb.ɪŋ	방해된, 충격적인	6082
형	undisturbed ʌn.dɪ.stɚbd	방해받지 않은	6083
형	dominant da.mə.nənt	지배[압도]적인	6084
동	dominate da.mə.net	지배[압도]하다	6085
명	domination da.mə.neɪʃ.n	지배, 우월	6086
부	predominantly prə.da.mə.nənt.li	주로	6087
명	dominance da.mə.nəns	지배, 우월	6088
형	predominant prə.da.mə.nənt	지배[압도]적인	6089
동	predominate prə.da.mə.net	지배[압도]하다	6090
동	eliminate ə.lɪ.mə.net	없애다	6091
명	elimination ə.lɪ.mə.neɪʃ.n	제거	6092
형	empty emp.ti	비어 있는, 공허한	6093
형동	exempt ɪg.zempt	면제하다, 면제된	6094
명	exemption ɪg.zemp.ʃn	면제	6095
동	feel empty fil.emp.ti	배고프다, 허전하다	6096
명	enchantment en.tʃænt.mənt	매혹, 강화 마법	6097
명	charm tʃɑrm	매력, 마력	6098
동	disenchant dɪ.sən.tʃænt	환상에서 깨다	6099
형	charming tʃɑrm.ɪŋ	매력적인, 멋진	6100

통	enchant en.tʃænt	마법 걸다, 현혹하다	6101
명	equipment ɪ.kwɪp.mənt	장비, 설비, 비품	6102
통	equip ɪ.kwɪp	장비[설치]하다	6103
명.통	esteem ə.stim	존경(하다)	6104
명	self-esteem self.ɪ.stim	자부심, 자존감	6105
형	ethical e.θɪk.l	윤리[도덕]적인	6106
명	ethics e.θɪks	윤리학	6107
명	ethic e.θɪk	윤리	6108
형	unethical ʌ.ne.θɪk.l	비윤리적인	6109
명	etiquette e.təkət	예절	6110
명	evil iv.l	악	6111
명	devil dev.l	악마	6112
형	devilish de.vlɪʃ	악마 같은	6113
명	extinction ɪk.stɪŋk.ʃn	멸종, 종결, (불의) 소화	6114
형	extinct ɪk.stɪŋkt	멸종된, 폐지된, 꺼진	6115
통	extinguish ɪk.stɪŋ.gwɪʃ	(불)끄다, 없애다	6116
형	fantastic fæn.tæ.stɪk	환상적인, 상상의	6117
형.명.통	fancy fæn.si	상상(하다), 고급의, 꾸민	6118
통	fantasize fæn.tə.saɪz	환상에 빠지다	6119
명	fantasy fæn.tə.si	환상, 상상	6120
명	phantom fæn.təm	유령, 환상	6121
형	fanciful fæn.sə.fəl	상상적인	6122
형.명	flat flæt	평평(한), 납작한, 균일한	6123
통	deflate də.fleɪt	수축시키다, 공기가 빠지다	6124
통	flatten flæt.n	평평하게 하다	6125

형	inflatable ɪn.fleɪ.təb.l	공기주입식의	6126
동	inflate ɪn.fleɪt	부풀게[팽창]하다	6127
명	inflation ɪn.fleɪʃ.n	통화 팽창, 폭등	6128
명	flat tire flæt.taɪər	펑크난 타이어	6129
명	deflation də.fleɪʃ.n	물가 하락, 수축	6130
동	fluctuate flʌk.tʃə.weɪt	변동[오르내림]하다	6131
명	fluctuation flʌk.tʃu.eɪʃ.n	변동, 오르내림	6132
형	fragile fræ.dʒəl	부서지기 쉬운, 연약한	6133
명동	fracture fræk.tʃər	골절(시키다), 균열	6134
명	fragility frə.dʒɪ.lə.ti	연약	6135
명동	fragment fræg.mənt	파편(이 되다)	6136
명	refraction rɪ.fræk.ʃn	굴절	6137
형	frail freɪl	노쇠한, 약한	6138
명	fraction fræk.ʃn	부분, 파편	6139
명동	freeze friz	얼리다, 결빙 ③ freeze | froze | frozen	6140
형	frozen froʊ.zən	얼은, 냉혹한	6141
형	frigid frɪ.dʒəd	추운, 냉랭한	6142
형	genuine dʒe.njə.wən	진짜의, 순수한	6143
형	ingenious ɪn.dʒi.njəs	독창적인, 영리한	6144
형	ingenuous ɪn.dʒe.njuəs	정직한	6145
명	genius dʒi.njəs	천재(성)	6146
명	ingenuity ɪn.dʒə.nuə.ti	독창성, 영리함	6147
형	disingenuous dɪ.sɪn.dʒe.njuəs	부정직한	6148
동	hang hæŋ	걸다, (목)매달다 ③ hang | hung | hung	6149
동	hang out hæŋ.aʊt	매달다, 시간 보내다	6150

통	**hang out with** haen.aut.wiθ	~와 어울리다	6151
명	**hangover** haen.o.vər	숙취, 잔존물	6152
명동	**overhang** ouv.ə.haen	돌출(하다) ③ overhang | overhung | overhung	6153
통	**hang on** haen.un	붙잡다, 매달리다	6154
통	**hang up** haen.ʌp	(전화를)끊다, 걸어두다	6155
명동	**hide** haid	숨(기)다, 가죽 ③ hide | hid | hid, hidden	6156
형	**hidden** hid.n	숨은, 비밀의	6157
명동	**hire** haiər	고용[임대](하다)	6158
통	**hire out** haiər.aut	해주다, 빌려주다	6159
명동	**honor** a.nər	명예, 존경하다	6160
형	**honorable** a.nə.rə.bəl	명예로운, 존경할 만한	6161
형	**honorary** a.nə.re.ri	명예상의	6162
	in honor in.a.nər	도의상	6163
	in honor of in.a.nər.ʌv	~을 기리기 위해	6164
통	**pay honor to** pei.a.nər.tu	~에 경의를 표하다	6165
통	**interrupt** in.tə.rəpt	방해[중단]하다	6166
명	**interruption** in.tə.rəp.ʃn	중단	6167
형	**uninterrupted** ʌ.nin.tə.rəp.təd	끊임없는	6168
명동	**rupture** rʌp.tʃər	파열(시키다), 불화	6169
형	**intimate** in.tə.mət	친밀한, 성관계의	6170
명	**intimacy** in.tə.mə.si	친밀	6171
형명	**introvert** intro.vərt	내향적인(사람)	6172
형명	**extrovert** ek.strə.vərt	외향적인(사람)	6173
형	**extroverted** ek.strə.vər.təd	외향적인	6174
명	**intuition** in.tu.ʃn	직관(력), 직감	6175

명	**tuition** tju.ɪʃ.n	수업	6176
형	**intuitive** ɪn.tuə.tɪv	직관적인	6177
명	**tutorial** tu.tɔ.riəl	개인 지도	6178
명	**tutor** tu.tər	개인 교사	6179
형명	**senior** si.njər	상위의, 연장자, 4학년	6180
형명	**junior = Jr.** dʒu.njər	2세(의), 후배(의)	6181
명	**sophomore** saf.mɔr	2학년생	6182
형명	**laboratory** læ.brə.tɔ.ri	실험실(의)	6183
명	**lab** læb	실험실	6184
동	**lend** lend	빌려주다, 제공하다 ③ lend | lent | lent	6185
형동	**loan** loʊn	대출, 빌려주다	6186
동	**lend a hand** lend.ə.hænd	돕다	6187
명	**masterpiece** mæst.r.pis	걸작	6188
명	**mastery** mæst.ər.i	숙달, 지배	6189
명	**magistrate** mæ.dʒə.stret	행정관	6190
형	**masterful** mæst.r.fl	숙달된	6191
형	**maximum** mæk.sə.məm	최대의	6192
동	**maximize** mæk.sə.maɪz	최대화하다	6193
명	**max** mæks	최대치	6194
부	**maximally** mæk.sɪ.mə.li	최대한으로	6195
명	**climax** klaɪ.mæks	절정, 최고점	6196
명	**maxim** mæk.səm	격언, 명언	6197
명	**cornmeal** kɔrn.mil	옥수수 가루	6198
	after a meal æf.tər.ə.mil	식사 후	6199
동	**skip a meal** skɪp.ɔ.mil	식사를 거르다	6200

형	moody mu.di	침울한	6201
형	neutral nu.trəl	중립의, 공평한	6202
형	neuter nu.tər	중성의, 거세의	6203
동	neutralize nu.trə.laɪz	무효화[중화]하다	6204
명	neutrality nu.træ.lə.ti	중립	6205
형	odd ɑd	기묘한, 홀수의, 남은	6206
명	odds ɑdz	가망성, 역경, 내기(배당률)	6207
	at odd with ət.ɑd.wɪθ	~와 매우 다른	6208
명	plate pleɪt	접시, 판	6209
명	plaque plæk	명판, 치석	6210
명	plateau plæto.ʊ	고원 *높은 지대의 벌판	6211
명	platform plæt.fɔrm	승강장, 연단, 기반	6212
명	platter plæ.tər	큰 접시, 쟁반	6213
명	template tem.plət	견본, 보기판	6214
명	slate sleɪt	석판	6215
명	platelet pleɪt.lət	혈소판	6216
명	plenty plen.ti	풍부함	6217
형	plentiful plen.tə.fəl	풍부한	6218
동	replenish ri.ple.nɪʃ	보충하다	6219
	a plenty of ə.plen.ti.ʌv	많은	6220
명	plenitude ple.nɪ.tjud	풍부함	6221
명	pole poʊl	극(지방), 막대기	6222
형	polar poʊ.lə	극지방의	6223
동	polarize poʊ.lə.raɪz	양극화[양분]하다	6224
형	bipolar baɪpo.ʊ.lə	조울의, 양극의	6225

동	**be poles apart** bi.poulz.ə.purt	정반대가 되다	6226
명	**Polaris** pou.læ.ris	북극성	6227
명	**precision** pri.sɪʒ.n	정확, 정밀, 신중	6228
형	**precise** prə.saɪs	정확한, 정밀한	6229
형	**imprecise** ɪm.prə.saɪs	부정확한	6230
형	**concise** kən.saɪs	간결한	6231
형	**respiratory** re.spə.rə.tɔ.ri	호흡의	6232
명	**respiration** re.spə.reɪʃ.n	호흡	6233
명	**perspiration** pɜr.spə.reɪʃ.n	땀	6234
동	**respire** rɪ.spaɪər	호흡하다	6235
동	**transpire** træn.spaɪər	발생[발산]하다	6236
동	**perspire** pər.spaɪr	땀 흘리다, 분비하다	6237
형명동	**retail** ri.tel	소매(판매하다), 소매의	6238
명	**retailer** ri.te.lər	소매업자	6239
명	**seedling** sid.l.ɪŋ	묘목	6240
동	**sow** sau	뿌리다, 심다 ③ sow | sowed | sown	6241
명	**shipment** ʃɪp.mənt	수송, 발송, 선적	6242
동	**ship to** ʃɪp.tu	~로 발송하다	6243
명	**shipping** ʃɪp.ɪŋ	선적, 해운(업)	6244
명	**shipwreck** ʃɪ.prek	난파(선)	6245
명동	**shot** ʃɑt	발사[시도](하다)	6246
명	**a long shot** ə.lɔŋ.ʃɑt	승산 없음	6247
동	**slip** slɪp	미끄러지다	6248
명동	**slide** slaɪd	미끄러지다, 미끄럼틀 ③ slide | slid | slid	6249
동	**skid** skɪd	미끄러지다	6250

명	**sled** sled	썰매	6251
동	**slither** slɪ.ðər	기어가다	6252
동	**glide** glaɪd	미끄러지다, 활공하다	6253
형	**slippery** slɪ.pə.ri	미끄러운, 믿을 수 없는	6254
형동	**slant** slænt	비스듬한, 기울다	6255
명동	**slope** sloʊp	경사(지다), 기울기	6256
명	**landslide** lænds.laɪd	산사태, 압승	6257
명동	**soil** sɔɪl	흙, 땅, 더럽히다	6258
명동	**spring** sprɪŋ	봄, 용수철, 탄력, 튀다, 온천(springs) ③ spring | sprang | sprung	6259
명	**offspring** ɔf.sprɪŋ	자식, 새끼	6260
동	**sprint** sprɪnt	전력 질주하다	6261
명동	**steal** stil	훔치다, 절도 ③ steal | stole | stolen	6262
명동	**stalk** stɔk	몰래 쫓다, 줄기	6263
형	**stealthy** stel.θi	몰래 하는, 은밀한	6264
명	**stealth** stelθ	몰래 하기, 잠행	6265
명	**sum** səm	합계, 요약	6266
형	**summary** sʌ.mə.ri	요약한, 즉석의	6267
동	**summarize** sʌ.mə.raɪz	요약하다	6268
명동	**sum up** səm.ʌp	요약(하다)	6269
형	**zero-sum** zɪro.ʊ.səm	손익 합이 같은	6270
동	**sustain** sə.steɪn	지속[지탱]하다	6271
형	**sustainable** sə.steɪ.nəb.l	지속[지탱]가능한	6272
명	**sustainability** sə.ste.nə.bɪ.lə.ti	지속성	6273
형	**unsustainable** ʌn.sə.steɪ.nəb.l	지속 불가능한	6274
형	**tiny** taɪ.ni	작은, 조그마한	6275

동	scrutinize skru.tə.naɪz	조사[관찰]하다	6276
명	scrutiny skru.tə.ni	정밀 조사	6277
명	tongue tən	혀, 말	6278
명	mother tongue mʌð.r.tən	모국어	6279
명	trait treɪt	특징, 특성	6280
동	portray pɔr.treɪ	묘사하다	6281
명	portrait pɔr.trət	초상화, 인물 사진	6282
명	portrayal pɔr.treɪəl	묘사, 초상화	6283
동	translate trænz.leɪt	번역[해석]하다	6284
명	translation trænz.leɪʃ.ŋ	번역	6285
형	transparent træn.spe.rənt	투명한, 솔직한	6286
명	transparency træn.spe.rən.si	투명(도)	6287
형·명	patent pæ.tənt	특허, 명백한	6288
명	tribe traɪb	부족, 종족	6289
형	tribal traɪb.l̩	부족의, 종족의	6290
형	troublesome trʌ.bəl.səm	성가신	6291
동	have trouble with həv.trʌb.l̩.wiθ	~로 고생하다	6292
명	troublemaker trʌ.bəl.meɪk.ər	문제아	6293
동	utilize ju.tə.laɪz	이용[활용]하다	6294
명	utility ju.tɪ.lə.ti	유용(품), 공공시설	6295
형·명	utilitarian ju.tɪ.lə.te.riən	실용적인, 공리주의자	6296
형	violent vaɪə.lənt	폭력적인, 격렬한	6297
명	violence vaɪə.ləns	폭력, 격렬함	6298
형	nonviolent nanvaɪə.lənt	비폭력적인	6299
명	volume vɑ.ljum	부피, 양, 음량, 두루마리	6300

동	**revolve** ri.vɑlv	회전하다, 돌다	6301
동	**convolve** kən.vɑlv	감다, 빙빙 돌다	6302
형	**vulnerable** vʌl.nə.rəb.l	취약한	6303
명	**vulnerability** vʌl.nə.rə.bɪ.lə.ti	취약성	6304
형	**unwelcome** ʌn.welkəm	반갑지 않은	6305
동	**accelerate** æk.se.lə.ret	가속하다	6306
명	**acceleration** æk.se.lə.reɪʃ.n	가속	6307
명동	**blame** bleɪm	비난(하다), 책임	6308
형	**blasphemous** blæ.sfə.məs	신성모독의	6309
형	**blameless** bleɪm.ləs	떳떳한	6310
동	**boast** boʊst	자랑[장담]하다	6311
형	**boastful** boʊst.fəl	자랑하는, 허풍 떠는	6312
명동	**boost** bust	밀어주다, 상승, 격려	6313
명동	**breed** brid	(새끼) 낳다, 기르다, 품종 ③ breed | bred | bred	6314
형	**breeder** bri.dər	사육사	6315
명동	**brood** brud	신경 쓰다, 품다, 종족, 새끼	6316
명	**budget** bʌ.dʒət	예산, 비용	6317
명	**cave** keɪv	동굴	6318
동	**excavate** ek.skə.vet	파내다	6319
명	**cavity** kæ.və.ti	구멍	6320
형	**excavation** ek.skə.veɪʃ.n	파내기	6321
명	**celebrity** sə.le.brə.ti	유명인, 명성	6322
동	**chew** tʃu	씹다	6323
명	**jaw** dʒɔ	턱	6324
동	**gnaw** nɒ	갉아먹다	6325

형	chronic kra.nɪk	장기간의, 만성적인	6326
명	chronicle kra.nək.l	연대기	6327
명	chronology krɑ.nɑ.lə.dʒi	연대순, 연표	6328
형	chronological krɑ.nɑ.lɑ.dʒɪk.l	연대순의, 시간순의	6329
형	cloudy klaʊ.di	흐린, 구름 낀	6330
명	clue klu	단서	6331
형	clueless klu.ləs	단서 없는	6332
명동	cue kju	신호(를 주다), 단서	6333
동	command kə.mænd	명령[지휘]하다	6334
명	commander kə.mæn.dər	지휘관, 사령관	6335
동	comply kəm.plaɪ	준수하다, 따르다	6336
동	comply with kəm.plaɪ.wɪθ	~에 따르다	6337
명	accomplice ək.ɑm.pləs	공범	6338
명	compliance kəm.plaɪəns	준수, 순종	6339
형	compliant kəm.plaɪənt	순응[준수]하는	6340
명	congress kɑŋ.grəs	의회	6341
동	congregate kɑŋ.grə.get	모이다	6342
형	congregation kɑŋ.grə.geɪʃ.n	모임, 신도	6343
명	congressman kɑŋ.grə.smən	의원	6344
명	corner kɔr.nər	모서리, 구석	6345
명	cornerstone kɔr.nərstoʊn	주춧돌, 기초	6346
명동	court kɔrt	법정, 경기장, 구애하다	6347
명	Supreme Court sə.prim.kɔrt	대법원	6348
형	courtroom kɔr.trum	법정	6349
명	courtship kɔr.tʃɪp	구애	6350

명	crew kru	승무원, 패거리	6351
동	cultivate kʌl.tə.vet	경작하다	6352
명	cultivation kʌl.tɪ.veɪʃ.n	경작, 양성	6353
동	decorate dek.ə.ret	장식하다	6354
명	decoration dek.ə.reɪʃ.n	장식(품)	6355
형	decorative de.krə.tɪv	장식용의	6356
명	density den.sə.ti	밀도, 농도	6357
형	dense dens	빽빽한, 밀집한	6358
동	condense kən.dens	압축[농축]하다	6359
동	derive də.raɪv	비롯되다, 얻다	6360
형명	derivative də.rɪ.və.tɪv	파생된, 파생물	6361
동	be derived from bi.də.raɪvd.frʌm	~로부터 얻다	6362
동	derive from də.raɪv.frʌm	~에서 유래하다[얻다]	6363
형	desperate de.sprət	필사[절망]적인	6364
명	desperation de.spə.reɪʃ.n	자포자기	6365
명동	despair dɪ.sper	절망(하다)	6366
	in despair ɪn.dɪ.sper	절망하여	6367
명	disaster dɪ.zæ.stər	재앙	6368
형	disastrous dɪ.zæ.strəs	재앙의	6369
명	discrepancy dɪ.skre.pən.si	모순, 차이	6370
동	discriminate dɪ.skrɪ.mə.net	구별[차별]하다	6371
형	indiscriminate ɪn.də.skrɪ.mə.nət	무차별적인	6372
형	discreet dɪ.skrit	신중한, 분별 있는, 겸손한	6373
형	discrete dɪ.skrit	별개의	6374
명	discretion dɪ.skreʃ.n	재량, 신중함	6375

형	discriminatory dɪ.skrɪ.mə.nə.tɔ.ri	차별적인	6376
형	discretionary dɪ.skre.ʃə.ne.ri	재량의	6377
명	discrimination dɪ.skrɪ.mə.neɪʃ.n	차별, 차이	6378
형	indiscreet ɪn.də.skrit	경솔한, 무분별한	6379
동	dismiss dɪ.smɪs	해산시키다, 해고하다	6380
명	demise dɪ.maɪz	사망, 서거	6381
명	disruption dɪs.rəp.ʃn	붕괴, 혼란	6382
동	disrupt dɪs.rəpt	방해[분열]하다	6383
형	disruptive dɪs.rəp.tɪv	혼란시키는	6384
명	document dɑ.kjə.ment	서류, 문서	6385
형	undocumented ʌn.dɑ.kjə.men.təd	무허가의, 근거 없는	6386
형	documentary dɑ.kjə.men.tə.ri	기록물, 문서의	6387
명	documentation dɑ.kjə.men.teɪʃ.n	서류, 문서(화)	6388
명	enemy e.nə.mi	적	6389
형	inimical ɪ.nɪ.mɪk.l	해로운, 적대적인	6390
동	evaporate ɪ.væ.pə.ret	증발하다[시키다]	6391
명	evaporation ɪ.væ.pə.reɪʃ.n	증발	6392
형	vaporous veɪ.pə.rəs	증기의, 헛된	6393
명동	vapor veɪ.pɔr	증기, 증발하다	6394
명동	flavor fleɪ.vər	맛(을 내다), 풍미, 조미료	6395
형	savory seɪ.və.ri	맛[향]좋은, 즐거운	6396
명	savor seɪ.vər	맛, 풍미, 향기	6397
형	foolish fu.lɪʃ	바보 같은	6398
명	folly fɑ.li	바보짓	6399
형	foolproof ful.pruf	바보도 하는	6400

명	gap /gæp/	틈, 차이, 간격	6401
동	gape /geɪp/	입 벌리다, 하품하다, 갈라지다	6402
동	gasp /gæsp/	숨 차다	6403
명·동	hazard /hæ.zərd/	위험(하게 하다)	6404
형	hazardous /hæ.zər.dəs/	위험한, 모험적인	6405
형	haphazard /hæp.hæ.zərd/	우연한, 무작위의	6406
부	hence /hens/	그러므로, 지금부터	6407
부	henceforth /hens.fɔrθ/	이후로	6408
명	hydrogen /haɪ.drə.dʒən/	수소	6409
동	dehydrate /də.haɪ.dret/	탈수[건조]하다	6410
형	inevitable /ɪ.ne.və.təb.l/	불가피한, 필연적인	6411
형	infant /ɪn.fənt/	유아의, 초기의	6412
명	infancy /ɪn.fən.si/	유아기, 초기	6413
형	infantile /ɪn.fən.təl/	유아 같은, 유치한	6414
동	irritate /ɪ.rə.tet/	짜증나게 하다	6415
형	irritable /ɪ.rə.təb.l/	짜증 내는	6416
명	irritation /ɪ.rə.teɪʃ.n/	짜증남, 염증	6417
형	irascible /ɪ.ræ.səb.l/	화를 잘 내는	6418
동	jump on /dʒʌmp.ɑn/	~에 뛰어들다, ~로 뛰어오르다	6419
명·동	label /leɪb.l/	꼬리표(붙이다), 분류하다	6420
명	liability /laɪə.bɪlə.ti/	책임, 문제점	6421
형	liable /laɪəb.l/	책임 있는, ~할 것 같은	6422
동	be liable to V /bi.laɪəb.l.tə/	~할 것 같다	6423
부	reliably /rə.laɪə.bli/	확실히	6424
동	lift /lɪft/	올리다, 들다, 없애다	6425

동	uplift ʌ.plɪft	들어올리다	6426
형	lofty lɔf.ti	매우 높은, 고상한	6427
부	aloft ə.lɔfl.c	높게	6428
명동	load loud	짐(싣다), 작업량	6429
명동	overload ouv.ə.loud	과다 적재(하다)	6430
동	unload ʌnloud	짐[승객]을 내리다	6431
부	loud lɑud	시끄러운, 큰소리로	6432
부	aloud ə.lɑud	소리 내어	6433
명	narrative ne.rə.tɪv	이야기, 서술	6434
명	narrator ne.re.tər	서술자	6435
명	narration ne.reɪʃ.n	이야기(함), 서술, 화법	6436
동	narrate ne.ret	이야기[해설]하다	6437
명동	neglect nə.glekt	무시(하다), 무관심, 태만하다	6438
형	negligence ne.glə.dʒəns	태만, 부주의	6439
형	negligible ne.glə.dʒəb.l	무시할 만한, 미미한	6440
형	negligent ne.glə.dʒənt	태만한, 부주의한	6441
동	nurture nɜ.tʃər	양육하다, 기르다	6442
명	nursery nɜ.sə.ri	유치원, 양성소	6443
명동	nurse nɜs	간호사, 유모, 보살피다	6444
명	obligation ɑ.blə.geɪʃ.n	의무	6445
동	obligate ɑ.blə.get	강요[의무화]하다	6446
형	obligatory ə.blɪ.gə.tɔ.ri	의무적인, 필수의	6447
형	obliging ə.blaɪdʒ.ɪŋ	돕는, 친절한	6448
형	unobligated ən.ɑ.blə.ge.təd	강요[의무]가 아닌	6449
동	be obligated to V bi.ɑ.blə.ge.təd.tə	~할 의무가 있다	6450

명	**option** ɑp.ʃn	선택, 방법	6451
동	**opt** ɑpt	선택[선호]하다	6452
형	**optional** ɑp.ʃə.nəl	선택적인	6453
명	**parliament** pɑr.lə.mənt	의회	6454
형	**parliamentary** pɑr.lə.men.tə.ri	의회의	6455
명동	**pet** pet	애완동물, 쓰다듬다	6456
형	**petty** pe.ti	사소한, 종속된	6457
형동	**pat** pæt	쓰다듬다, 꼭 맞는	6458
명	**phrase** freɪz	구, 숙어, 말씨	6459
동	**paraphrase** pe.rə.freɪz	말바꿔 표현하다	6460
명	**catch phrase** kætʃ.freɪz	표어	6461
명	**predator** pre.də.tər	육식 동물	6462
형	**predatory** pre.də.tɔ.ri	육식의, 약탈하는	6463
형	**prevalent** pre.və.lənt	널리 퍼진, 유행한	6464
동	**prevail** prɪ.veɪl	만연하다, 이기다	6465
명	**prevalence** pre.və.ləns	널리 퍼짐, 유행	6466
동	**pull** pʊl	(끌어)당기다	6467
동	**pull a long face** pʊl.ə.lɒŋ.feɪs	우울한 얼굴을 하다	6468
동	**pull down** pʊl.daʊn	~을 내리다	6469
동	**pull one's leg** pʊl.wʌnz.leg	놀리다, 장난치다	6470
동	**pull one's weight** pʊl.wʌnz.weɪt	직무를 다하다	6471
동	**pull out** pʊl.aʊt	뽑다, 벗어나다	6472
동	**pluck** plʌk	뽑다, 따다	6473
동	**punish** pʌ.nɪʃ	처벌하다	6474
명	**punishment** pʌ.nɪʃ.mənt	처벌	6475

형	punitive pju.nə.tɪv	징벌적인	6476
형	unpunished ʌn.pə.nɪʃt	처벌받지 않은	6477
명	impunity ɪm.pju.nə.ti	면죄, 무사	6478
형	punishable pʌ.nɪ.ʃəb.l	처벌 가능한	6479
명	rank ræŋk	계급, 등급	6480
형	ranking ræŋkɪŋ	순위, 상급의	6481
명동	regret rɪ.gret	후회(하다), 유감	6482
형	regretful rɪ.gret.fəl	후회하는, 유감스런	6483
명	regression rə.greʃ.n	후퇴, 회귀	6484
동	repent rə.pent	후회하다	6485
형	regrettable rɪ.gre.təb.l	후회되는, 슬픈	6486
동	resemble rə.zem.bl	닮다, 비슷하다	6487
명	semblance sem.bləns	외관, 유사	6488
명	resemblance rə.zem.bləns	닮음	6489
동	dissemble dɪ.sem.bl	숨기다, 가장하다	6490
명동	resort rə.zɔrt	휴양지, 의존(하다)	6491
동	resort to rə.zɔrt.tu	~에 의존하다	6492
동	shake ʃeɪk	흔들다, 악수하다 ③ shake | shook | shaken	6493
동	shake up ʃeɪk.ʌp	뒤흔들다, 개혁하다	6494
명동	shiver ʃɪ.vər	떨다, 오한	6495
형	shaky ʃeɪk.i	흔들리는, 떨리는	6496
동	shudder ʃʌ.dər	떨다, 오싹하다	6497
동	shake hands with ʃeɪk.hændz.wɪθ	~와 악수하다	6498
형	silent saɪ.lənt	조용한, 침묵의	6499
명	silence saɪ.ləns	침묵, 고요	6500

명동	**sniff** snɪf	"킁킁"(거리다), 냄새(맡다)	6501
명동	**sneeze** sniːz	재채기(하다)	6502
동	**snore** snɔr	코 골다	6503
동	**snort** snɔrt	코웃음을 치다	6504
명동	**snuff** snʌf	냄새(맡다)	6505
부	**softly** sɒft.li	부드럽게, 조용히	6506
동	**soften** sɒf.n	부드럽게 하다	6507
명동	**stake** steɪk	내기(하다), 판돈, 말뚝, 화형대	6508
명	**stakeholder** steɪkho.ʊl.də	주주	6509
	at stake ət.steɪk	위태로운, 좌우된	6510
명	**stock** stɑk	주식, 저장, 재고, 가축	6511
명동	**stockpile** stɑk.paɪl	비축(하다)	6512
명	**stockholder** stɒkho.ʊl.də	주주	6513
명	**livestock** laɪv.stɑk	가축	6514
형	**subtle** sʌt.l	미묘한, 섬세한	6515
명	**subtlety** sʌ.təl.ti	미묘함, 교묘함	6516
명동	**swing** swɪŋ	흔들리다, 회전(하다), 그네 ③ swing | swung | swung	6517
동	**sway** sweɪ	흔들다	6518
명동	**swirl** swɜrl	소용돌이(치다)	6519
동	**wag** wæg	흔들다	6520
명동	**tail** teɪl	꼬리, 미행하다	6521
동	**entail** en.teɪl	수반[의미]하다	6522
명동	**tag** tæg	꼬리표(를 달다)	6523
동	**tag along** tæg.ə.lɒŋ	~을 따라가다	6524
명	**tension** ten.ʃn	긴장, 갈등	6525

형|명	**tense** tens	긴장한, 시제	6526
형	**territory** te.rə.tɔː.ri	영토, 지역	6527
형	**territorial** te.rə.tɔː.riəl	영토의, 지방의	6528
형|명	**extraterrestrial** ek.strə.tə.re.striəl	외계의, 외계인	6529
형	**terrestrial** tə.re.striəl	지구의, 지상의	6530
명	**terrain** tə.reɪn	지역, 지형	6531
명	**trend** trend	경향, 유행	6532
형	**trendy** tren.di	유행의, 세련된	6533
형	**valid** væ.ləd	유효한, 타당한	6534
동	**validate** væ.lə.det	입증[승인]하다	6535
명	**validity** və.li.də.ti	유효성, 타당성	6536
형	**invalid** ɪn.və.ləd	무효한, 병약한	6537
동	**invalidate** ɪn.væ.lə.det	무효화하다	6538
형	**virtual** vɜː.tʃuəl	사실상의, 가상의	6539
명|동	**volunteer** vɑ.lən.tɪr	봉사자, 자원자, 자원하다	6540
형	**involuntary** ɪn.vɑ.lən.te.ri	비자발적인	6541
형|명	**voluntary** vɑ.lən.te.ri	자발적인, 자원 봉사	6542
형	**abundant** ə.bʌnd.ənt	풍부한	6543
동	**abound** ə.baʊnd	풍부하다	6544
명	**abundance** ə.bʌnd.əns	풍부	6545
형	**redundant** rə.dən.dənt	중복의, 해고된	6546
명	**redundancy** rə.dən.dən.si	중복, 해고	6547
동	**adjust** ə.dʒəst	조절[적응]하다	6548
명	**adjustment** ə.dʒəst.mənt	조정, 순응	6549
형	**adjustable** ə.dʒə.stəb.l	조절[적응]가능한	6550

동	**admire** æd.maɪr	존경[감탄]하다	6551
명	**admiration** æd.mə.reɪʃ.n	존경, 감탄	6552
형	**admirable** æd.mə.rəb.l	존경[감탄]스런	6553
형	**alien** eɪ.liən	외국의, 이질적인, 외계인, 외국인	6554
동	**alienate** eɪ.ljə.net	멀어지다, 소외되다	6555
명	**alienation** e.liə.neɪʃ.n	소외감	6556
명	**analogy** ə.næ.lə.dʒi	비슷함, 비유	6557
형	**analog** æn.əl.ɔg	유사한, 유추하는	6558
동	**apologize** ə.pɑ.lə.dʒaɪz	사과[변명]하다	6559
명	**apology** ə.pɑ.lə.dʒi	사과, 변명, 옹호	6560
형	**apologetic** ə.pɑ.lə.dʒe.tɪk	사죄의, 변명의	6561
형	**arbitrary** ɑr.bə.tre.ri	독단적인, 임의의	6562
명	**arbitrator** ɑr.bə.tre.tər	중재자, 심판	6563
명	**arbitration** ɑr.bə.treɪʃ.n	중재	6564
동	**arbitrate** ɑr.bə.tret	중재하다	6565
명	**article** ɑr.tək.l	기사, 글, 물품	6566
형동	**articulate** ɑrtɪ.kjə.let	분명히 말하다, 분명한	6567
	The Atlantic ði.ət.læn.tɪk	대서양	6568
형	**authentic** ə.θen.tɪk	진짜의, 진품인	6569
부	**authentically** ɒ.θen.tɪk.li	확실히	6570
명	**authenticity** ɪt.ɛə.tɪ.θen.ti	확실성, 신뢰성	6571
형	**inauthentic** ɪn.ə.θen.tɪk	진짜가 아닌	6572
명	**authentication** ɒ.θen.tək.eɪʃ.n	인증	6573
동	**authenticate** ɒ.θen.təket	인증[증명]하다	6574
명	**bacteria** bæk.tɪ.riə	세균	6575

형	**bacterial** bæk.tɪ.riəl	세균의	6576
형	**antibacterial** æn.ti.bæk.tɪ.riəl	항균성의	6577
형동	**bare** ber	벗은, 빈, 드러내다	6578
부	**barely** ber.li	거의 않(-다), 간신히	6579
명	**blindness** blaɪnd.nəs	맹목, 실명	6580
부	**blindly** blaɪnd.li	안 보여서, 맹목적으로	6581
명	**blunder** blʌn.dər	큰 실수	6582
명동	**blow** bloʊ	타격, (바람)불다 ③ blow | blew | blown	6583
명	**blowout** bloʊaʊt	파열	6584
동	**blow up** bloʊ.ʌp	폭발하다, 바람 넣다	6585
동	**blow away** bloʊ.ə.weɪ	날리다, 이기다	6586
동	**blow off** bloʊ.nf	~을 날리다, 끝내다	6587
형	**overblown** oʊvərbloʊn	과장된, 과도한	6588
동	**borrow** buro.ʊ	빌리다	6589
명	**branch** bræntʃ	가지, 지사, 분점	6590
명	**bravery** breɪ.və.ri	용감	6591
형	**barbarian** barbe.riən	야만인, 잔인한	6592
형	**barbaric** barbæ.rɪk	야만적인	6593
형	**barbarous** bur.bə.rəs	야만적인	6594
명	**abbreviation** ə.bri.vi.eɪʃ.n	약어, 생략	6595
동	**abbreviate** ə.bri.vi.et	줄여 쓰다	6596
동	**abridge** ə.brɪdʒ	요약하다, 줄이다	6597
형	**unabridged** ʌ.nə.brɪdʒd	생략 없는	6598
형	**brief** brif	잠시의, 간단한	6599
형	**briefing** brif.ɪŋ	요약 보고	6600

명	**brevity** bre.və.ti	간결성, 짧음	6601
	to be brief tə.bi.brif	간단하게	6602
명동	**burden** bɝ.dn	짐(을 지우다), 부담(시키다)	6603
형	**burdensome** bɝ.dən.səm	부담스런	6604
동	**overburden** oʊv.ə.bɝ.dən	과한 부담을 주다	6605
명동	**capture** kæp.tʃər	포획[포착](하다)	6606
동	**intercept** ɪn.tər.sept	가로채다, 막다	6607
명	**caption** kæp.ʃn	제목, 설명, 자막	6608
형명	**captive** kæp.tɪv	사로잡힌, 포로	6609
동	**recapture** rik.æp.tʃər	되찾다	6610
명	**captivity** kæp.tɪ.və.ti	포로, 감금	6611
동	**captivate** kæp.tɪ.vet	사로잡다, 매혹하다	6612
명	**caution** kɑʃ.n	조심, 신중, 경고	6613
명	**precaution** prik.ɒʃ.n	예방	6614
형	**cautious** kɒ.ʃəs	조심스런	6615
동	**celebrate** se.lə.bret	축하하다	6616
형	**celebrated** se.lə.bre.təd	유명한	6617
명	**celebration** se.lə.breʃ.n	축하	6618
명	**charity** tʃe.rə.ti	자선(단체), 구호(금품)	6619
동	**cherish** tʃe.rɪʃ	소중히 하다	6620
형	**charitable** tʃe.rə.təb.l	자비로운, 자선의	6621
명	**code** koʊd	암호, 규칙, 법전	6622
동	**encode** ɪnkoʊd	암호화하다	6623
동	**decode** dikoʊd	해독하다	6624
동	**codify** koʊ.dɪ.faɪ	법률화하다	6625

명	conference kan.fə.rəns	회의, 상의	6626
동	confer kən.fɝ	주다, 회의[상의]하다	6627
명	conference call kun.fə.rəns.kɒl	전화 회의	6628
동	confine kən.faɪn	한정하다, 가두다	6629
명	confinement kən.faɪn.mənt	감금, 분만	6630
명	consent kən.sent	동의, 허락	6631
명	assent ə.sent	동의, 허락	6632
동	assent to ə.sent.tu	~에 동의[허락]하다	6633
동	consent to kən.sent.tu	~에 동의[허락]하다	6634
명	consensus kən.sen.səs	합의	6635
형명	contingent kən.tɪn.dʒənt	파견대, 우발적인	6636
명	contingency kən.tɪn.dʒən.si	우발 사태, 우연성	6637
형	contingent (up)on kən.tɪn.dʒənt.ʌp.ɑn	~여하에 달린	6638
동	correspond kɔ.rə.spʌnd	일치[해당, 소통]하다	6639
명	correspondent kɔ.rə.spɑn.dənt	특파원, 중계	6640
동	correspond to kɔ.rə.spʌnd.tu	~에 일치하다	6641
명	correspondence kɔ.rə.spɑn.dəns	통신, 소통, 상응	6642
동	correspond with kɔ.rə.spʌnd.wɪθ	~와 부합하다	6643
형	crude krud	천연의, 날것의, 조잡한	6644
형	rude rud	무례한, 거친, 미숙한	6645
형	erudite e.rə.daɪt	학식 있는	6646
명동	cure kjur	치료(하다)	6647
형	incurable ɪn.kju.rəb.l	불치의, 구제불능의	6648
형	curable kju.rəb.l	치유 가능한	6649
명동	defeat də.fit	패배(시키다)	6650

명동	desert dez.rt	사막, 버리다		6651
명	desertification dɪ.zɜ.tɪ.fɪk.eɪʃ.n	사막화		6652
명	destination de.stə.neɪʃ.n	목적지		6653
명	destiny de.stə.ni	운명		6654
형	detrimental de.trɪ.men.tl	해로운		6655
동	deteriorate də.tɪ.riə.ret	악화되다[시키다]		6656
명	detriment de.trə.mənt	손해, 손상		6657
명	deterioration də.tɪ.riə.reʃ.n	악화		6658
명	edition ɪ.dɪʃ.n	~판, ~본, ~편		6659
형명	editorial ed.ɪ.tɔr.iəl	편집자의, 사설		6660
명	endorsement en.dɔr.smənt	지지, 이서, 승인		6661
동	endorse en.dɔrs	지지[서명, 보증]하다		6662
	etc. = et cetera et.se.tə.rə..et.se.tə.rə	~등등, 기타		6663
동	exhaust ɪg.zɒst	탈진[배출, 고갈]시키다		6664
명	exhaustion ɪg.zɒs.tʃən	탈진, 녹초		6665
형	inexhaustible ɪ.nɪg.zɒ.stəb.l	무한한, 지치지 않는		6666
형	exhaustive ɪg.zɒ.stɪv	철저한, 완전한		6667
명동	exhibit ɪg.zɪ.bət	전시(하다), 전시회, 나타내다		6668
명	exhibition ek.sə.bɪʃ.n	전시회		6669
명동	exit eg.zət	출구, 나가다		6670
형	exotic ɪg.zɑ.tɪk	이국적인, 외국산의		6671
명	exile eg.zaɪl	추방, 망명(자)		6672
명	exodus ek.sə.dəs	탈출		6673
형명	exterior ɪk.stɪ.riər	실외, 외부, 외관상의		6674
형명	interior ɪn.tɪ.riər	실내, 내부(의)		6675

명	**fan** fæn	선[환]풍기, 부채, 애호가	6676
명	**fanatic** fə.næ.tɪk	열광자	6677
형·명	**fat** fæt	지방, 뚱뚱한	6678
명	**nonfat** nɑn.fæt	무지방	6679
동	**fatten** fæt.n	살찌다	6680
형·명	**fatty** fæ.ti	기름진, 뚱보	6681
동	**float** floʊt	뜨다, 떠오르다	6682
형·부	**afloat** əfloʊt	(물에) 뜬, 빚 없이	6683
형	**floating** floʊt.ɪŋ	떠다니는, 유동적인	6684
명	**flotation** floʊ.teɪʃ.n	부양, 주식 상장	6685
명	**fossil** fɑs.l	화석	6686
명	**fossilization** fɑ.sə.laɪ.zeɪʃ.n	화석화	6687
명	**frustration** frʌ.streɪʃ.n	좌절, 분노	6688
동	**frustrate** frə.streɪt	좌절시키다	6689
동	**fulfill** fʊl.fɪl	이행[완수]하다	6690
명	**fulfillment** fʊl.fɪl.mənt	수행, 성취	6691
형	**unfulfilled** ʌn.fʊl.fɪld	이뤄지지 않은	6692
형	**fulfilling** fʊl.fɪl.ɪŋ	만족시키는	6693
부	**gently** dʒent.li	부드럽게, 다정하게	6694
형	**ungentle** ʌn.dʒen.tl	무례한, 불친절한	6695
형	**gifted** gɪf.təd	재능 있는	6696
부	**gladly** glæd.li	기꺼이	6697
명	**glee** gli	환희	6698
형	**grand** grænd	웅장한, 야심 찬	6699
형	**grandiose** græn.dɪoʊs	거창한	6700

동	aggrandize	확대[과장]하다	6701
명	guilt	유죄, 죄의식	6702
형	guilty	유죄의, 죄의식의	6703
형	humorous	웃기는, 재치있는	6704
명	humor	웃음, 재치	6705
동	hurry	서두르다, 재촉하다	6706
명 동	hurl	던지다, 비난	6707
	in a hurry	급히	6708
동	ignite	점화[촉발]하다	6709
명	ignition	점화(장치)	6710
명	indignation	분개	6711
형	indignant	분개한	6712
형	immune	면역의, 면제된	6713
명	immunity	면역, 면제	6714
동	be immune to	~에 면역이 되다	6715
명	immunization	면역, 예방접종	6716
형	autoimmune	자가면역의	6717
명	implement	시행하다, 도구	6718
명	implementation	시행	6719
형 명	incentive	장려(하는), 보상의	6720
동	instigate	선동하다, 부추기다	6721
명	journal	신문, 잡지, 일지	6722
명	journalism	언론(계)	6723
명	journalist	언론인	6724
형	laudable	칭찬할 만한, 훌륭한	6725

명	applause ə.plɔz	박수, 칭찬	6726
명	laudation lɔ.deɪ.ʃən	칭찬	6727
형	plausible plɔ.zəb.l	그럴듯한, 타당한	6728
동	applaud ə.plɔd	박수치다, 칭찬하다	6729
명동	laud lɔd	칭찬[칭송](하다)	6730
형	liberal lɪ.bə.rəl	진보주의의, 자유로운	6731
명	liberty lɪb.ərt.i	자유, 해방	6732
명	liberation lɪ.bə.reɪʃ.n	해방	6733
형	libertarian lɪ.bər.te.riən	자유주의자	6734
명	liberalization lɪ.brə.lə.zeɪʃ.n	자유화	6735
동	liberate lɪ.bə.ret	자유롭게 하다	6736
명	liberalism lɪ.bə.rə.lɪ.zəm	자유[진보]주의	6737
명동	lodge lɑdʒ	오두막, 제기하다	6738
형	logging lɔ.gɪŋ	벌목	6739
명	logger lɑ.gər	벌목꾼	6740
명동	catalog ▪ catalogue kæt.ə.lɔg	목록(을 만들다), 홍보책자	6741
명동	clog klɑg	막다, 나막신	6742
명	monolog ▪ monologue mɑuno.ʊ.lɔg	독백, 1인극	6743
명	prologue proʊ.lɔg	머리말, 서막	6744
명동	log lɔg	통나무, 기록(하다)	6745
명	magnitude mæg.nə.tud	규모	6746
명	magnificence mæg.nɪ.fə.səns	웅장, 호화	6747
동	magnify mæg.nə.faɪ	확대[과장]하다	6748
형	magnificent mæg.nɪ.fə.sənt	웅장한, 훌륭한	6749
명동	marvel mɑrv.l	놀라다, 경이로움	6750

형	marvelous <small>mar.və.ləs</small>	놀라운, 경이로운	6751
동	melt <small>melt</small>	녹(이)다 ③ melt | melted | melted, molten	6752
동	melt away <small>melt.ə.wei</small>	녹아 사라지다	6753
명	meltdown <small>melt.daon</small>	용해, 붕괴	6754
형	molten <small>mool.tən</small>	녹은, 용해된	6755
명	minister <small>mɪ.nə.stər</small>	장관, 성직자	6756
명	ministry <small>mɪ.nə.stri</small>	-부, 정부기관	6757
명	molecule <small>ma.lə.kjul</small>	분자	6758
형	molecular <small>mə.le.kjə.lər</small>	분자의	6759
명	motion <small>mooʃ.n</small>	동작	6760
형	murderous <small>mɜ.də.rəs</small>	살인적인, 흉악한	6761
형	mutual <small>mju.tʃə.wəl</small>	상호간의, 공통의	6762
명	niche <small>nɪtʃ</small>	틈새, 영역	6763
형	noisy <small>nɔɪz.i</small>	시끄러운	6764
동	make (a) noise <small>meik.ə.nɔɪz</small>	시끄럽게 하다	6765
명	passion <small>pæʃ.n</small>	열정, 분노, 열애	6766
형	passionate <small>pæ.ʃə.nət</small>	열렬한	6767
형	impassioned <small>ɪm.pæʃ.nd</small>	열렬한	6768
명	path <small>pæθ</small>	작은 길, 통로	6769
명	pathway <small>pæ.θwe</small>	경로, 오솔길	6770
동	appease <small>ə.piz</small>	진정시키다	6771
형	peaceful <small>pi.sfəl</small>	평화로운	6772
명·동	peer <small>pɪr</small>	바라보다, 동료	6773
동	peek <small>pik</small>	엿보다	6774
동	peep <small>pip</small>	엿보다	6775

형	pervasive	pər.veɪ.sɪv	만연한, 퍼지는, 스며드는	6776
동	pervade	pər.veɪd	퍼지다, 스며들다	6777
명	insecticide	ɪn.sek.tə.saɪd	살충제	6778
명	pesticide	pe.stə.saɪd	살충제	6779
명	pest	pest	해충, 골치	6780
명동	plummet	plʌ.mət	추락[급락]하다, 가늠추	6781
동	plunge	pləndʒ	추락[급락]하다	6782
명	slump	sləmp	불황, 부진	6783
동	pretend	pri.tend	~인 체하다	6784
명	pretense	pri.tens	가식, 위장	6785
형	pretentious	pri.ten.ʃəs	허세적인, 건방진	6786
명	pretext	pri.tekst	핑계, 위장	6787
명	pretence	pri.tens	위장	6788
형	unpretentious	ʌn.pri.ten.ʃəs	가식 없는	6789
형	primitive	prɪ.mə.tɪv	원시적인, 초기의	6790
형	primeval	praɪ.miv.l	원시시대의	6791
명동	privilege	prɪ.vləd3	특권, 특혜(주다)	6792
형	underprivileged	ʌn.də.prɪ.və.lid3d	혜택 없는, 불우한	6793
동	derail	dɪ.reɪl	탈선하다	6794
명	railing	reɪl.ɪŋ	난간, 철길	6795
명	reputation	re.pjə.teɪʃ.n	명성	6796
형	reputable	re.pjə.təb.l	명성 있는	6797
명동	rescue	re.skju	구조(하다)	6798
형명	resident	re.zə.dənt	거주민, 거주하는, 고유의	6799
형	residential	re.zə.den.tʃl	주거의	6800

통	**reside** rɪ.zaɪd	거주[존재]하다	6801
명	**residency** re.zə.dən.si	거주, 전속	6802
명	**residence** re.zə.dəns	거주지, 소재	6803
형	**resonant** re.zə.nənt	울려 퍼지는	6804
명	**dissonance** dɪ.sə.nəns	불협화음, 불화	6805
명	**consonance** kɒn.sə.nəns	일치, 조화, 화음	6806
명	**resonance** re.zə.nəns	반향, 울림	6807
통	**resonate** re.zə.net	(잘) 울려 퍼지다	6808
통	**revere** rɪ.vɪr	존경하다	6809
명·통	**reverence** re.və.rəns	존경[숭배](하다)	6810
통	**revive** rɪ.vaɪv	회복[부활]하다	6811
명	**revision** rɪ.vɪʒ.n	수정, 복습	6812
통	**revise** rɪ.vaɪz	수정하다	6813
명	**revival** rɪ.vaɪv.l	재생, 회복, 부흥	6814
명	**sake** seɪk	유익, 이득	6815
	own sake oʊn.seɪk	~을 위해	6816
	for the sake of fər.ðə.seɪk.ʌv	~을 위해서	6817
통	**forsake** fər.seɪk	버리다	6818
부	**scarcely** sker.sli	거의 않(-다), 간신히	6819
형	**scarce** skers	부족한, 드문, 적은	6820
명	**scarcity** sker.sə.ti	부족, 결핍, 기근	6821
명	**sheet** ʃit	얇은 판[천, 종이]	6822
	a sheet of ə.ʃit.ʌv	~한 장	6823
명	**skeleton** ske.lət.n	골격, 해골	6824
형	**skeletal** ske.lət.l	골격의, 해골의	6825

명	skull skəl	두개골	6826
명	supper sʌ.pər	저녁 식사, 만찬	6827
통	speculate spe.kjə.let	추측[투기]하다	6828
명	speculation spe.kjə.leɪʃ.n	사색, 추측, 투기	6829
형	speculative spe.kjə.lə.tɪv	사색적인, 추리하는	6830
명부	square skwer	정사각형, 광장, 제곱, 똑바로	6831
부	squarely skwer.li	정직하게, 똑바로	6832
명	stairs sterz	계단	6833
부형명	upstairs əp.sterz	위층(의, 에)	6834
부형명	downstairs dawn.sterz	아래층(의, 에)	6835
통	stratify stræ.tə.faɪ	(계)층을 이루다	6836
통	starve stɑrv	굶다, 굶어 죽다	6837
명	starvation stɑrveɪʃ.n	굶주림, 아사	6838
형	sugary ʃʊ.gə.ri	달콤한, 설탕 같은	6839
명	blood sugar bləd.ʃʊ.gər	혈당	6840
명통	survey sər.veɪ	설문조사[측량](하다)	6841
명	surveillance sər.veɪ.ləns	감시	6842
명통	swallow swɑlo.ʊ	삼키다, 제비	6843
명	synthesis sɪn.θə.səs	종합, 통합, 합성	6844
통	synthesize sɪn.θə.saɪz	종합[합성]하다	6845
형	synthetic sɪn.θe.tɪk	합성의, 종합의	6846
명	synthetics sɪn.θe.tɪks	합성물	6847
명	photosynthesis footo.ʊ.sɪn.θə.sɪs	광합성	6848
명	symposium sɪmpo.ʊ.zɪəm	학술회	6849
명	syndicate sɪn.dɪkət	연합체	6850

명	**synopsis** sə.nɑp.səs	개요	6851
동	**tear** tɪr	찢다 ③ tear | tore | torn	6852
명	**tears** tɪrz	눈물	6853
명	**scope** skoʊp	범위, 영역, -경 *보는 장치	6854
명	**telescope** te.lɪskoʊp	망원경	6855
명	**microscope** maɪk.rə.skoʊp	현미경	6856
형	**tenable** te.nəb.l	지킬 수 있는, 유지된	6857
명	**tenacity** tə.næ.sə.ti	고집, 끈기	6858
형	**tenacious** tə.neɪ.ʃəs	고집스런, 끈질긴	6859
형	**toxic** tɑk.sɪk	독성의, 유독한	6860
명	**toxin** tɑk.sən	독소	6861
동	**intoxicate** ɪn.tɑk.səket	중독[만취]시키다	6862
형	**transcendental** træn.sən.den.tl	초월적인	6863
동	**transcend** træn.send	초월하다	6864
명	**transcendence** træn.sen.dəns	초월, 탁월	6865
형/명	**transcendent** træn.sen.dənt	초월적인, 초월자	6866
형	**vital** vaɪt.l	필수적인, 생명의	6867
형	**viable** vaɪəb.l	생존[실행]가능한	6868
명	**viability** vaɪə.bɪ.lə.ti	생존력, 실용성	6869
명	**vitality** vaɪ.tæ.lə.ti	생명력, 활기	6870
동	**revitalize** ri.vaɪ.tə.laɪz	재활성화[소생]시키다	6871
동	**wander** wɑn.dər	방황하다, 헤매다	6872
형	**extravagant** ɪk.stræ.və.gənt	낭비하는	6873
명	**vagary** veɪ.gə.ri	엉뚱함, 변덕	6874
형/명	**vagrant** veɪ.grənt	방랑자, 방랑하는	6875

형/명	vagabond væ.gəband	방랑자, 방랑하는	6876
명	web web	거미줄	6877
명/동	weave wiv	짜다, 짜임 ③ weave | wove | woven	6878
명/동	wheel hwil	바퀴, 핸들, 돌리다	6879
동	wrap ræp	감싸다	6880
동	unwrap ʌn.ræp	포장을 풀다	6881
동	wrestle res.l	싸우다	6882
동	wrest rest	비틀다, 왜곡하다	6883
명	wrist rɪst	손목	6884
동	warp wɔrp	왜곡하다	6885
명	wrath ræθ	(뒤틀린) 분노	6886
명	wrinkle rɪŋk.l	주름	6887
동	wrench rentʃ	비틀다, 왜곡하다	6888
형	weird wɪrd	기묘한	6889
동	wriggle rɪg.l	꿈틀거리다	6890
형	wry raɪ	찡그린, 뒤틀린	6891
명	backyard bæk.jɑrd	뒤뜰	6892
명	orchard ɔr.tʃərd	과수원	6893
명	courtyard kɔr.tjɑrd	뜰, 마당	6894
동	accuse ə.kjuz	고발[비난]하다	6895
명	accusation æ.kjə.zeɪʃ.n	고발, 비난	6896
형	accusatory ə.kju.zə.tɔ.ri	고발[비난]하는	6897
동	acknowledge æk.nɑ.lɪdʒ	인정[확인]하다, 감사하다	6898
명	alliance ə.laɪəns	동맹	6899
명/동	ally æl.aɪ	동맹[결합]시키다, 동맹국	6900

명동	rally ræ.li	집회, 모이다, 경주	6901
동	annoy ə.nɔɪ	짜증나게[화나게]하다	6902
명	annoyance ə.nɔɪəns	짜증	6903
동	anticipate æn.tɪ.sə.peɪt	기대[예상]하다	6904
명	anticipation æn.tɪ.sə.peɪʃ.n	기대, 예상	6905
명	archaeologist ɑrk.i.ɑ.lə.dʒəst	고고학자	6906
명	archaeology ɑrk.i.ɑ.lə.dʒi	고고학	6907
형	archaic ɑrkeɪɪk	고대의, 구식의	6908
명	ash æʃ	재	6909
형	arid æ.rəd	건조한, 빈약한	6910
명	arson ɑr.sn	방화	6911
동	assign ə.saɪn	배정[임명]하다	6912
명	assignment ə.saɪn.mənt	과제, 숙제, 배정	6913
형	awesome ɑ.səm	굉장한, 두려운	6914
명	awe ɑ	경외, 두려움	6915
형	awful ɑf.l	굉장한, 끔찍한	6916
동	be in awe of bi.ɪn.ɑ.ʌv	~을 경외[두려워]하다	6917
명	band bænd	악단, 무리, 끈, 범위	6918
동	disband dɪs.bænd	해산하다	6919
전	beneath bə.niθ	밑에, ~보다 못한	6920
명동	bet bet	내기(하다), 확신하다 ③ bet | bet | bet	6921
동	bless bles	축복하다	6922
명	blessing bles.ɪŋ	축복	6923
명	bliss blɪs	행복	6924
동	boil bɔɪl	끓(이)다	6925

형	**hard-boiled** hɑrd.bɔɪld	(달걀) 완숙된, 비정한	6926
명동	**bomb** bɑm	폭탄, 폭격하다	6927
명동	**boom** bum	호황, "쾅", 폭등하다	6928
동	**bombard** bɑmbɑrd	폭격하다	6929
명	**border** bɔr.dər	국경, 경계	6930
명	**borderline** bɔr.dər.laɪn	국경, 경계	6931
명	**borderland** bɔr.də.lænd	국경 지역	6932
형	**borderless** bɔ.də.lɪs	국경 없는	6933
형	**cross-border** krɒs.bɔr.dər	국경을 넘는	6934
명	**bush** bʊʃ	덤불	6935
형	**bushy** bʊ.ʃi	무성한	6936
명	**bouquet** buk.eɪ	꽃다발	6937
형	**hot-button** hɑt.bʌt.n	쟁점적인	6938
동	**calculate** kæl.kjə.let	계산[추정]하다	6939
명	**calculation** kæl.kjə.leɪʃ.n	계산, 측정	6940
명	**candidate** kæn.də.det	후보자	6941
형	**candid** kæn.dəd	솔직한	6942
명	**candor** kæn.dər	정직	6943
명	**chief** tʃif	최고의, 책임자, -장 *직책	6944
명	**chef** ʃef	주방장	6945
명	**mischief** mɪs.tʃəf	해악, 장난	6946
부	**chiefly** tʃi.fli	주로	6947
명	**coherence** koʊ.hɪə.rəns	일관성	6948
명	**coherency** koʊ.hɪə.rən.si	일관성	6949
형	**coherent** koʊhɪ.rənt	일관된	6950

명	cohesion kou.hiʒ.n	응집력, 화합	6951
명	incoherence inko.o.hɪə.rəns	일관성 없음, 모순	6952
명	cohort kou.hɔt	집단	6953
형	cohesive kou.hi.sɪv	화합[결합]하는	6954
형	incoherent inko.o.hɪə.rənt	일관성 없는	6955
명	colony ka.lə.ni	식민지, 군집	6956
형	colonial kəlo.o.niəl	식민지의	6957
동	colonize ka.lə.naɪz	식민화하다	6958
동	complain kəm.pleɪn	불평[항의]하다	6959
명	complaint kəm.pleɪnt	불평, 항의, 고소	6960
명	plaintiff pleɪn.təf	고소인	6961
명	comprehension kɑm.pri.hen.ʃn	이해력, 포함	6962
동	comprehend kɑm.pri.hend	이해[포함]하다	6963
형	comprehensive kɑm.pri.hen.sɪv	종합적인, 이해력 있는	6964
형	incomprehensible ɪŋk.ɑm.prə.hen.səb.l	이해 불가능한	6965
형	comprehensible kɑm.pri.hen.səb.l	이해 가능한	6966
형	conscientious kɑn.ʃi.en.ʃəs	양심적인, 성실한	6967
명	conscience kɑn.ʃəns	양심	6968
명	continent kɑn.tə.nənt	대륙	6969
명	subcontinent səbk.ɑn.tə.nənt	아대륙 *대륙보단 작지만 큰 땅	6970
형	continental kɑn.tə.nen.tl	대륙의	6971
형	controversial kɑn.trə.vɜ.ʃl	논란이 많은	6972
명	controversy kɑn.trə.vər.si	논쟁, 논란	6973
형	uncontroversial ʌnk.ɑn.trə.vɜ.ʃl	논란이 없는	6974
명	craft kræft	공예, 기술, 선박	6975

명	craftsman kræft.smən	장인	6976
명	craftsmanship kræft.smən.ʃɪp	장인정신	6977
명	craftwork kræft.wɔk	공예품	6978
명	curiosity kjʊ.ri.ɑ.sə.ti	호기심	6979
형	curious kjʊ.riəs	호기심 많은, 이상한	6980
동	be curious about bi.kjʊ.riəs.ə.baʊt	~을 궁금해 하다	6981
형	dear dɪr	친애하는, 소중한	6982
동	endear en.dɪr	사랑 받게 하다	6983
명	dearth dɜθ	부족, 결핍	6984
명	deception də.sep.ʃn	속임, 사기	6985
동	deceive də.siv	속이다	6986
형	deceptive də.sep.tɪv	속이는	6987
명	deceit də.sit	속임, 사기	6988
동	declare dɪ.kler	선언[단언]하다	6989
명	declaration de.klə.reɪʃ.n	선언, 발표, 진술	6990
동	dedicate de.dəket	바치다, 전념하다	6991
형	delicate de.lɪkət	연약한, 섬세한	6992
명	delicacy de.lɪk.ə.si	섬세함, 연약함	6993
명	deviation di.vi.eɪʃ.n	일탈, 탈선, 편차	6994
명	deviance di.viəns	일탈, 편차	6995
형/명	deviant di.viənt	벗어난, 변태	6996
동	deviate di.vi.et	벗어나다	6997
동	dig dɪg	파다, 캐내다 ③ dig | dug | dug	6998
명	discipline dɪ.sə.plən	규율, 훈련, 연습	6999
명	disciple də.saɪp.l	제자	7000

형	**disciplinary** dɪ.sə.plə.ne.ri	훈련의, 징계의	7001
동	**diverge** dɪ.vɜːdʒ	갈라지다, 빗나가다	7002
형	**divergent** daɪ.vɜː.dʒənt	갈라지는, 다른, 상이한	7003
동	**converge** kən.vɜːdʒ	한 점에 모이다, 집중하다	7004
명	**underdog** ʌn.dər.dɔg	약자, 패배자	7005
	wag the dog wæg.ðə.dɔg	꼬리가 개를 흔든다 *주객전도	7006
형	**dogged** dɒgd	완강한, 끈질긴	7007
명동	**doze** douz	선잠(자다)	7008
형	**drowsy** draʊ.zi	졸리는, 활기 없는	7009
형	**dreary** drɪ.ri	쓸쓸한, 따분한	7010
동	**droop** drup	처지다, 시들다	7011
동	**embarrass** em.be.rəs	당황하게 하다	7012
명	**empire** em.paɪər	제국	7013
명	**emperor** em.pə.rər	황제	7014
형	**enormous** ə.nɔr.məs	막대한, 엄청난	7015
명	**enormity** ə.nɔr.mə.ti	악독함, 막대함	7016
명	**eruption** ɪ.rʌp.ʃn	(화산)폭발, 분출	7017
동	**erupt** ɪ.rʌpt	분출[폭발]하다	7018
형	**ethnic** eθ.nɪk	민족의, 인종의	7019
부	**ethnically** eθ.nɪk.li	민족[인종]적으로	7020
명	**ethnicity** eθ.nɪ.sə.ti	민족성	7021
명동	**exploit** ek.splɔɪt	이용[착취, 개발]하다, 위업	7022
명	**exploitation** ek.splɔɪ.teɪʃ.n	이용, 착취, 개발	7023
명	**fabric** fæ.brɪk	직물, 구조, 조직	7024
동	**fabricate** fæ.brəket	제조하다, 꾸며내다	7025

형명동	**fake** feɪk	가짜의, 위조(하다)	7026
명	**fabrication** fæ.brɪk.eɪʃ.n	조작, 제조	7027
동	**fascinate** fæ.sə.net	매혹하다	7028
명	**fascination** fæ.sə.neɪʃ.n	매혹, 매력	7029
명	**fault** fɒlt	잘못, 결점	7030
명	**default** də.fɒlt	체납, 부족, 기권, 기본	7031
형	**faulty** fɒl.ti	불완전한, 결함 있는	7032
형	**faultless** fɒlt.ləs	흠 없는, 완벽한	7033
명	**fee** fi	요금, 수수료	7034
명동	**fare** fer	요금, ~되다	7035
명	**flash** flæʃ	번쩍이다, 섬광	7036
명	**flashback** flæʃ.bæk	회상	7037
형명	**folk** foʊk	민족, 민속의	7038
명	**folklore** foʊ.klɔr	민속, 전통	7039
명	**folktale** foʊk.teɪl	민간 설화	7040
형	**unforgiving** ən.fər.ɡɪv.ɪŋ	용서하지 않는	7041
명	**framework** freɪm.wərk	뼈대, 체계	7042
동	**frighten** fraɪt.n	놀라게[무섭게]하다	7043
명	**fright** fraɪt	놀람, 두려움	7044
명	**grocery** ɡroʊ.sə.ri	식료품점	7045
명	**groceries** ɡroʊ.sə.riz	식료품류	7046
명동	**guess** ɡes	추측(하다), ~라 생각하다	7047
명	**harmony** hɑr.mə.ni	조화, 일치	7048
형	**harmonic** harmɑ.nɪk	화성[화음]의	7049
형	**harmonious** harmoʊ.niəs	조화로운	7050

동	harmonize hɑr.mə.naɪz	조화하다	7051
형	heroic hɪro.ʊɪk	영웅적인	7052
명	heroism hero.ʊɪ.zəm	영웅적 행위	7053
형	downhill daʊn.hɪl	내리막의	7054
명	hillside hɪl.saɪd	중턱	7055
형	uphill ʌp.hɪl	오르막의	7056
명	sinkhole sɪŋkhol	땅꺼짐	7057
형	hollow hɑlo.ʊ	공허한, 우묵한	7058
명	loophole luphoʊl	허점, 구멍	7059
명	horror hɔ.rər	공포	7060
동	horrify hɔ.rə.faɪ	무섭게 하다	7061
형	horrific hɒ.rɪ.fɪk	끔찍한, 무시무시한	7062
형	horrible hɔ.rəb.l	무서운, 끔찍한	7063
동	illustrate ɪ.lə.stret	설명[예시]하다	7064
명	illustration ɪ.lə.streɪʃ.n	삽화, 설명, 예시	7065
형	illustrative ɪ.lə.strə.tɪv	(예를) 보여주는	7066
동	imitate ɪ.mə.tet	모방하다	7067
명	imitation ɪ.mə.teɪʃ.n	모방, 모조품	7068
형	imitative ɪ.mə.te.tɪv	모방적인	7069
동	induce ɪn.dus	유도[설득]하다	7070
동	seduce sə.dus	유혹하다	7071
동	interfere ɪn.tər.fɪr	간섭[방해]하다	7072
명	interference ɪn.tər.fɪ.rəns	간섭	7073
명	cuisine kwɪ.zin	요리(법)	7074
동	laugh læf	웃다	7075

명	laughter læf.tər	웃음	7076
명	librarian laɪ.brer.iən	사서	7077
명	license = licence laɪ.səns	면허, 허가	7078
형	illicit ɪ.lɪ.sət	불법적인, 금지된	7079
형 동	loose lus	느슨한, 풀린, 풀다	7080
부	loosely lu.sli	느슨히, 대충	7081
동	loosen lus.n	풀다, 늦추다	7082
명	laissez faire leɪ.zeɪ.fer	자유방임주의	7083
명	magician mə.dʒɪʃ.n	마법사	7084
형	magical mæ.dʒɪk.l	마법의	7085
명	gimmick gɪ.mɪk	속임수 (장치)	7086
명	maneuver mə.nu.vər	기동, 조작, 술책	7087
동	manipulate mə.nɪ.pjə.leɪt	조작[조종]하다, 속이다	7088
명	manipulation mə.nɪ.pjə.leɪʃ.n	조작, 조종, 속임수	7089
형	manipulative mə.nɪ.pjə.le.tɪv	다루는, 속임수의	7090
명 동	march mɑrtʃ	행진(하다), 3월	7091
형	unmasking ʌn.mæsk.ɪŋ	가면을 벗기는, 폭로하는	7092
형	mere mɪr	겨우 ~뿐인	7093
부	merely mɪr.li	그저, 단지	7094
형	mild maɪld	순한, 약한	7095
	Milky Way mɪlk.i.weɪ	은하(계)	7096
형 동	moderate mɑ.də.rət	적당한, 완화하다	7097
명	moderator mɑ.də.re.tər	중재자	7098
명	moderation mɑ.də.reɪʃ.n	적당, 중간, 절제	7099
형	moonless mun.ləs	달 뜨지 않은	7100

형	**moonlit** mun.lɪt	달빛이 비치는	7101
	once in a blue moon wʌns.ɪn.ə.blu.mun	극히 드물게	7102
형동	**narrow** ner.oʊ	좁은, 좁히다	7103
명	**negotiation** nɪɡoʊ.ʊ.ʃi.eɪʃ.n	교섭, 협상	7104
동	**negotiate** nɪɡoʊ.ʊ.ʃeɪt	협상하다	7105
명	**negotiator** nɪɡoʊ.ʊ.ʃeɪ.tər	협상자	7106
형	**negotiable** nɪɡoʊ.ʊ.ʃəb.l	협상할 수 있는	7107
형	**neural** nʊr.əl	신경의	7108
명	**neuron** njʊr.ɑn	신경 세포	7109
명	**obstacle** ɑb.stək.l	장애, 방해(물)	7110
동	**tackle** tæk.l	부딪히다, 처리하다	7111
형	**optimistic** ɑp.tə.mɪ.stɪk	낙관적인	7112
명	**optimism** ɑp.tə.mɪ.zəm	낙관론	7113
명	**optimist** ɑp.et.ə.mɪst	낙관론자	7114
형	**oral** ɔr.əl	입의, 말로 하는	7115
명	**oracle** ɔr.ək.l	신탁, 예언	7116
명	**orator** ɔr.ə.tər	연설가	7117
형	**oriented** ɔr.ri.en.təd	~을 지향하는	7118
명	**disorientation** dɪ.sɔ.riən.teɪʃ.n	혼란, 방향 상실	7119
명동	**orient** ɔr.ri.ent	~을 향하다, 적응하다, 동양	7120
동	**pave** peɪv	도로포장하다, 덮다	7121
명	**pavement** peɪv.mənt	보도, 포장도로	7122
동	**perish** pe.rɪʃ	죽다, 멸망하다	7123
형	**imperishable** ɪm.pe.rɪ.ʃəb.l	불멸의	7124
형	**perishable** pe.rɪ.ʃəb.l	썩기 쉬운	7125

명·동	**pile** paɪl	더미, 많은, 쌓다, 말뚝	7126
동	**compile** kəm.paɪl	수집[편집]하다	7127
명	**compilation** kɑm.pə.leɪʃ.n	편집	7128
명	**pillar** pɪ.lər	기둥, 기념비	7129
명·동	**pinprick** pɪn.prɪk	구멍, 귀찮음, 찌르기(하다)	7130
동	**underpin** ʌn.dər.pɪn	보강[지지]하다	7131
명·동	**pinpoint** pɪn.pɔɪnt	정확히 짚다, 핀 끝	7132
명	**pinnacle** pɪ.nək.l	절정	7133
명·동	**pitch** pɪtʃ	음조, 던지다, 조절하다	7134
동	**pitch in** pɪtʃ.ɪn	협력하다	7135
형·명	**plain** pleɪn	분명한, 솔직한, 평지	7136
형	**explicit** ɪk.splɪ.sət	명백한, 솔직한	7137
형	**plural** plʊ.rəl	복수의, 다수의	7138
명	**surplus** sɝ.pləs	잉여, 흑자	7139
동	**postpone** postpoʊn	연기하다, 후순위이다	7140
명	**postponement** postpoʊn.mənt	연기, 지연	7141
명	**prey** preɪ	먹이, 사냥감	7142
명·동	**prison** prɪz.n	교도소, 가두다	7143
명	**prisoner** prɪ.zə.nər	죄수	7144
동	**imprison** ɪm.prɪz.n	가두다	7145
명	**imprisonment** ɪm.prɪ.zən.mənt	투옥, 감금	7146
동	**prohibit** proʊhɪ.bət	금지[방해]하다	7147
동	**inhibit** ɪn.hɪ.bət	억제하다	7148
동	**prohibit from ~ing** proʊhɪ.bət.frəm	~을 금지하다	7149
동	**inhibit from ~ing** ɪn.hɪ.bət.frəm	~을 금지하다	7150

명	proliferation proli.fə.reɪʃ.n̩	확산, 급증	7151
동	proliferate proli.fə.ret	급증하다	7152
형	prolific proli.fik	다산[다작]의, 풍부한	7153
형	proud praod	자랑스런, 오만한	7154
명	pride praɪd	자존심, 자부심, 자만	7155
명	province prɑ.vəns	지방, 분야	7156
명	qualification kwɑ.lə.fək.eɪʃ.n̩	자격	7157
동	qualify kwɑ.lə.faɪ	자격을 주다, 한정하다	7158
동	disqualify dɪ.skwɑ.lə.faɪ	실격시키다	7159
형	unqualified ʌn.kwɑ.lə.faɪd	자격[제한]없는	7160
형	random ræn.dəm	무작위의	7161
명	randomness ræn.dəm.nəs	무작위	7162
동	randomize ræn.də.maɪz	무작위로 하다	7163
명	reef rif	암초	7164
동	render ren.dər	~(하게) 하다[만들다]	7165
명·동	surrender sə.ren.dər	항복[포기, 자수](하다)	7166
명·동	rent rent	빌리다, 임대(료)	7167
명	rental ren.tl̩	임대(료)	7168
동	rend rend	찢다, 나누다	7169
동	replicate re.pləket	복제하다	7170
명·동	reply rə.plaɪ	대답[대응](하다)	7171
동	reply for rə.plaɪ.fər	~대신 답하다	7172
명	reptile rep.taɪl	파충류	7173
형·명	reptilian rep.tɪ.liən	파충류(의)	7174
동	resign rə.zaɪn	사퇴[포기]하다	7175

형	**resignation** re.zɔg.neɪʃ.n	사퇴	7176
동	**resign oneself to** rə.zaɪn.wʌn.self.tu	~을 순순히 따르다	7177
형	**ridiculous** rə.dɪ.kjə.ləs	웃기는, 터무니없는	7178
명동	**ridicule** rɪ.də.kjul	조롱(하다)	7179
동	**deride** dɪ.raɪd	조롱하다	7180
명	**rivalry** raɪ.vəl.rɪ	경쟁	7181
형	**unrivaled** ən.raɪ.vəld	독보적인, 무적의	7182
형	**royal** rɔɪəl	왕(실)의, 장엄한	7183
명	**royalty** rɔɪəl.ti	왕권, 저작권료	7184
명	**rubber** rʌ.bər	고무, 지우개	7185
동	**rub** rəb	문지르다	7186
동	**rub off on** rəb.ɔf.ɑn	~에 영향 주다	7187
동	**scrub** skrəb	문질러 닦다[씻다]	7188
동	**scrape** skreɪp	문지르다	7189
형	**rural** rʊ.rəl	시골의	7190
명동	**sail** seɪl	항해(하다), 돛	7191
명	**shadow** ʃædo.ʊ	그림자, 암시	7192
명동	**shade** ʃeɪd	그늘(지다), 음영	7193
형	**shady** ʃeɪ.dɪ	그늘진	7194
명동	**shed** ʃed	흘리다, 비추다, 헛간	7195
동	**shed light on** ʃed.laɪt.ɑn	~을 밝히다	7196
명	**shore** ʃɔr	물가, 해안	7197
부	**ashore** ə.ʃɔr	물가에, 해변에	7198
형	**offshore** ɒf.ʃɔr	연안의, 국외의	7199
명	**shoreline** ʃɔr.laɪn	해안선	7200

동	**shrink** ʃrɪŋk	수축하다, 줄다 ③ shrink | shrank | shrunk	7201
동	**sink** sɪŋk	가라앉다 ③ sink | sank | sunk	7202
형	**sunk** sʌŋk	침몰된, 물밑의	7203
형	**sunken** sʌŋkən	침몰한, 움푹한	7204
형동	**smooth** smuθ	매끈한, 매끄럽게 하다, 평온한	7205
동	**soar** sɔr	치솟다	7206
동	**soar away** sɔr.ə.wei	치솟다	7207
명	**software** sɒf.twer	프로그램	7208
명	**hardware** hɑr.dwer	기구, 기계	7209
명	**ware** wer	제품	7210
명	**warehouse** wer.hɑws	창고	7211
형	**sore** sɔr	아픈, 슬픈	7212
형	**sorrowful** sɔr.oʊ.fl	슬퍼하는, 비참한	7213
명	**sorrow** sɑro.ʊ	슬픔, 애도	7214
명동	**spill** spɪl	흘리다, 유출(하다) ③ spill | spilled, spilt | spilled, spilt	7215
동	**spill the beans** spɪl.ðə.binz	비밀을 말하다	7216
명동	**steam** stim	증기(나다)	7217
형	**steamy** sti.mi	증기의, 안개 짙은	7218
명	**stem** stem	줄기	7219
동	**stem from** stem.frʌm	~에서 유래하다	7220
명	**stereotype** ste.riə.taɪp	진부함, 관례	7221
형	**stereotypical** ste.rio.tɪ.pɪkəl	진부한, 관례적인	7222
형	**stark** stɑrk	명확한, 냉혹한, 황량한	7223
형	**stern** stɜrn	엄격한, 황량한	7224
형	**sterile** ste.rəl	불모의, 불임의, 살균한	7225

동	sterilize ste.rə.laız	살균[불임케]하다	7226
명	stuff stəf	재료, 물질	7227
형	stuffed stəft	가득 채운, 박제된	7228
형	stuffy stʌ.fi	답답한, 딱딱한	7229
동	stun stən	기절시키다, 놀라게 하다	7230
형	geometric dʒiə.me.trık	기하학적인	7231
형	symmetrical sə.me.trık.l	대칭적인	7232
명	asymmetry e.sı.mə.tri	불균형, 비대칭	7233
명	geometry dʒi.ɑ.mə.tri	기하학	7234
명	symmetry sı.mə.tri	대칭	7235
동	terminate tɝ.mə.net	끝내다, 끝나다	7236
동	exterminate ık.stɝ.mə.net	박멸하다	7237
명	termination tɝ.mə.neıʃ.n	종료	7238
형명	terminal tɝ.mən.l	종점, 말기의	7239
	all thumbs ɔl.θʌmz	손재주가 없는	7240
명	thumbnail θʌm.nel	엄지손톱, 견본	7241
명	tissue tı.sju	(생체)조직, 직물, 화장지	7242
형명	textile tek.staıl	직물(의)	7243
명	texture teks.tʃər	직물, 질감	7244
명동	tune tun	곡, 조율하다	7245
명동	tone toʊn	어조, 음조, 색조, 조절하다	7246
동	attune ə.tun	조율[조화]하다	7247
명	intonation ın.tə.neıʃ.n	억양	7248
명	topic tɑ.pık	주제, 화제	7249
형	topical tɑ.pık.l	주제의, 시사적인	7250

형동	utter ʌ.tər	완전한, 말하다	7251
명	utterance ʌ.tə.rəns	발언, 발성	7252
형	versatile vɜ.sə.təl	다재다능한, 다목적의	7253
명	versatility vər.sə.tɪ.lə.ti	대재다능, 다양성	7254
형	virtuous vɜ.tʃuəs	도덕적인	7255
명	virtue vɜ.tʃu	미덕, 장점	7256
	by virtue of baɪ.vɜ.tʃu.ʌv	~덕분에	7257
명동	abuse ə.bjus	남용[학대](하다)	7258
형	abusive ə.bju.sɪv	모욕적인, 학대하는	7259
형	acute ə.kjut	극심한, 예리한	7260
명	acuity ə.kjuə.ti	날카로움	7261
명	acumen ə.kju.mən	통찰, 예리함	7262
명	addiction ə.dɪk.ʃn	(마약)중독, 몰두	7263
동	addict ə.dɪkt	중독시키다	7264
형	addictive ə.dɪk.tɪv	중독성의	7265
동	interdict ɪn.tər.dɪkt	금지하다	7266
형	adolescent æ.də.le.sənt	청소년의	7267
명	adolescence æ.də.le.səns	청소년기	7268
동	amend ə.mend	수정하다	7269
명	angle æŋ.ɡl	각도, 관점, 모서리	7270
명	triangle traɪæŋ.ɡl	삼각형	7271
형	rectangular rek.tæŋ.ɡjə.lər	직사각형의	7272
명	rectangle rek.tæŋ.ɡl	직사각형	7273
형	triangular traɪæŋ.ɡjə.lər	삼각형의	7274
명	ankle æŋk.l	발목, 관절	7275

동	**announce** ə.naʊns	발표하다, 알리다	7276
형	**unannounced** ʌ.nə.naʊnst	예고 없는	7277
형	**arrogant** e.rə.gənt	오만한	7278
명	**arrogance** e.rə.gəns	오만함	7279
명	**astonishment** ə.stɑ.nɪ.ʃmənt	놀람	7280
동	**astonish** ə.stɑ.nɪʃ	놀라게 하다	7281
동	**astound** ə.staʊnd	놀라게 하다	7282
형	**atomic** ə.tɑ.mɪk	원자(력)의	7283
명	**atom** æ.təm	원자	7284
명	**bond** bɑnd	유대감, 채권, 계약, 속박, 접착	7285
명	**bondage** bɑn.dɪdʒ	속박, 노예	7286
명	**brilliance** brɪ.ljəns	광채, 총명, 탁월	7287
형	**brilliant** brɪ.ljənt	빛나는, 뛰어난	7288
형명	**bulk** bʌlk	부피, 대량의, 대부분	7289
형	**bulky** bʌlk.i	거대한	7290
명동	**bump** bəmp	충돌(하다), "쾅!"	7291
동	**bump into** bəmp.ɪn.tu	~을 마주치다	7292
명	**cancellation** kæn.sə.leɪʃ.n̩	취소	7293
형	**cardiac** kɑr.di.æk	심장의	7294
명	**carnivore** kɑr.nɪ.vɔr	육식 동물	7295
동	**devour** dɪ.vaʊər	먹어치우다	7296
형	**voracious** vɒ.reɪ.ʃəs	탐욕스런	7297
명	**carnival** kɑr.nəv.l̩	(육식) 축제	7298
명	**cannibal** kæ.nə.bəl	육식 동물, 식인종	7299
명	**cannibalism** kæ.nə.bə.lɪ.zəm	식인 풍습	7300

형	**carnivorous** karnt.və.rəs	육식성의	7301
명	**omnivore** ɒm.nɪ.vɔr	잡식 동물, 잡식성	7302
형	**omnivorous** amnɪ.və.rəs	잡식성의	7303
동	**cast** kæst	던지다, 드리우다, 주조[배정]하다 ③ cast | cast | cast	7304
명동	**broadcast** brɒdkæst	방송(하다) ③ broadcast | broadcast | broadcast	7305
형동	**overcast** oʊv.ə.k.ʌst	흐린, 흐려지다, 우울한 ③ overcast | overcast | overcast	7306
형명	**outcast** aʊtkæst	추방된(사람)	7307
명	**chairman** tʃer.mən	위원장, 회장	7308
형	**cheerful** tʃɪr.fəl	쾌활한, 기꺼이	7309
명동	**cheer** tʃɪr	환호[격려](하다)	7310
형	**cheerleading** tʃɪr.lid.ɪŋ	응원	7311
형	**choking** tʃoʊkɪŋ	숨막히는	7312
동	**choke** tʃoʊk	질식시키다, 막다	7313
동	**chop** tʃɒp	자르다, 썰다	7314
동	**cite** saɪt	예를 들다, 인용하다	7315
명	**citation** saɪ.teɪʃ.n	인용(문)	7316
동	**recite** rə.saɪt	낭독하다	7317
명	**recital** rə.saɪt.l	연주회	7318
형	**clinical** klɪ.nək.l	임상의, 병실의	7319
명	**clinic** klɪ.nɪk	진료소	7320
명	**column** kɑ.ləm	기둥, 신문 논평	7321
명동	**compliment** kɑm.plə.ment	칭찬(하다)	7322
명	**conceit** kən.sit	자만, 비유	7323
형	**conceited** kən.si.təd	자만하는	7324
동	**conceive** kən.siv	생각[이해, 임신]하다	7325

	영어	한국어	번호
형	conceivable kən.si.vəb.l	(상상) 가능한	7326
명	contraception kən.trə.sep.ʃn	피임	7327
명	contraceptive kən.trə.sep.tɪv	피임약	7328
동	conform kən.fɔrm	따르다, 따르게 하다	7329
명	conformity kən.fɔr.mə.ti	따름, 순응	7330
	in conformity with ɪn.kən.fɔr.mə.ti.wɪθ	~에 따라	7331
명	congratulation kən.græ.tʃə.leɪʃ.n	축하	7332
동	gratify græ.tə.faɪ	만족시키다	7333
동	congratulate kən.græ.tʃə.let	축하하다	7334
동	contaminate kən.tæ.mə.net	오염시키다	7335
명	contamination kən.tæ.mə.neɪʃ.n	오염, 더러움	7336
명	contaminant kən.tæ.mə.nənt	오염 물질	7337
명	copyright kɑ.pi.raɪt	저작권	7338
형	copious koʊ.piəs	풍부한, 많은	7339
명	council kaʊn.sl	의회, 위원회	7340
명	councillor kaʊn.sə.lər	의원	7341
동	be crazy about bi.kreɪ.zi.ə.baʊt	~에 미치다	7342
명	craze kreɪz	대유행, 광기	7343
명동	debate də.beɪt	토론[논쟁](하다)	7344
형	debatable də.beɪ.təb.l	논쟁의 여지가 있는	7345
동	defy də.faɪ	반항[저항]하다	7346
명	defiance də.faɪəns	반항, 저항	7347
형	defiant də.faɪənt	반항[저항]하는	7348
형	dental den.tl	치아의, 치과의	7349
명	dentist den.təst	치과의사	7350

동	descend də.send	내려가다, 전해지다	7351
명	descendant də.sen.dənt	자손, 후손	7352
명	descent də.sent	하강, 강하, 출신, 상속	7353
동	ascend ə.send	오르다, 상승하다	7354
명	ascent ə.sent	상승, 오름, 오르막	7355
동	condescend kan.də.send	낮춰 주다, 잘난척 하다	7356
동	devastate de.və.stet	황폐[파괴]하다	7357
형	devastating de.və.stet.ɪŋ	파괴[압도]적인	7358
동	diagnose daɪəgnoʊz	진단하다	7359
형	diagnostic daɪəg.na.stɪk	진단의	7360
명	diagnosis daɪəgno.ʊ.sɪs	진단(법)	7361
명	dictionary dɪk.ʃə.ne.ri	사전	7362
동	dictate dɪk.teɪt	지시[글쓰게]하다	7363
명	diction dɪk.ʃn	발음, 용어	7364
명	dilemma də.le.mə	진퇴양난	7365
명	dirt dɚt	먼지, 때, 흙	7366
동	dirty dɚ.ti	더러운, 더럽히다	7367
명.동	disguise dɪs.gaɪz	변장[위장](하다)	7368
명.동	disgust dɪs.gəst	혐오감(주다)	7369
형	disgusting dɪs.gə.stɪŋ	역겨운	7370
동	disperse dɪ.spɚs	흩어지다, 퍼트리다	7371
명.동	dispute dɪ.spjut	논쟁[저항](하다)	7372
형	indisputable ɪn.də.spju.təb.l	반박 불가의	7373
명.동	drift drɪft	표류(하다)	7374
동	drift apart drɪft.ə.part	멀어지다	7375

동	drift away from drift.ə.weɪ.frʌm	~에서 떠내려가다[멀어지다]	7376
동	drift back drift.bæk	되돌아오다	7377
명	dweller dwe.lər	거주자	7378
동	dwell dwel	살다, 머무르다 ③ dwell | dwelt | dwelt	7379
동	dwell on dwel.ʌn	~에 몰두[거주]하다	7380
형	dynamic daɪ.næ.mɪk	역동적인, 역학의	7381
명	dynamics daɪ.næ.mɪks	역학, 기계학, 원동력	7382
형	dynamism daɪ.nə.mɪ.zəm	역동성	7383
형	elderly el.dər.li	늙은, 구식의	7384
명	elitism ə.li.tɪ.zəm	엘리트주의	7385
동	embrace em.breɪs	포옹[수용]하다	7386
명동	brace breɪs	떠받치다, 버팀대	7387
형	enthusiastic en.θu.zi.æ.stɪk	열렬한	7388
명	enthusiast en.θu.zi.æst	광팬, 열성가	7389
명	atheist eɪ.θiəst	무신론자	7390
명	atheism eɪ.θi.ɪ.zəm	무신론	7391
명	enthusiasm en.θu.zi.æ.zəm	열광, 열정	7392
형	unerasable ən.ɪ.reɪ.sə.bəl	지울 수 없는	7393
명	erosion ɪro.ʊʒ.n̩	부식, 침식, 약화	7394
동	erode ɪroʊd	부식[침식]하다	7395
명	corrosion kəro.ʊʒ.n̩	부식	7396
동	corrode kəroʊd	부식하다	7397
명	estate ə.steɪt	소유지, 재산, 계급	7398
명	real estate ri.l̩.ə.steɪt	부동산	7399
동	exaggerate ɪg.zæ.dʒɚ.reɪt	과장하다	7400

명	exaggeration ɪɡ.zæ.dʒə.reɪʃ.n	과장	7401
동	expire ɪk.spaɪr	만료되다, 죽다	7402
명	expiration ek.spə.reɪʃ.n	만료, 기한	7403
동	explode ɪksploʊd	폭발하다[시키다]	7404
명	explosion ɪksploʊ.ʒ.n	폭발	7405
형·명	explosive ɪksploʊ.sɪv	폭발물, 폭발적인	7406
동	implode ɪmploʊd	파열[붕괴]하다	7407
동	extol ɪkstoʊl	극찬하다	7408
동	exalt ɪɡ.zɒlt	높이다, 칭찬하다	7409
형	federal fe.də.rəl	연방의	7410
명	federation fe.də.reɪʃ.n	연방 국가, 연합	7411
명·동	fold foʊld	접다, 주름	7412
형	숫자-fold foʊld	~겹의, ~배의	7413
형·명	manifold mæ.nɪfoʊld	다양한, 다양성	7414
동	unfold ʌnfoʊld	펼치다	7415
부	forth fɔrθ	앞으로, 이후에	7416
형·부	forthright fɔr.θraɪt	솔직한, 똑바로	7417
동	foster fɑ.stər	양육[조성]하다	7418
명	fungus (pl. fungi) fʌŋ.ɡəs	진균류, 곰팡이류	7419
형	antifungal æn.taɪ.fʌŋ.ɡəl	항균의	7420
형	fungal fʌŋ.ɡl	균류의, 곰팡이의	7421
형	futile fju.təl	헛된, 소용 없는	7422
명	futility fju.tɪ.lə.ti	무의미, 헛됨	7423
명·동	gauge ɡeɪdʒ	계량기, 판단[측정]하다	7424
명	gadget ɡæ.dʒət	장치, 도구	7425

명	widget	wr.dʒət	장치, 도구	7426
명	gloss	glɒs	광택, 해설	7427
형	glossy	glɒ.si	광택이 나는	7428
명동	glow	gloʊ	빛나다, 빛남, 작열	7429
형	ingrain	ɪn.greɪn	뿌리 깊은, 타고난	7430
명	whole grain	hoʊl.greɪn	통곡물	7431
형	grassy	græ.si	풀로 덮인	7432
명	grazing	greɪz.ɪŋ	목초지	7433
명	grasshopper	græs.hɑ.pər	메뚜기	7434
명	grassland	græs.lænd	초원	7435
명	grief	grif	슬픔	7436
동	grieve	griv	슬퍼하다	7437
명	grievance	gri.vəns	불만	7438
형	gross	groʊs	총-, 전체의, 역겨운	7439
동	engross	ɪngroʊs	몰두[독점]하다	7440
동	be engrossed in	bɪ.ɪngroʊst.ɪn	~에 몰두하다	7441
명	gulf	gəlf	만 *지형	7442
동	engulf	en.gʌlf	삼키다, 둘러싸다	7443
명	gym	dʒm	체육관	7444
명	gymnastics	dʒm.næ.stɪks	체조	7445
명	harbor	hɑr.bər	항구, 피난처	7446
명	haven	heɪv.n	항구, 피난처	7447
명	hatred	heɪ.trəd	증오	7448
형	hateful	heɪt.fəl	혐오스런, 싫은	7449
형	hesitant	he.zə.tənt	망설이는	7450

동	hesitate he.zə.tet	망설이다	7451
형	humble hʌm.bl̩	하찮은, 겸손한	7452
동	humiliate hju.mɪ.li.et	굴욕감을 주다	7453
명	humility hju.mɪ.lə.ti	겸손, 비하	7454
명	humiliation hju.mɪ.li.eɪʃ.n̩	굴욕, 창피	7455
동	impair ɪm.per	손상[악화]시키다	7456
명	impairment ɪm.per.mənt	장애, 손상, 훼손	7457
동	impede ɪm.pid	방해[지연]하다	7458
명	impediment ɪm.pe.də.mənt	방해(물), 장애	7459
명	increment ɪn.krə.mənt	증가(량), 이익	7460
형	incremental ɪn.krə.men.tl̩	증가하는, 점진적인	7461
동	indulge ɪn.dəldʒ	즐기다, 빠져들다	7462
형	indulgent ɪn.dəl.dʒənt	관대한, 멋대로 놔두는	7463
명	infection ɪn.fek.ʃn̩	감염	7464
형	infectious ɪn.fek.ʃəs	전염성의	7465
동	infect ɪn.fekt	감염[오염]시키다	7466
동	infer ɪn.fɝ	추측[의미]하다	7467
명	inference ɪn.fə.rəns	추론	7468
형	innocent ɪ.nə.sənt	순진한, 결백한	7469
명	innocence ɪ.nə.səns	무죄, 결백, 순결	7470
명	instinct ɪn.stɪŋkt	본능, 재능, 직감	7471
형	instinctive ɪn.stɪŋk.tɪv	본능적인	7472
동	intimidate ɪn.tɪ.mə.det	위협하다	7473
명	intimidation ɪn.tɪ.mə.deɪʃ.n̩	협박, 위협	7474
형	timid tɪ.məd	겁 많은, 소심한	7475

동	invite /ɪn.vaɪt/	초대하다	7476
명	invitation /ɪn.və.teɪʃ.n/	초대(장)	7477
형	uninvited /ʌn.ɪn.vaɪ.təd/	초대받지 않은	7478
명	jam /dʒæm/	혼잡, 고장, [음식] 잼	7479
명	traffic-jam /træ.fɪk.dʒæm/	교통 마비	7480
명	lord /lɔrd/	영주, 하느님(Lord)	7481
명	overlord /oʊv.r.lɔd/	대영주	7482
명동	loaf /loʊf/	덩어리, 놀고 먹다	7483
형	lazy /leɪ.zi/	게으른	7484
명	laziness /leɪ.zi.nəs/	게으름	7485
명동	lecture /lek.tʃər/	강의(하다), 잔소리	7486
동	give a lecture /gɪv.ə.lek.tʃər/	강의하다	7487
명동	lock /lɑk/	자물쇠, 잠그다	7488
명동	interlock /ɪn.tər.lɑk/	연동(하다)	7489
동	unlock /ʌn.lɑk/	열다, 풀다	7490
동	madden /mæd.ŋ/	미치게[화나게]하다	7491
부	madly /mæd.li/	미친 듯이	7492
명	madness /mæd.nəs/	광기	7493
형	malicious /mə.li.ʃəs/	악의적인, 고의의	7494
명	malefactor /mæ.lə.fæk.tər/	악인	7495
형	malice /mæ.ləs/	악의	7496
형	malignant /mə.lɪg.nənt/	악의적인	7497
형동	malign /mə.laɪn/	비방하다, 해로운	7498
동	submerge /səb.mɜdʒ/	가라앉다, 잠수하다	7499
동	merge /mɜdʒ/	합병하다	7500

통	immerse	담그다, 몰입하다	7501
명	merit	장점, 이점, 가치	7502
명	demerit	단점, 벌점	7503
명	meteor	유성	7504
명	meteorite	운석	7505
형	meteorological	기상(학)의	7506
명	meteorology	기상학	7507
명	microbe	미생물, 균	7508
형	microbial	미생물의	7509
형	micro	소량의, 미시적인	7510
형	macro	대규모의, 거시적인	7511
형	miserable	불쌍한, 궁핍한	7512
명	misery	고통, 불행	7513
형	modest	겸손한, 정숙한, 적당한	7514
명	modesty	겸손, 얌전함	7515
명	moisture	습기	7516
형	moist	촉촉한, 습기 있는	7517
통	moisten	촉촉해지다, 적시다	7518
명	nectar	꿀, 과즙	7519
형	nocturnal	야간의, 밤의	7520
형	nomadic	유목의, 방랑하는	7521
명	nomad	유목민	7522
명	noon	정오, 한낮	7523
형	nasal	코의, 콧소리의	7524
명	nosebleed	코피	7525

명	**runny nose** zɔɔn.ni.nooz	콧물	7526
동	**annihilate** ə.naɪə.lеt	전멸시키다	7527
명	**annihilation** ə.naɪə.leɪʃ.ŋ	전멸, 소멸	7528
동	**annul** æ.nʌl	무효화[폐기]하다	7529
형	**null** nəl	무효의, 없는	7530
동	**nullify** nʌ.lə.faɪ	무효화[취소]하다	7531
명	**nihilism** naɪə.lɪ.zəm	허무주의	7532
동	**obey** obeɪ	복종[준수]하다	7533
명	**obedience** obi.diəns	복종, 순종	7534
형	**obedient** obi.diənt	순종적인	7535
동	**disobey** dɪ.sə.beɪ	반항[거역]하다	7536
형	**obscure** əb.skjur	애매한, 어두운	7537
명	**obscurity** əb.skju.rə.ti	불분명, 무명	7538
명.동	**obsess** əb.ses	집착하다(시키다)	7539
명	**obsession** əb.seʃ.n	강박, 집착	7540
형	**obsessive** əb.se.sɪv	강박적인	7541
동	**be obsessed with** bi.əb.sest.wɪθ	~에 사로잡히다	7542
동	**appal**(l) ə.pɔl.el	오싹하게 하다	7543
형.명	**pale** peɪl	창백한, 허약한, 말뚝	7544
형	**palliative** pæ.liə.tɪv	완화하는	7545
명	**pan** pæn	전체, 냄비	7546
명	**panoply** pæna.pli	한 벌	7547
명	**panorama** pæ.nə.ræ.mə	전경	7548
명	**panacea** pæ.nə.siə	만병통치약	7549
형	**pan-european** pæn.ju.rə.piən	유럽 전체의	7550

명	**panel** pæn.l	판, 틀, 위원단	7551
형·명	**panic** pæ.nɪk	공황상태(의)	7552
명	**paradox** pe.rə.dɑks	역설	7553
형	**paradoxical** pe.rə.dɑk.sɪk.l	역설적인	7554
형	**passive** pæ.sɪv	수동적인	7555
명	**pedestrian** pə.de.striən	보행자	7556
동	**backpedal** bæk.ped.l	거꾸로 밟다, 후퇴[철회]하다	7557
명	**pedestal** pe.də.stl	기초, 받침	7558
명	**pedigree** pe.də.gri	족보, 유래	7559
명	**penalty** pe.nəl.ti	형벌, 벌금, 불이익	7560
동	**penalize** pe.nə.laɪz	처벌하다	7561
형	**penal** pin.l	형벌의, 심한	7562
형·명	**pilot** paɪ.lət	실험적인, 조종사	7563
명·동	**plug** pləg	마개(를 막다)	7564
동	**unplug** ʌn.pləg	(마개를) 빼다	7565
명	**poison** pɔɪz.n	독, 해악	7566
형	**poisonous** pɔɪ.zə.nəs	유독한, 유해한	7567
명	**preponderance** pri.pɑn.drəns	많음, 우세	7568
동	**ponder** pɑn.dər	많이 생각하다	7569
명	**premise** pre.məs	근거, 토지, 구역	7570
명·동	**surmise** sər.maɪz	추측(하다)	7571
명	**procrastination** proʊ.kræ.stɪ.neɪʃ.n	지연, 미루기	7572
동	**procrastinate** proʊ.kræ.stɪ.neɪt	지연하다, 미루다	7573
형	**prosperous** prɑ.spə.rəs	번영하는, 성공적인	7574
동	**prosper** prɑ.spər	번영[성공]하다	7575

명	prosperity praspe.rə.ti	번영	7576
명	protein proo.tin	단백질	7577
부	purely pjor.li	순수[깨끗]하게	7578
동	purify pju.rə.faɪ	정화하다	7579
명	purity pju.rə.ti	순수성	7580
명동	purge pɜdʒ	정화[숙청](하다)	7581
명	impurity ɪm.pju.rə.ti	불순(물)	7582
명	Puritan pju.rə.tən	청교도	7583
동	acquiesce æ.kwi.es	묵인하다	7584
부	quietly kwaɪət.li	조용히, 살짝, 침착하게	7585
형	radical ræ.dək.l	극단[근본]적인	7586
동	ratify ræ.tə.faɪ	승인하다	7587
동	register re.dʒə.stər	등록하다	7588
명	registry re.dʒə.stri	등기(소)	7589
형	reluctant rə.lək.tənt	주저하는, 싫은	7590
명	reluctance rə.lək.təns	주저, 싫음	7591
형명	republican ri.pʌ.blɪkən	공화당의, 공화국의, 공화주의자	7592
명	republicanism rə.pə.blɪk.ə.nɪ.zəm	공화제	7593
명	resentment rə.zent.mənt	분노	7594
동	resent rə.zent	분개[원망]하다	7595
형	resentful rə.zent.fəl	분개한, 원망하는	7596
형	rhythmic rɪð.mɪk	박자의, 주기적인	7597
명동	rhyme raɪm	운율(을 맞추다)	7598
동	be[get] rid of bi[get].rɪd.ʌv	없애다, 해치다	7599
동	rid A of B rɪd.ə.əv.bi	A에서 B를 없애다	7600

동	**rip** rɪp	찢다, 벗겨내다	7601
동	**get ripped off** get.rɪpt.ɒf	바가지 쓰다	7602
형·명	**ritual** rɪ.tʃuəl	종교의식(의)	7603
형	**ritualistic** rɪ.tʃuə.lɪ.stɪk	의례적인	7604
명	**rite** raɪt	의례, 관습	7605
형·명	**rodent** roʊdnt	설치류(의)	7606
명·동	**ruin** ruən	폐허, 파멸(시키다)	7607
형	**saddened** sæd.nd	슬픈	7608
부	**sadly** sæd.li	슬프게, 슬프게도	7609
명	**sadness** sæd.nəs	슬픔	7610
동	**sadden** sæd.ṇ	슬프게 하다	7611
형	**salient** seɪ.liənt	특징적인, 중요한	7612
동	**underscore** ʌn.dər.skɔr	강조하다	7613
부	**seldom** sel.dəm	거의 않(-다), 드물게	7614
형	**sheepish** ʃi.pɪʃ	양 같은, 소심한	7615
명·동	**sketch** sketʃ	그리다, 소묘, 초안	7616
명	**schema** ski.mə	개요, 설계	7617
명	**scheme** skim	계획, 설계, 조직, 음모	7618
형·명	**slave** sleɪv	노예(의)	7619
명	**slavery** sleɪ.və.ri	노예 제도	7620
동	**enslave** ens.leɪv	노예화하다	7621
명	**thrall** θrɔl	노예	7622
동	**snap** snæp	"찰칵"(찍다)	7623
동	**snatch** snætʃ	"확"(잡아채다)	7624
형	**solar** soʊ.lə	태양의	7625

명동	**spear** spɪr	창, 찌르다	7626
명	**sparring** spɑr.ɪŋ	다툼, 대련	7627
동	**pierce** pɪrs	뚫다	7628
형	**splendid** splen.dəd	화려한, 눈부신	7629
동	**spoil** spɔɪl	망치다, 상하다 ③ spoil | spoilt | spoilt	7630
형	**spoiled** spɔɪld	버릇없는, 상한	7631
형	**spontaneous** spɑntei.niəs	자발적인	7632
명	**statistics** stə.tɪ.stɪks	통계학	7633
형	**statistical** stə.tɪ.stɪk.l	통계적인	7634
명	**statistician** stæ.tə.stɪʃ.n	통계학자	7635
명동	**stride** straɪd	보폭, 큰 걸음 (걷다)	7636
명	**stadium** steɪ.diəm	(육상) 경기장	7637
명동	**stamp** stæmp	발 구르다, 우표, 도장	7638
동	**outstrip** aʊt.strɪp	추월하다	7639
형명	**subordinate** sə.bɔr.də.net	하위의, 부하	7640
동	**subdue** səb.du	정복[완화]하다	7641
동	**subjugate** sʌb.dʒə.get	정복하다, 복종시키다	7642
명	**subordination** sə.bɔr.də.neɪʃ.n	종속, 하위	7643
명동	**substitute** sʌb.stə.tut	대체하다, 대리인	7644
명동	**surrogate** sʌ.rə.gət	대리(하다), 대리인	7645
형명	**sub** səb	아래의, 하위의, 후보	7646
형	**successive** sək.se.sɪv	연속하는	7647
명	**succession** sək.seʃ.n	연속, 계승	7648
명	**successor** sək.se.sər	후임, 상속자, 후속	7649
동	**supervise** su.pər.vaɪz	감독[관리]하다	7650

명	**supervision** su.pər.vɪʒ.n	감독, 지도	7651
명	**supervisor** su.pər.vaɪ.zər	감독자, 관리인	7652
명동	**surge** sɜdʒ	밀려들다, 급증	7653
명동	**surf** sɜf	파도(타다)	7654
동	**surpass** sər.pæs	능가하다	7655
형	**unsurpassed** ʌn.sər.pæst	최고의	7656
형	**susceptible** sə.sep.təb.l	민감한, 취약한	7657
명	**susceptibility** sə.sep.tə.bɪ.lə.ti	민감성, 취약	7658
명동	**tap** tæp	수도꼭지, 톡 치다	7659
형	**untapped** ʌn.tæpt	미개발의, 꼭지 없는	7660
명동	**target** tɑr.ɡət	표적, 목표(하다)	7661
명	**therapy** θe.rə.pi	치료	7662
명	**therapist** θe.rə.pəst	치료사	7663
형	**towering** taʊər.ɪŋ	치솟은	7664
동	**vanish** væ.nɪʃ	사라지다	7665
형	**vain** veɪn	헛된, 자만하는	7666
명	**vanity** væ.nə.ti	허영심, 공허함	7667
	in vain ɪn.veɪn	헛되이	7668
명	**vibration** vaɪ.breɪʃ.n	진동, 떨림	7669
명	**vibe** vaɪb	느낌, 진동	7670
형	**vibrant** vaɪ.brənt	진동하는, 활기찬	7671
동	**vibrate** vaɪ.breɪt	진동하다, 떨리다	7672
동	**violate** vaɪə.leɪt	위반[성폭행]하다	7673
명	**violation** vaɪə.leɪʃ.n	위반, 성폭행	7674
형	**inviolable = inviolate** ɪn.vaɪə.ləb.l	침범할 수 없는	7675

형	vivid	생생한, 발랄한	7676
명	witch	마녀	7677
형	wicked	사악한	7678
명	witchcraft	마법	7679
명	wizard	마법사	7680
동	zero in on	~에 집중하다	7681
명	zone	지역, 구역	7682
명	zoning	지역 설정	7683
동	accommodate	수용[조절, 적응]하다	7684
명	accommodation	숙박[편의]시설, 조정	7685
동	acquaint	알게[익히게]하다	7686
동	be acquainted with	~을 알다	7687
명	acquaintance	지인, 지식	7688
동	adore	좋아[숭배]하다	7689
동	adorn	(아름답게) 꾸미다	7690
형	adorable	사랑스런	7691
형	aesthetic	미적인	7692
명	aesthetics	미학	7693
명	affair	사건, 일, 연애	7694
동	afflict	괴롭히다	7695
명	infliction	고통, 민폐	7696
동	inflict	고통(민폐) 주다	7697
명	affliction	괴로움	7698
명	ailment	병, 고통	7699
형	ailing	병든, 고통스런	7700

형	**akin** ə.kın	~와 비슷한, 혈족의	7701
명	**kinship** kın.ʃıp	혈연관계, 유사	7702
형	**allergic** ə.lɚ.dʒık	알레르기의	7703
명	**allergy** æ.lɚ.dʒi	알레르기	7704
동	**allude** ə.lud	암시[언급]하다	7705
형	**allusive** ə.lu.sıv	암시적인	7706
명	**allusion** ə.luʒ.n	암시, 언급	7707
명	**altitude** æl.tə.tud	고도, 높이	7708
명	**latitude** læ.tə.tud	위도	7709
형	**ample** æm.pl	충분한, 풍부한, 넓은	7710
동	**amplify** æm.plə.faı	확대[증폭]하다	7711
형	**anecdotal** æ.nıkdo.ʊt.l	일화의, 입증 안된	7712
명	**anecdote** æ.nıkdoʊt	일화	7713
형	**anonymous** ə.nɑ.nə.məs	익명의	7714
명	**anonymity** æ.nə.nı.mə.ti	익명	7715
명	**protagonist** proʊtæ.gə.nəst	주창자, 주인공	7716
명	**antagonist** æn.tæ.gə.nəst	상대역, 악역	7717
동	**apprehend** æ.prə.hend	이해[걱정, 체포]하다	7718
형	**apprehensive** æ.prə.hen.sıv	걱정하는, 이해하는	7719
명	**apprentice** ə.pren.təs	견습생	7720
명	**apprenticeship** ə.pren.təs.ʃıp	견습 기간	7721
명	**apprehension** æ.prə.hen.ʃn	이해, 걱정, 체포	7722
명	**architecture** ɑrk.ə.tek.tʃɚ	건축학, 양식, 구조	7723
형	**archetypal** ɑrktaıp.l	전형적인	7724
형	**architectural** ɑrk.ə.tek.tʃə.rəl	건축술의	7725

명	architect ɑːrk.ə.tekt	건축가, 설계자	7726
명	aristocrat ə.rɪ.stə.kræt	귀족	7727
형	aristocratic ə.rɪ.stə.kræ.tɪk	귀족층의	7728
명	aristocracy e.rə.stɑ.krə.si	귀족(정치)	7729
명동	aspire ə.spaɪr	열망(하다)	7730
명	aspiration æ.spə.reɪʃ.n	열망	7731
형	bent bent	구부러진, 휜	7732
동	bend bend	구부리다, 굴복시키다 ③ bend | bent | bent	7733
명동	bid bɪd	입찰(하다), 명하다 ③ bid | bade, bid | bidden, bid	7734
형	bold bould	대담한, 뻔뻔한	7735
명	boldness bould.nəs	대담, 뚜렷함	7736
명	bowl boul	(오목한) 사발	7737
명	boulder boul.də	둥근 바위	7738
명	brink brɪŋk	가장자리, 위기	7739
명동	bully bʊ.li	양아치, 괴롭히다	7740
명	cyber bullying saɪ.bər.bʊ.li.ɪŋ	사이버 폭력	7741
명동	camouflage kæ.mə.flɑʒ	위장(하다)	7742
명	catastrophe kə.tæ.strə.fi	재앙	7743
명	ceiling siːl.ɪŋ	천장	7744
형	celestial sə.les.tʃəl	하늘의, 천국의	7745
명	channel tʃæn.l	해협, 수로, 경로	7746
명	canal kə.næl	운하, 수로	7747
명동	clap klæp	박수(치다)	7748
명동	coat kout	외투, 덧칠하다	7749
명	overcoat oʊv.ə.koʊt	외투	7750

품사	단어	뜻	번호
명동	coin kɔɪn	동전, 신조어를 만들다	7751
명	collar kɑ.lər	옷깃	7752
형	blue-collar blu.kɑ.lər	육체 노동자의	7753
형	white-collar waɪt.kɑ.lər	두뇌 노동자의	7754
동	collide kə.laɪd	충돌[상충]하다	7755
명	collision kə.lɪʒ.n	충돌, 사고	7756
동	commute kə.mjut	통근하다	7757
형	compulsory kəm.pʌl.sə.ri	강제[의무]적인	7758
형	compulsive kəm.pʌl.sɪv	강제적인	7759
명	compulsion kəm.pʌl.ʃn	강제, 충동	7760
동	computerize kəm.pju.tə.raɪz	전산화하다	7761
동	compute kəm.pjut	계산하다	7762
형	computational kɑm.pju.teɪʃ.nəl	계산적인	7763
명동	concert kɑn.sərt	연주회, 협조하다	7764
동	disconcert dɪs.kən.sɜrt	당황하게 하다	7765
동	condemn kən.dem	비난[선고]하다	7766
명	condolence kəndo.o.ləns	애도, 조의	7767
명동	console kənsoul	위로[격려]하다, 장치	7768
명	solace sɑ.ləs	위안	7769
동	confess kən.fes	자백[고백]하다	7770
명	confession kən.feʃ.n	자백, 고백	7771
형	conspicuous kən.spɪ.kjuəs	눈에 띄는	7772
형	inconspicuous ɪnk.ən.spɪ.kwəs	눈에 띄지 않는	7773
형	stellar ste.lər	별의	7774
명	constellation kɑn.stə.leɪʃ.n	별자리	7775

	단어	뜻	
형	interstellar ɪn.tɚr.ste.lɚ	행성 간의	7776
명	consultant kən.sʌl.tənt	상담가, 고문	7777
명	consultation kɑn.səl.teɪʃ.n	상담, 자문, 협의	7778
동	consult kən.sʌlt	상담[참고]하다	7779
명	counselor kaʊn.sə.lɚ	상담자, 고문	7780
명·동	counsel kaʊn.sl	조언[상담](하다)	7781
동	countervail kaʊn.tə.veɪl	대항[무효화]하다	7782
형	valiant væ.ljənt	용감한	7783
명	valor væ.lɚ	용기	7784
명·동	crack kræk	갈라진 금, 틈, 갈라지다	7785
명	crackdown kræk.daʊn	단속, 탄압	7786
명·동	cramp kræmp	경련(하다), 조이다	7787
동	cram kræm	밀어넣다, 잔뜩 넣다	7788
명·동	clamp klæmp	꺽쇠, 조이다	7789
형·명	crook krʊk	굽은, 사기꾼	7790
동	crouch kraʊtʃ	구부리다	7791
명	hook hʊk	갈고리, 걸이	7792
동	hook up hʊk.ʌp	연결하다	7793
형	cruel kruəl	잔혹한, 무자비한	7794
명	cruelty krul.ti	잔혹(한 행위)	7795
명·동	crush krəʃ	으깨다, 군중, 좋아함	7796
동	squash skwɑʃ	으깨다	7797
명·동	crunch krəntʃ	오독오독 씹다, 곤경	7798
동	munch məntʃ	우적우적 먹다	7799
형	cryptic krɪp.tɪk	수수께끼의, 비밀스런	7800

동	**encrypt** en.kript	암호화하다	7801
명	**encryption** en.krip.ʃən	암호화	7802
명.동	**dare** der	~을 감히 하다, 도전(하다)	7803
형	**daring** der.ɪŋ	대담한, 무모한	7804
형.명	**deaf** def	귀머거리(의)	7805
동	**deafen** def.n	귀먹게 하다	7806
명	**debt** det	빚	7807
명	**debit** de.bɪt	인출	7808
명.동	**decay** dək.eɪ	부패하다[시키다], 부패, 부식	7809
형	**decadent** dek.ə.dənt	퇴폐적인	7810
형	**deciduous** də.sɪ.dʒuəs	낙엽성의, 허무한	7811
형	**decent** di.sənt	괜찮은, 점잖은	7812
형	**indecent** ɪn.di.sənt	부적당한	7813
명	**decency** di.sən.si	예절	7814
명	**docility** doʊ.sɪ.lɪ.ti	온순함	7815
명	**deduction** də.dək.ʃn	추론, 공제, 차감	7816
형	**inductive** ɪn.dʌk.tɪv	귀납적인 *경험에 의한 추측	7817
동	**deduct** də.dəkt	빼다, 공제하다	7818
형	**deductible** də.dək.təb.l	공제 가능한	7819
동	**deduce** də.dus	추론하다	7820
동	**deem** dim	~라 생각하다	7821
명	**delinquency** də.lɪŋ.kwən.si	직무 태만, 범죄	7822
동	**relinquish** rə.lɪŋ.kwɪʃ	포기[양도]하다	7823
동	**deplete** də.plit	비우다, 고갈시키다	7824
명	**depletion** də.pliʃ.n	고갈	7825

명	relic re.lɪk	유물, 유품, 유적, 자취	7826
명	dereliction de.rə.lɪk.ʃn	포기, 태만	7827
형/명	derelict de.rə.lɪkt	버려진, 낙오자	7828
명	diploma dɪplo.ʊ.mə	졸업장	7829
명	diplomat dɪ.plə.mæt	외교관	7830
형	diplomatic dɪ.plə.mæ.tɪk	외교적인	7831
명	diplomacy dɪplo.ʊ.mə.si	외교(술)	7832
동	discern dɪ.sɝn	알아채다, 분별하다	7833
형	discernible dɪ.sɝ.nəb.l	알 수 있는	7834
명/동	dissent dɪ.sent	반대(하다), 의견이 다르다	7835
형/명	dissident dɪ.sə.dənt	반대하는 (사람)	7836
명/동	dive daɪv	잠수[급강하](하다)	7837
명	nosedive noʊz.daɪv	급강하, 폭락	7838
동	donate doʊ.neɪt	기부하다	7839
명	donation doʊ.neɪʃ.n	기부(금)	7840
명	donor doʊ.nər	기부자	7841
동	drain dreɪn	배수[배출]하다	7842
명	drainage dreɪ.nədʒ	배수(로)	7843
명/동	drill drɪl	훈련(하다), 뚫다	7844
동	drown draʊn	익사하다[시키다], 잠기게 하다	7845
형	drowned draʊnd	익사한	7846
명/동	dump dəmp	버리다, 쓰레기장	7847
명	ego iɡoʊ.ʊ	자아, 자존심	7848
형	egocentric eɡo.ʊ.sen.trɪk	이기적인	7849
형	eligible e.lə.dʒəb.l	자격 있는, 적절한	7850

동	be eligible for bi.e.lə.dʒəb.l.fər	~할 자격이 있다	7851
형	ineligible ɪ.ne.lɪ.dʒəb.l	자격 없는	7852
형	elusive ə.lu.sɪv	회피하는, 어려운	7853
동	elude ə.lud	피하다	7854
동	endow en.daʊ	기부[부여]하다	7855
명	endowment en.daʊ.mənt	기부, 재능	7856
명	entrepreneur ɑn.trə.prə.nɜ	기업가	7857
명	enterprise en.tər.praɪz	기업, 사업	7858
동	entice en.taɪs	유혹[유인]하다	7859
동	eradicate ɪ.ræ.dəket	근절하다	7860
동	escalate e.skə.let	확대되다	7861
동	dilate daɪ.leɪt	확장[팽창]하다	7862
명	exponent ekspo.ʊ.nənt	대표자, 해설자	7863
형	exponential ekspo.nen.tʃl	급격한, 대표적인	7864
명	proponent prəpo.ʊ.nənt	지지자, 제안자	7865
명·동	prop prɑp	지지대, 지지하다	7866
형·동	faint feɪnt	희미한, 어지러운, 기절하다	7867
형	fellow felo.ʊ	동료	7868
명	fellowship felo.ʊ.ʃɪp	동료애, 모임	7869
명	festival fe.stəv.l	축제	7870
명	feast fist	연회, 축제	7871
형	festive fe.stɪv	축제의, 즐거운	7872
형	fierce fɪrs	격렬한, 사나운	7873
명·동	flap flæp	덮개, 펄럭이다	7874
동	flatter flæ.tər	아첨하다, 돋보이다	7875

명	**flattery** flæ.tə.ri	아첨	7876
명	**foggy** fɑ.gi	안개가 낀	7877
명	**fort** fɔrt	요새	7878
동	**fortify** fɔr.tə.faɪ	요새화하다	7879
명	**fortitude** fɔr.tə.tud	용기	7880
명	**fortress** fɔr.trəs	요새	7881
명	**fur** fɜ	모피	7882
명	**furniture** fɜ.nɪ.tʃər	가구	7883
동	**furnish** fɜ.nɪʃ	제공[비치]하다	7884
명	**gear** gɪr	톱니바퀴, 장치	7885
동	**be geared to** bi.gɪrd.tu	~에 중점두다	7886
명	**germ** dʒɜrm	균, 싹	7887
명	**disgrace** dɪs.greɪs	망신, 수치	7888
형	**graceful** greɪ.sfəl	우아한	7889
형	**gracious** greɪ.ʃəs	정중한, 우아한	7890
형	**disgraceful** dɪs.greɪ.sfəl	수치스런	7891
명동	**guard** gɑrd	경비원, 보호하다	7892
명	**guardian** gɑr.diən	보호자, 감시인	7893
명	**vanguard** væn.gɑrd	선두, 선발대	7894
명	**heathen** hið.n	이방인, 이교도	7895
명	**heresy** he.rə.si	이단	7896
명	**heretic** he.rə.tɪk	이교도	7897
형	**holy** hoʊ.li	신성한	7898
명	**horn** hɔrn	뿔	7899
형	**horned** hɔrnd	뿔 달린	7900

명	**humidity** hju.mɪ.də.ti	습기	7901
형	**humid** hju.məd	습한	7902
명	**humidifier** hju.mɪ.də.faɪər	가습기	7903
	i.e. ▪ id est aɪ.i	즉	7904
형	**imperial** ɪm.pɪ.riəl	제국의, 황제의	7905
명	**imperialism** ɪm.pɪ.riə.lɪ.zəm	제국주의	7906
동	**impose** ɪmpoʊz	부과[제재, 강요]하다	7907
명	**imposition** ɪm.pə.zɪʃ.n	부과, 부담	7908
동	**impose on** ɪmpoʊz.ɑn	~을 강요하다	7909
형	**imposing** ɪmpo.ʊz.ɪŋ	인상적인	7910
형	**incumbent** ɪnk.əm.bənt	현직의, 의무적인	7911
동	**succumb** səkəm	굴복하다	7912
형	**cumbersome** kʌm.bər.səm	번거로운	7913
명	**interval** ɪn.tər.vl	간격, 틈, 휴식	7914
동	**intervene** ɪn.tər.vin	개입[간섭]하다	7915
명	**intervention** ɪn.tər.ven.tʃn	개입, 중재	7916
형	**intrinsic** ɪn.trɪn.sɪk	고유한, 본질적인	7917
형	**ironclad** aɪərn.klæd	철갑의, 견고한	7918
동	**iron out** aɪərn.aʊt	해결[다림질]하다	7919
명	**irony** aɪ.rə.ni	반어법, 풍자	7920
형	**ironic** aɪ.rɑ.nɪk	반어적인, 비꼬는	7921
형	**juicy** dʒu.si	즙[물]많은	7922
명	**junk** dʒəŋk	쓰레기	7923
명	**junkie** dʒʌŋk.i	중독자	7924
동	**launch** lɒntʃ	착수[개시, 발사]하다	7925

형	legendary le.dʒən.de.ri	전설적인	7926
형/명	leisure le.ʒər	여가(시간), 한가한	7927
명	loyalty lɔɪəl.ti	충성, 성실	7928
명	disloyalty dɪs.lɔɪəl.ti	불성실, 불충	7929
형	loyal lɔɪəl	충성스런, 성실한	7930
형	lyric lɪ.rɪk	서정적인, 서정시의	7931
명	mammal mæm.l	포유 동물	7932
형	mandatory mæn.də.tɔ.ri	의무적인, 강제의	7933
명/동	mandate mæn.det	권한, 명령(하다)	7934
동	remand rɪ.mænd	구속시키다	7935
형/동	manifest mæ.nə.fest	명백한, 명백히 하다, 나타나다	7936
명	manifestation mæ.nə.fe.steɪʃ.n	표명, 징후	7937
형/명	manual mæ.njuəl	손의, 수동의, 설명서	7938
명	marble mɑr.bl	대리석, 구슬	7939
형	marginal mɑr.dʒən.l	미미한, 변두리의	7940
명	margin mɑr.dʒən	차이, 여백, 이익, 가장자리	7941
명	mate meɪt	동료, 친구, 배우자	7942
명	comrade kɑm.ræd	동무	7943
명	inmate ɪn.meɪt	수감자	7944
명/동	mess mes	엉망, 혼란, 망치다	7945
형	messy me.si	지저분한, 엉망인	7946
동	mess up mes.ʌp	~을 망치다	7947
형	metabolic me.tə.bɑ.lɪk	신진대사의	7948
명	metabolism mə.tæ.bə.lɪ.zəm	신진대사	7949
명/동	mirror mɪ.rər	거울, 반영하다	7950

명	**mirage** mə.ruʒ	신기루, 망상	7951
명	**mortar** mɔr.tər	회반죽, 절구, 박격포	7952
형	**brick-and-mortar** brik.ənd.mɔr.tər	오프라인의, 전통적인	7953
명	**mortality** mɔr.tæ.lə.ti	죽을 운명, 사망률	7954
형	**immortal** ɪ.mɔr.tl	죽지 않는, 불멸의	7955
형	**mortal** mɔr.tl	죽을 운명의, 치명적인	7956
동	**immortalize** ɪ.mɔr.tə.laɪz	영원하게 하다	7957
형	**mutant** mju.tənt	돌연변이의	7958
형	**mutable** mju.təb.l	변하기 쉬운	7959
명	**mutation** mju.teɪʃ.n	변화, 돌연변이	7960
동	**mutate** mju.tet	변이[변화]하다	7961
형	**immutable** ɪ.mju.təb.l	불변의	7962
명	**obesity** oʊ.bi.sɪ.ti	비만	7963
명	**optics** ɑp.tɪks	광학	7964
형	**optic**(al) ɑp.tɪk	눈의, 시력의, 광학의	7965
형	**palatable** pæ.lə.təb.l	맛 좋은, 즐거운	7966
명	**palate** pæ.lət	미각, 입맛	7967
명	**peasant** pe.zənt	농부	7968
동	**imperil** ɪm.pe.rəl	위태롭게 하다	7969
명	**peril** pe.rəl	위험	7970
형	**perilous** pe.rə.ləs	위험한, 모험적인	7971
형	**peripheral** pə.ri.fə.rəl	지엽적인, 주변의	7972
명	**periphery** pə.ri.fə.ri	주변	7973
동	**permeate** pɝ.mi.et	스며들다, 퍼지다	7974
형	**impermeable** ɪm.pɝ.miəb.l	스며들지 않는	7975

명/동	**plague** pleɪɡ	전염병, 괴롭히다	7976
명	**politeness** pə.laɪt.nəs	공손함	7977
형	**polite** pə.laɪt	공손한	7978
형	**impolite** ɪm.pə.laɪt	무례한	7979
명/동	**polish** pɑl.ɪʃ	광택(내다), 품위	7980
명	**potter** pɑ.tər	도예가	7981
명	**pottery** pɑ.tə.ri	도자기	7982
명	**jackpot** dʒæk.pɑt	대박	7983
동	**pour** pɔr	붓다, 쏟다	7984
명	**downpour** daʊn.pɔr	폭우	7985
명	**pregnancy** preg.nən.si	임신, 풍부	7986
형	**pregnant** preg.nənt	임신한	7987
형	**impregnable** ɪm.preg.nəb.l	철벽의, 수정[임신]가능한	7988
명	**priest** prist	성직자	7989
명	**profile** proʊ.faɪl	윤곽, 옆얼굴, 개요	7990
형	**eminent** e.mə.nənt	뛰어난, 유명한, 돌출한	7991
명	**prominence** prɑ.mə.nəns	명성, 두각, 돌기	7992
형	**prominent** prɑ.mə.nənt	뛰어난, 유명한, 돌출한	7993
형	**preeminent** pri.e.mə.nənt	뛰어난	7994
동	**pronounce** prə.naʊns	발음[선언]하다	7995
명	**prototype** proʊ.tə.taɪp	기본형, 본보기	7996
명	**protocol** proʊ.təkɒl	조약, 의례	7997
명	**proxy** prɑk.si	대리(인)	7998
명	**pulse** pəls	맥박, 파동	7999
명	**puzzle** pʌz.l	수수께끼	8000

명	**quantum** kwɑn.təm	양, 몫, [물리학] 양자	8001
명	**quantity** kwɑn.tə.ti	양, 수량	8002
동	**quantify** kwɑn.tə.faɪ	수량을 세다	8003
동	**quit** kwɪt	그만두다 ③ quit | quit | quit	8004
동	**acquit** ə.kwɪt	면제[석방]하다	8005
명동	**ramp** ræmp	진입로, 경사, 위협하다	8006
형	**rampant** ræm.pənt	만연한, 격노한	8007
명	**rampage** ræm.pedʒ	난동	8008
명동	**rebel** re.bəl	반역자, 반역하다	8009
명	**rebellion** rə.be.ljən	반란, 폭동	8010
형	**rebellious** rə.be.ljəs	반역하는, 반항적인	8011
명	**revolt** rɪvoʊlt	반란, 반항	8012
동	**reciprocate** rə.sɪ.prəket	보답[보복]하다	8013
형	**reciprocal** rə.sɪ.prək.l	상호간의, 보복의, 대등한	8014
형	**reckless** re.kləs	무모한, 부주의한	8015
동	**reckon** rekən	생각[예상]하다	8016
명	**recollection** rek.ə.lek.ʃn	기억(력), 회상	8017
동	**recollect** rek.ə.lekt	기억해 내다	8018
명	**refrigerator** rə.frɪ.dʒə.re.tər	냉장고	8019
동	**refrigerate** rə.frɪ.dʒə.ret	냉장[냉각]하다	8020
형	**resilient** rə.zɪ.ljənt	탄력[회복력]있는	8021
명	**resiliency** rə.zɪ.ljən.si	탄력, 회복력	8022
형	**respective** rə.spek.tɪv	각각의	8023
전	**irrespective of** ɪ.rə.spek.tɪv.ʌv	~에 상관없이	8024
명동	**resume** rə.zum	재개하다, 개요, 이력서	8025

동	resurrect re.zə.rekt	부활시키다	8026
명	resurrection re.zə.rek.ʃn	부활	8027
명동	ring rɪŋ	반지, 고리, (종, 벨) 울리다 ③ ring | rang, ringed | rung, ringed	8028
형	ringing rɪŋɪŋ	(종, 전화) 울리는	8029
동	rob rɑb	강탈하다	8030
명	robbery rɑ.bə.ri	강도(질)	8031
명	robber rɑ.bər	강도	8032
동	rob A of B rɑb.ɔv	A에게 B를 빼앗다	8033
형	romantic roʊmæn.tɪk	낭만적인, 연애의	8034
명	romance roʊ.mæns	연애, 낭만	8035
명	row roʊ	열, 줄	8036
	in a row ɪn.ə.roʊ	연이어, 한 줄로	8037
명	rumor = rumour ru.mər	소문	8038
형	savage sæ.vɪdʒ	야만적인	8039
명동	ravage ræ.vɪdʒ	파괴(하다)	8040
동	scan skæn	조사[검사]하다	8041
동	sculpt skɑlpt	조각하다	8042
명동	sculpture skʌlp.tʃər	조각(하다)	8043
동	seize siz	(붙)잡다, 압류하다	8044
명	seizure si.ʒər	장악, 압수, 발작	8045
명	shell ʃel	껍질, 포탄	8046
명	shellfish ʃel.fɪʃ	조개&갑각류	8047
형	shiny ʃaɪ.ni	빛나는, 밝은	8048
형	sheer ʃɪr	순전한, 얇은, 빛나는	8049
동	shine ʃaɪn	빛나다, 반짝이다	8050

형	sincere sɪn.sɪr	진정한, 성실한	8051
명	sincerity sɪn.se.rə.ti	진정성, 성실성	8052
형	slice slaɪs	썰다, 조각	8053
명	slit slɪt	트임, 쪼개짐	8054
	a slice of ə.slaɪs.ʌv	~한 조각	8055
명동	spell spel	철자를 말하다[쓰다], 마법	8056
명	spelling spel.ɪŋ	맞춤법	8057
동	misspell mɪs.spel	철자를 틀리다	8058
동	spell out spel.aʊt	설명하다	8059
명동	spice spaɪs	양념(을 넣다)	8060
형	spicy spaɪ.si	매콤한	8061
명동	spin spɪn	회전(하다) ③ spin | spun | spun	8062
형	spiral spaɪ.rəl	나선형의, 소용돌이의	8063
형	staggering stæ.gər.ɪŋ	비틀대는, 놀라운	8064
동	steer stɪr	조종하다, 나아가다	8065
형	stiff stɪf	경직된, 굳은	8066
동	stiffen stɪf.n	굳어지다	8067
동	suffocate sʌ.fəket	질식하다[시키다]	8068
동	stifle staɪ.fəl	억제하다, 질식시키다	8069
동	stir stɝ	휘젓다, 뒤섞다, 움직이다	8070
동	stir up stɝ.ʌp	일으키다	8071
명	stomach stʌ.mək	위, 복부	8072
명	stomachache stʌ.mək.eɪk	복통	8073
형	stubborn stʌ.bərn	고집 센, 단단한	8074
명	stump stəmp	그루터기	8075

명	genocide	대량 학살	8076
	dʒe.nə.saɪd		
명	homicide	살인	8077
	hɑ.mə.saɪd		
명동	suicide	자살(하다)	8078
	suə.saɪd		
형	suicidal	자멸적인	8079
	suə.saɪd.l		
형	surgical	외과적인, 수술의	8080
	sɝ.dʒɪk.l		
명	surgeon	외과의사	8081
	sɝ.dʒən		
명동	sweat	땀 (흘리다)	8082
	swet		
형	sweaty	땀투성의, 땀 나는	8083
	swe.ti		
	No sweat	"별 일 아니야"	8084
	noʊ.swet		
형	tangible	명백한, 만져지는, 유형의	8085
	tæn.dʒəb.l		
형	intangible	무형의, 만질 수 없는	8086
	ɪn.tæn.dʒəb.l		
명	tentacle	촉수	8087
	ten.tək.l		
명	antenna	더듬이	8088
	æn.te.nə		
형	tender	부드러운, 다정한	8089
	ten.dər		
형	tentative	임시적인	8090
	ten.tə.tɪv		
명	theft	절도	8091
	θeft		
명	thief	도둑	8092
	θif		
동	thieve	훔치다	8093
	θiv		
형	thermal	열의, 온도의, 뜨거운	8094
	θɝ.ml		
명	thermometer	온도계	8095
	θɝ.mɑ.mə.tər		
동	thrive	번창[성장]하다	8096
	θraɪv		
명	thrift	절약, 성장	8097
	θrɪft		
형	thrifty	절약하는, 성장하는	8098
	θrɪf.ti		
동	clear one's throat	헛기침하다	8099
	klɪr.wʌnz.θroot		
형	cutthroat	살인적인, 잔인한	8100
	kʌtθrot		

형명	**toddler** tud.lər	유아(용의)	8101
명동	**treasure** tre.ʒər	보물, 소중히 하다	8102
명	**treasurer** tre.ʒə.rər	총무, 회계원	8103
명	**turbine** tɜ.baɪn	원동기	8104
명	**turbulence** tɜ.bjə.ləns	난기류	8105
명동	**turmoil** tɜ.mɔɪl	혼란(시키다)	8106
형	**turbulent** tɜ.bjə.lənt	난기류의	8107
동	**twist** twɪst	비틀다, 왜곡하다	8108
동	**intertwine** ɪn.tər.twaɪn	뒤얽히다	8109
형	**unprecedented** ʌn.pre.sə.den.təd	전례 없는	8110
동	**precede** prə.sid	앞서다, 우선하다	8111
명	**precedent** pre.sə.dənt	선례, 판례	8112
명	**precedence** pre.sə.dəns	우선	8113
형	**preceding** pri.sid.ɪŋ	이전의	8114
형	**antecedent** æn.tə.si.dənt	이전의	8115
동	**verify** ve.rə.faɪ	입증[증명]하다	8116
형	**verifiable** ve.rə.faɪəb.l	입증 가능한	8117
명	**verification** ve.rə.fək.eɪʃ.n	입증, 확인	8118
형	**veritable** ve.rə.təb.l	진정한	8119
명	**bandwagon** bæn.dwæ.gən	우세한 편, 악단 차량	8120
동	**jump on the bandwagon** dʒəmp.ɑn.ðə.bæn.dwæ.gən	우세한 편에 붙다	8121
동	**abdicate** æb.dəket	포기[사임]하다	8122
명	**abdication** æb.dɪk.eɪʃ.n	포기, 사임	8123
동	**abhor** æb.hɔr	혐오하다	8124
형	**abominable** ə.bɑ.mə.nəb.e	혐오스런, 끔찍한	8125

형	abrupt ə.brʌpt	갑작스런, 퉁명한	8126
형	absurd əb.sə́rd	불합리한, 어리석은	8127
명동	accent ǽk.sent	말투, 강조하다	8128
동	accentuate ək.sen.tʃuet	강조하다	8129
명	alga (pl. algae) ǽl.gə	해조류	8130
형	aloof ə.lúf	떨어져서, 냉담한	8131
명	altar ɔ́l.tər	제단	8132
명	altruism ǽl.tru.ı.zəm	이타주의	8133
형	altruistic ǽl.tru.ı.stik	이타적인	8134
형	ambitious æm.bı.ʃəs	야망 있는	8135
명	ambition æm.bı́ʃ.n	야망	8136
명	amenity ə.me.nə.ti	쾌적함, 편의시설, 예의 (amenities)	8137
형	amiable eı.miəb.l	상냥한	8138
형	amenable ə.me.nəb.l	순종적인	8139
형	amicable æ.mık.əb.l	상냥한, 우호적인	8140
명	amity æ.mə.ti	친선	8141
형	affable æ.fəb.l	상냥한	8142
동	amuse ə.mjuz	즐겁게 하다	8143
명	amusement ə.mjuz.mənt	오락, 놀이, 재미	8144
형	apathetic æ.pə.θe.tık	무관심한, 무신경한	8145
명	apathy æ.pə.θi	무관심	8146
명	appetite æ.pə.taıt	식욕, 욕구	8147
명	aqua æ.kwə	물, 액체	8148
형	aquatic ə.kwɑ.tık	물의, 물에 사는	8149
명	aquarium ə.kwe.riəm	수족관	8150

명	**archer** ɑr.tʃər	궁수	8151
명	**archery** ɑr.tʃə.ri	궁술	8152
명	**arrow** æro.ʊ	화살	8153
형 명	**arch** ɑrtʃ	궁형, 주요한	8154
명	**arc** ɑrk	궁형	8155
명	**arcade** ɑrkeɪd	궁형 지붕	8156
형	**arctic** ɑrk.tɪk	북극의, 극한의	8157
형	**audacious** ədeɪ.ʃəs	대담한, 뻔뻔한	8158
명	**audacity** ədæ.sə.ti	대담함, 뻔뻔함	8159
명	**autonomy** ɒ.tɑ.nə.mi	자치권, 자율성	8160
형	**autonomic** ɒ.tə.nɑ.mɪk	자치의, 자율적인	8161
형	**autonomous** ɒ.tɑ.nə.məs	자치의, 자율적인	8162
명	**aviation** eɪ.vi.eɪʃ.n	비행, 항공	8163
형	**avid** æ.vəd	탐욕스런, 열심인	8164
형	**bald** bɒld	대머리의, 노골적인	8165
명 동	**bark** bɑrk	짖다, 나무 껍질	8166
명 동	**barter** bɑr.tər	물물교환(하다)	8167
형	**benevolent** bə.ne.və.lənt	자비로운, 자선적인	8168
명	**beverage** be.və.rɪdʒ	음료	8169
명 동	**brew** bru	양조(하다)	8170
명 동	**blaze** bleɪz	타오르다, 불꽃, 섬광	8171
명	**blast** blæst	폭발	8172
명 동	**blend** blend	섞다, 혼합 ③ blend | blent | blent	8173
형	**blunt** blənt	둔한, 솔직한	8174
명 동	**blur** blɝ	흐림, 흐리게 하다	8175

형	**blurry** br.ri	흐릿한, 모호한		8176
명	**backbone** bæk.boun	등뼈, 중추		8177
명	**boredom** bɔr.dəm	지루함		8178
형	**boring** bɔr.ɪŋ	지겨운		8179
형·명	**bourgeois** burʒ.wɑ	중산층(의), 속물적인		8180
명	**boyhood** bɔɪ.hʊd	어린 시절		8181
형	**boyish** bɔɪɪʃ	소년 같은		8182
형	**girlish** gɜ.lɪʃ	소녀 같은		8183
명·동	**bubble** bʌb.l	거품(이 일다)		8184
명·동	**bud** bəd	싹(트다)		8185
동	**burgeon** bɜ.dʒən	싹트다, 급증하다		8186
명·동	**buoy** bui	부표, 떠오르다		8187
명	**buoyancy** bɔɪən.si	부력		8188
형	**buoyant** bɔɪənt	부력 있는, 올라간		8189
동	**bury** be.ri	파묻다, 숨기다		8190
명	**burial** be.riəl	매장		8191
명·동	**burrow** bɝoʊ	굴(파다), 숨다		8192
동	**encapsulate** enk.æp.sə.let	캡슐에 넣다, 요약하다		8193
동	**carve** kɑrv	조각하다		8194
동	**carve up** kɑrv.ʌp	나누다		8195
형	**casual** kæ.ʒə.wəl	우연한, 간편한, 임시의		8196
명	**casualty** kæ.ʒə.wəl.ti	(불의의) 참사, 사상자		8197
명	**cattle** kæt.l	소떼		8198
명	**concession** kən.seʃ.ŋ	양보, 양해		8199
동	**concede** kən.sid	인정[양보]하다		8200

동	recede rə.sid	물러나다, 빠지다	8201
동	cede sid	양도하다	8202
동	accede æk.sid	동의하다	8203
명	ceremony se.rəmo.u.ni	의례, 격식	8204
명	chaos keɪɑs	혼돈, 무질서	8205
형	chaotic ke.ɑ.tɪk	무질서한, 혼란한	8206
동	cheat tʃit	속이다, 바람 피다	8207
형	clement kle.mənt	온화한	8208
형	inclement ɪn.kle.mənt	험악한	8209
형	clever kle.vər	영리한, 능숙한	8210
명동	coach koʊtʃ	감독, 지도하다	8211
명	coal koʊl	석탄	8212
명동	coil kɔɪl	감다, 감긴 것	8213
명	comedy kɑ.mə.di	희극	8214
형명	comic kɑ.mɪk	희극(의), 만화의	8215
명	comment kɑ.ment	논평, 해설	8216
명	compassion kəm.pæʃ.n	연민, 동정심	8217
형	compassionate kəm.pæ.ʃə.nət	인정 많은	8218
형	concrete kɑn.krit	구체적인	8219
동	concretize kɑn.krə.taɪz	구체화하다, 굳히다	8220
동	conquer kɑŋkər	정복[극복]하다	8221
명	conquest kɑŋ.kwest	정복	8222
명	conqueror kɑŋk.ɔ.rər	정복자, 승전국	8223
동	vanquish væŋ.kwɪʃ	정복[극복]하다	8224
동	contemplate kɑn.təm.plet	숙고[응시]하다	8225

품사	단어	뜻	번호
명	contemplation kɑn.təm.pleɪʃ.n	숙고, 응시	8226
형·동	coordinate koʊ.ɔ.dɪ.neɪt	조율[조직]하다, 동등한	8227
명	coordinator koʊ.ɔ.dɪ.neɪ.tə	담당자, 조정자	8228
명	coordination koʊ.ɔ.dɪn.eɪʃ.n	조직력, 협조	8229
형	corrupt kə.rəpt	부패한, 타락한	8230
형	corruptible kə.rʌp.təb.l	부패하기 쉬운	8231
명	corruption kə.rəp.ʃŋ	부패, 타락, 변질	8232
형	courteous kɜ.tiəs	예의 바른	8233
명	courtesy kɜ.tə.si	예의	8234
형	crispy krɪ.spi	바삭한	8235
형	crisp krɪsp	또렷한, 바삭한	8236
동	crumple krʌm.pl	구기다, 부수다	8237
동	crumble krʌm.bl	바스러지다	8238
명	crust krəst	(빵) 껍질, 지각	8239
명	cube kjub	정육면체	8240
형	cubic kju.bɪk	정육면체의, 입체의	8241
명	culprit kʌl.prət	범인	8242
명	curator kjʊ.reɪ.tər	(전시장) 관리자	8243
형	curatorial kjʊ.rə.tɔ.riəl	관리자의, 관리적인	8244
명	curriculum kə.rɪ.kjə.ləm	교육과정	8245
형	extracurricular ek.strək.ə.rɪ.kjə.lər	정규 과정 외의	8246
명	dam dæm	댐, 둑	8247
동	dangle dæŋ.gl	매달리다	8248
명·동	defect di.fekt	결함, 단점, 도망가다	8249
형	defective də.fek.tɪv	결함 있는	8250

명 동	**delegate** de.lə.get	대표, 대리인, 위임하다	8251
명	**delegation** de.lə.geɪʃ.n̩	대표단, 위임	8252
동	**relegate** re.lə.get	강등[좌천]시키다	8253
명 동	**deluge** de.ljudʒ	홍수, 범람(시키다)	8254
동	**delve** delv	뒤지다, 조사하다	8255
동	**denounce** də.naʊns	비난[고발]하다	8256
명	**denunciation** də.nʌn.si.eɪʃ.n̩	비난, 고발	8257
명 동	**deposit** də.pɑ.zət	예금(하다), 보증금, 맡기다, 놓다	8258
명	**deposition** de.pə.zɪʃ.n̩	퇴적(물)	8259
명	**depot** dipo.ʊ	창고, 차고, 정거장	8260
동	**derogate** de.rə.geɪt	폄하하다	8261
형	**derogatory** də.rɑ.gə.tɔ.ri	폄하하는	8262
동	**deserve** də.zɝ v	~할 자격이 있다, ~할 만하다	8263
동	**designate** de.zɪg.net	지정[임명]하다, 나타내다	8264
명	**designation** de.zɪg.neɪʃ.n̩	지정, 지명	8265
명 동	**despond** dɪ.spɑnd	낙담(하다)	8266
형	**despondent** dɪ.spɑn.dənt	낙담한	8267
형 동	**diffuse** də.fjus	분산시키다, 퍼지다, 퍼진	8268
동	**effuse** ɔr.juz	새다, 발산하다	8269
동	**dignify** dɪg.nə.faɪ	위엄을 높이다	8270
명	**dignity** dɪg.nə.ti	위엄, 존엄성	8271
형	**dilapidated** dɪ.læ.pə.de.təd	황폐한	8272
형	**diligent** dɪ.lɪ.dʒnet	근면한, 성실한	8273
명	**diligence** dɪ.lə.dʒəns	부지런함	8274
동	**dilute** daɪ.lut	희석[저하]하다	8275

형동	**dim** dɪm	어두운, 어두워지다	8276
형	**dire** daɪr	무서운, 지독한	8277
동	**disseminate** dɪ.se.mə.net	전파하다, 뿌리다	8278
명	**dissemination** n.ʃn.neɪʃn	파종, 보급, 유포	8279
명	**dizzy** dɪ.zi	어지러운	8280
명	**doom** dum	운명, 파멸	8281
명동	**dread** dred	두려워하다, 공포	8282
형	**dreadful** dred.fəl	끔찍한, 지독한	8283
명	**drizzle** drɪz.l̩	이슬비	8284
명동	**drip** drɪp	물방울, 떨어지다	8285
동	**dribble** drɪb.l̩	흘리다, 드리블하다	8286
형동	**duplicate** du.plɪkət	복사하다, 중복의, 두배의	8287
명	**duplication** dju.plɪk.eɪʃn	복사, 중복	8288
명동	**echo** eko.ʊ	메아리(울리다)	8289
동	**elicit** ə.lɪ.sət	이끌다	8290
동	**disembark** dɪ.sem.bɑrk	내리다, 상륙하다	8291
동	**embark** em.bɑrk	승선[시작]하다	8292
동	**encroach** ɪnkroʊtʃ	침해[침입]하다	8293
명	**encroachment** ɪnkro.ʊt.ʃmənt	침해, 침입	8294
형동	**envy** en.vi	부러워하다, 질투(하다)	8295
형	**envious** en.viəs	부러운, 질투하는	8296
명	**epidemic** e.pə.de.mɪk	유행병	8297
명	**pandemic** pæn.de.mɪk	세계적 유행병	8298
형	**endemic** en.de.mɪk	풍토병, 고질적인	8299
동	**exacerbate** ɪg.zæ.sər.beɪt	악화시키다	8300

동	exasperate tg.zæ.spə.ret	화나게 하다	8301
형	exquisite ık.skwız.ıt	아름다운, 정교한	8302
명	famine fæ.mən	기근	8303
명	feather fe.ðər	깃털	8304
명	fiction fık.ʃn	소설, 허구	8305
형	fictitious fık.tı.ʃəs	허구의	8306
형	fictional fık.ʃnəl	소설적인, 허구의	8307
동	fictionalize fık.ʃə.nə.laız	소설화[영화화]하다	8308
명	flesh fleʃ	살, 고기, 피부	8309
형	foamless foum.les	거품 없는	8310
형	foamy fou.mi	거품의	8311
동	forbid fər.bıd	금지하다 ③ forbid | forbade | forbidden	8312
형	forbidden fər.bıd.n	금지된	8313
형	forensic fə.ren.sık	과학수사의, 법의학의	8314
형	fragrant freı.grənt	향기로운	8315
명	fragrance freı.grəns	향기	8316
명	frost frɒst	서리, 결빙	8317
명	frostbite frɒst.baıt	동상	8318
동	defuse də.fjuz	완화하다	8319
명·동	fuse fjuz	신관, 녹(이)다	8320
명	fusion fjuʒ.n	융합	8321
명	galaxy gæ.lək.si	은하(계)	8322
형	galactic gə.læk.tık	은하계의	8323
명·동	gamble gæm.bl	도박(하다)	8324
명	endgame end.geım	마지막 단계	8325

형	gamesome geɪm.səm	장난스런	8326
형	generous dʒe.nə.rəs	관대한	8327
명	generosity dʒe.nə.rɑ.sə.ti	관대함	8328
형	grateful greɪt.fəl	감사하는	8329
명	gratitude græ.tə.tud	감사	8330
형	gratuitous grə.tuə.təs	불필요한, 무료의	8331
명	greed grid	탐욕	8332
형	greedy gri.di	탐욕스런	8333
명	grid grid	격자, 석쇠	8334
명동	grill ▪ grille gril	석쇠(에 굽다)	8335
명	gum gəm	잇몸, 껌	8336
명	gut gət	배(짱), 내장	8337
형	gutless gʌt.les	배짱 없는	8338
동	hack hæk	해킹하다, 자르다	8339
명	hallucination hə.lu.sə.neɪʃ.ŋ	환각, 환영	8340
동	hallucinate hə.lu.sə.net	환각에 빠지다	8341
동	hamper hæmp.r	방해하다, 막다	8342
명동	harness hɑr.nəs	동력화[이용]하다, 말 안장	8343
명동	haste heɪst	서두르다, 서두름	8344
동	hasten heɪs.ŋ	서두르다, 재촉하다	8345
형	hasty heɪ.sti	서두른, 성급한	8346
명동	hatch hætʃ	부화(하다), 격벽문	8347
동	exhilarate ɪg.zɪ.lə.ret	기쁘게 하다	8348
형	hilarious hə.le.riəs	재미있는	8349
명	homage ɑ.mədʒ	경의, 존경	8350

동	hop hɑp	깡충 뛰다	8351
동	hobble hɑb.l	절뚝거리다	8352
형	hostile hɑ.stəl	적대적인, 반대하는	8353
명	hostility hɑstɪ.lə.ti	적개심, 적대 행위	8354
동	hover hɔ.vər	(공중에서) 맴돌다, 헤매다	8355
명	hybrid haɪ.brəd	잡종, 혼혈, 복합	8356
명	hypnosis hɪpno.ʊ.sɪs	최면	8357
형	hypnotic hɪp.nɑ.tɪk	최면의, 수면의	8358
명	illumination ɪ.lu.mə.neɪʃ.n	(불)빛, 조명	8359
형	luminous lu.mə.nəs	빛나는, 야광의	8360
동	illuminate ɪ.lu.mə.net	밝게[계몽]하다	8361
명	illusion ɪ.luʒ.n	환상, 착각, 허상	8362
명동	disillusion dɪ.sə.luʒ.n	환멸(을 느끼다), 각성	8363
명	delusion də.luʒ.n	망상, 현혹, 착각	8364
동	delude də.lud	속이다, 현혹하다	8365
형	illusory ɪ.lu.sə.ri	환상에 불과한	8366
형	immense ɪ.mens	엄청난	8367
명	impulse ɪm.pʌls	충동, 충격, 자극	8368
명	propulsion prə.pəl.ʃn	추진(력)	8369
형	impulsive ɪm.pəl.sɪv	충동[추진]적인	8370
형	inert ɪ.nɜt	무기력한, 비활성의	8371
명	inertia ɪ.nɜr.ʃə	관성, 타성, 무기력	8372
동	infringe ɪn.frɪndʒ	위반[침해]하다	8373
명	infringement ɪn.frɪndʒ.mənt	위반	8374
동	inhale ɪn.heɪl	(숨) 들이쉬다	8375

동	**exhale** eks.heɪl	(숨) 내쉬다	8376
동	**interrogate** ɪn.te.rə.geɪt	심문[질문]하다	8377
명	**inventory** ɪn.vən.tɔ.ri	재고, 목록	8378
동	**irrigate** ɪ.rə.geɪt	물을 대다, 세척하다	8379
명	**irrigation** ɪ.rə.geɪʃ.ən	물 끌어옴, 세척	8380
명	**jar** dʒɑr	항아리	8381
명	**journey** dʒɚ.ni	여행	8382
형	**juvenile** dʒu.və.nəl	젊은, 청소년의	8383
동	**rejuvenate** rɪ.dʒu.və.net	회춘하다, 활기를 되찾다	8384
형	**keen** kin	예민한, 날카로운, 열정적인	8385
명	**kernel** kɚ.nl	곡식알, 핵심	8386
명	**kidney** kɪd.ni	콩팥	8387
명	**kindergarten** kɪn.dər.gɑr.tn	유치원	8388
명동	**dot** dɑt	점(을 찍다), 바르다	8389
명동	**knit** nɪt	뜨개질(하다) ③ knit | knit, knitted | knit, knitted	8390
명동	**knot** nɑt	매듭(을 묶다)	8391
명	**node** noʊd	매듭, 마디	8392
명동	**lament** lə.ment	한탄(하다), 슬퍼하다	8393
형	**lamentable** lə.men.təb.l	슬픈, 한탄스런	8394
동	**moan** moʊn	신음[불평]하다	8395
명	**lawn** lɒn	잔디밭	8396
형동	**lean** lin	기울다, 기대다, 야윈 ③ lean | leant, leaned | leant, leaned	8397
동	**lean on** lin.ɑn	~에 기대다[의지하다]	8398
명	**ladder** læ.dər	사다리, 지위, 단계	8399
명동	**leap** lip	도약(하다) ③ leap | leapt, leaped | leapt, leaped	8400

	by leaps and bounds bai.lips.ənd.baondz	척척, 순조롭게	8401
명	legion li.dʒən	군단, 다수	8402
명	lid lɪd	뚜껑, 규제	8403
명	limb lɪm	팔다리, 가지	8404
형	limbless lɪm.ləs	팔다리[가지]가 없는	8405
형	nimble nɪm.bl	재빠른, 영리한	8406
명	limestone laɪmstoon	석회석	8407
명	litter lɪ.tər	쓰레기	8408
형	lounging laondʒ.ɪŋ	게으른	8409
형	lunar lu.nər	달의	8410
형	lunatic lu.nə.tɪk	미친 *달을 보고 미침	8411
명동	allure ə.lor	매력, 유혹하다	8412
명동	lure lor	유혹하다, 미끼	8413
동	lurk lɜrk	잠복하다, 숨다	8414
명	lust ləst	욕정	8415
형	lusty lʌ.sti	활발한, 욕적적인	8416
형	martial mar.ʃl	싸움의, 전쟁의	8417
명	martial arts mar.ʃl.arts	무술	8418
동	mar mar	손상시키다	8419
명	mayor meɪər	시장	8420
명	meditation me.də.teɪʃ.n	명상, 심사숙고	8421
동	meditate me.də.tet	명상[계획]하다	8422
명	membrane mem.bren	(얇은) 막	8423
형	merry me.ri	즐거운	8424
형	mirthful mɜɾθ.fəl	즐거운	8425

명	metaphor met.ɔ.fɔr	은유	8426
형	muddy mʌ.di	진흙투성의	8427
명·동	muddle mʌd.l	혼란(시키다)	8428
형	naked neɪkəd	벌거벗은, 맨-	8429
명·동	nap næp	낮잠(자다), 졸다	8430
동	nod nɑd	끄덕이다, 졸다	8431
형	nasty næ.sti	더러운, 불쾌한	8432
명	nobility noʊ.bɪ.lɪ.ti	귀족, 고결함	8433
형	noble noʊb.l	고결한, 귀족의	8434
동	ennoble ɪno.ʊb.l	귀하게[귀족화]하다	8435
형	notorious noʊ.tɔ.rɪoʊs	악명 높은	8436
동	nourish nɜ.rɪʃ	영양을 주다, 키우다	8437
명	nourishment nɜ.rɪ.ʃmənt	영양분, 음식물	8438
형	nuclear nu.kliər	핵의, 원자력의	8439
형	numb nʌm	무감각한, 마비된	8440
	in a nutshell ɪn.ə.nʌ.tʃel	간결히	8441
명·동	nutshell nʌ.tʃel	견과류 껍질, 요약하다	8442
명	oblivion ə.blɪ.vɪən	망각, 무의식	8443
형	oblivious ə.blɪ.vɪəs	망각하는	8444
명	odor oʊ.də	냄새	8445
명	ointment ɔɪnt.mənt	연고	8446
형	optimal ɑp.tɪm.l	최선의, 최적의	8447
형·명	optimum ɑp.tə.məm	최적(의)	8448
동	optimize ɑp.tə.maɪz	최적화하다	8449
명·동	orbit ɔr.bət	궤도(를 돌다)	8450

형	orbital	궤도의	8451
형	exorbitant	과도한	8452
형	oval	타원형의	8453
형	ovate	달걀형의	8454
명동	paddle	노(젓다)	8455
명동	parachute	낙하산(을 타다)	8456
명동	parade	행진(하다)	8457
명	pastry	반죽	8458
명동	paste	반죽, 풀, 붙이다	8459
명	patriot	애국자	8460
형	patriotic	애국적인	8461
명	patriotism	애국심	8462
동	expatriate	국외 추방하다	8463
명	peak	꼭대기, 절정	8464
명	apex	꼭대기, 절정	8465
동	penetrate	관통[침투]하다	8466
명	penetration	관통, 침투	8467
형	impenetrable	뚫을 수 없는, 이해불가의	8468
명	perfume	향수	8469
명동	fume	연기(나다)	8470
형	fuming	내뿜는, 화내는	8471
동	persecute	박해하다, 괴롭히다	8472
명	persecution	학대	8473
형	imperturbable	침착한	8474
명	phobia	공포증	8475

형·명	phobic /foʊ.bɪk/	공포증(의)	8476
동	poke /poʊk/	찌르다, 쑤시다	8477
형	pompous /pɑm.pəs/	오만한, 화려한	8478
명	pond /pɑnd/	연못	8479
명	pope /poʊp/	교황	8480
형	pragmatic /præg.mæ.tɪk/	실용적인	8481
명	pragmatism /præg.mə.tɪ.zəm/	실용주의	8482
동	pray /preɪ/	기도[간청]하다	8483
형	precarious /prɪk.e.riəs/	불안정한, 위험한	8484
명	precipitation /prə.sɪ.pə.teɪʃ.n/	강수(량)	8485
동	procure /proʊkjʊr/	조달하다	8486
형	profane /proʊfeɪn/	신성 모독의, 세속적인	8487
명	propaganda /prɑ.pə.gæn.də/	선전	8488
동	propagate /prɑ.pə.get/	선전[전파]하다	8489
동	protest /prə.test/	항의[반대]하다	8490
형·명	protestant /prɑt.ɪst.ənt/	개신교도(의)	8491
명	protester /proʊt.est.r/	시위자	8492
형	imprudent /ɪm.pru.dənt/	경솔한	8493
명	prudence /pru.dəns/	신중, 절약	8494
형	prudent /pru.dənt/	신중한	8495
형	prudential /pru.den.tʃl/	신중한	8496
형	pseudo /sudo.ʊ/	허위의, 가짜의	8497
명	pseudo science /sudo.ʊ.saɪəns/	사이비 과학	8498
명	puberty /pju.bər.ti/	사춘기	8499
동	punctuate /pʌŋk.tʃu.et/	중단하다, 구두점을 찍다	8500

명	punctuation ˈpʌŋk.tʃu.eɪʃ.n	구두점, 강조하기	8501
명	quarantine ˈkwɔ.rən.tin	격리	8502
명동	quarrel ˈkwɔ.rəl	불만, 다툼, 다투다	8503
형	quarrelsome ˈkwɔ.rəl.səm	싸움을 즐기는	8504
명	rafting ˈræft.ɪŋ	뗏목타기	8505
명동	rage reɪdʒ	격분(하다)	8506
명동	outrage ˈaʊ.treɪdʒ	불법행위[격분](하다)	8507
형	outrageous aʊ.ˈtreɪ.dʒəs	난폭한, 포악한	8508
형	coarse kɔrs	조잡한, 천한	8509
형	hoarse hɔrs	목이 쉰, 거친	8510
형	raw rɑ	날것의, 가공하지 않은	8511
동	reap rip	수확하다, 베다	8512
형	ripe raɪp	무르익은	8513
동	rebut rə.ˈbʌt	반박하다	8514
명동	recruit rə.ˈkrut	모집하다, 신병	8515
명	recruitment rə.ˈkrut.mənt	신병 모집, 채용	8516
명	rookie ˈrʊk.i	초심자	8517
동	refrain from rə.ˈfreɪn.frʌm	~을 그만두다	8518
명	refrain rə.ˈfreɪn	후렴, 불평	8519
동	abstain from əb.ˈsteɪn.frʌm	~을 그만두다	8520
동	refute rə.ˈfjut	논박하다	8521
동	relent rə.ˈlent	누그러지다	8522
형	unrelenting ʌn.ri.ˈlent.ɪŋ	끊임없는, 무자비한	8523
형	relentless rə.ˈlent.ləs	끊임없는, 무자비한	8524
명동	remedy ˈre.mə.di	치료(하다), 요법	8525

형	**remedial** re.mi.diəl	치료하는	8526
명	**renaissance** re.nə.sʊns	부흥, 부활	8527
명	**percussion** pərk.ʌʃ.n	타악기	8528
명	**repercussion** ri.pərk.ʌʃ.n	영향, 반향	8529
형	**reticent** re.tə.sənt	과묵한	8530
명	**rhetoric** re.tə.rɪk	미사여구, 웅변(술)	8531
형	**rhetorical** rə.tə.rɪk.l	마사여구의	8532
명	**robotics** rou.bɒ.tɪks	로봇 공학	8533
형	**robust** rou.bʌst	튼튼한	8534
동	**corroborate** kə.ru.bə.ret	입증[보강]하다	8535
명	**sanction** sænk.ʃn	제재, 처벌, 허가	8536
형	**sanitary** sæ.nə.te.ri	위생적인	8537
명	**sanitation** sæ.nə.teɪʃ.n	위생	8538
동	**sanitize** sæ.nə.taɪz	살균하다	8539
명	**sanitizer** sæ.nə.taɪzər	살균제	8540
명	**satellite** sæ.tə.laɪt	(인공)위성	8541
동	**scramble** skræm.bl	기어오르다, 뒤섞다	8542
명동	**ramble** ræm.bl	횡설수설하다, 산책	8543
동	**scratch** skrætʃ	할퀴다, 긁다	8544
형	**scrap** skræp	조각, 조금, 폐기물	8545
형	**scrupulous** skru.pjə.ləs	양심적인, 꼼꼼한	8546
형	**unscrupulous** ʌn.skru.pjə.ləs	비양심적인, 뻔뻔한	8547
형	**semantic** sə.mæn.tɪk	의미(론)의	8548
명	**semester** sə.me.stər	학기, 반년	8549
명	**seminar** se.mə.nɑr	학술회	8550

형	serene sə.rin	고요한, 평온한	8551
명	serenity sə.re.nə.ti	고요함, 맑음	8552
명	sewage suɪdʒ	오물	8553
명	sewer suər	하수도	8554
동	shout ʃaut	외치다	8555
형동	shuttle ʃʌt.l	왕복하는, 왕복하다	8556
형	skeptical ▪ sceptical skep.tək.l	의심 많은, 회의적인	8557
명	skepticism ▪ scepticism skep.tə.sɪ.zəm	회의론, 무신론	8558
형명	skeptic ▪ sceptic skep.tɪk	회의적인, 무신론자	8559
동	skip skɪp	건너뛰다, 뛰어넘다	8560
동	slam slæm	"쾅"(닫다)	8561
형	slick slɪk	매끈한	8562
형	sleek slik	매끈한	8563
명	slogan sloʊ.gən	표어	8564
형	sluggish slʌ.gɪʃ	느린, 게으른	8565
명	sludge slədʒ	진흙, 찌꺼기	8566
형	sober soʊ.bə	취하지 않은, 제정신의	8567
동	soothe suð	달래다, 진정시키다	8568
형명	sovereign sɑ.vrən	통치자, 자주적인	8569
명	sovereignty sɑ.vrən.ti	주권	8570
명동	reign rein	통치[지배](하다)	8571
형동	spare sper	여분의, 절약[할애]하다	8572
동	splash splæʃ	(물)튀기다	8573
형	splashy splæ.ʃi	(물)튀기는, 눈에 띄는	8574
형명동	split split	쪼개다, 쪼개진, 균열 ③ split | split | split	8575

명	**splinter** splɪn.tər	파편, 조각	8576
형·명	**flint** flɪnt	부싯돌, 인색한	8577
명	**sponsor** spɑn.sər	후원자	8578
명	**sponsorship** spɑn.sər.ʃɪp	후원, 협찬	8579
명	**stain** steɪn	얼룩, 오염, 오점	8580
형	**unstained** ʌn.steɪnd	오점 없는	8581
형	**stainless** steɪn.ləs	오점 없는	8582
형	**staple** steɪp.l	주요한	8583
명·동	**sting** stɪŋ	찌르다, 괴롭히다, 침 ③ sting | stung | stung	8584
형	**stingy** stɪn.dʒɪ	인색한, 부족한, 날카로운	8585
명	**stinger** stɪŋər	침, 일침	8586
동	**stumble** stʌm.bl	비틀거리다, 더듬다	8587
동	**subsidize** sʌb.sə.daɪz	후원하다	8588
명	**subsidy** sʌb.sə.di	보조금	8589
형·명	**subsidiary** səb.sɪ.di.e.ri	보조적인, 자회사	8590
형	**succinct** sək.sɪŋkt	간결한	8591
동	**suck** sək	빨다	8592
명	**suction** sʌk.ʃn	흡입	8593
형	**sullen** sʌ.lən	시무룩한, 음침한	8594
명	**superstition** su.pər.stɪʃ.n	미신	8595
형	**superstitious** su.pər.stɪ.ʃəs	미신적인	8596
명·동	**swarm** swɔrm	떼(짓다), 군중	8597
동	**swarm with** swɔrm.wɪθ	~으로 가득하다	8598
형	**swollen** swoʊ.lən	부푼	8599
동	**swell** swel	부풀다 ③ swell | swelled | swelled, swollen	8600

명동	switch (swɪtʃ)	전환하다, 개폐기	8601
명	synonym (sɪ.nə.nɪm)	동의어	8602
형	synonymous (sə.nɑ.nə.məs)	동의어의	8603
명	acronym (æ.krə.nɑm)	축약어	8604
명	antonym (æn.tə.nɪm)	반의어	8605
명동	tailor (teɪ.lər)	재단사, 맞추다	8606
명	temple (tem.pl)	신전, 절	8607
명	testament (te.stə.mənt)	유언, 증거, 예언서	8608
명	testimonial (test.əmo.ʊ.niəl)	추천서, 상장, 증언	8609
동	attest (ə.test)	증명[증언]하다	8610
동	testify (test.ə.faɪ)	증명[증언]하다	8611
명	testimony (test.əmo.ʊ.ni)	증명, 증언, 고백	8612
명동	tilt (tɪlt)	기울이다, 경사	8613
명	toe (toʊ)	발가락, 발끝	8614
명동	torment (tɔr.ment)	고통(을 주다)	8615
명동	torture (tɔr.tʃər)	고문(하다), 고통	8616
명	totem (toʊ.təm)	숭배물	8617
형	intractable (ɪn.træk.təb.l)	다루기 힘든	8618
형	tractable (træk.təb.l)	다루기 쉬운	8619
형	tragic (træ.dʒɪk)	비극적인	8620
명	tragedy (træ.dʒə.di)	비극, 재앙	8621
명	trauma (trɔ.mə)	정신적 외상[충격]	8622
형	traumatic (trɔ.mæ.tɪk)	충격적인, 외상의	8623
형	trivial (trɪ.viəl)	하찮은	8624
명동	distrust (dɪ.strəst)	의심(하다)	8625

형	untrustworthy ʌn.trʌs.twər.ði	신뢰할 수 없는	8626
동	entrust en.trʌst	맡기다	8627
명동	mistrust mɪ.strʌst	불신(하다)	8628
명	twig twɪg	잔가지	8629
명	tyranny tɪ.rə.ni	독재[전제]정치	8630
명	tyrant taɪ.rənt	폭군	8631
형	unanimous ju.næ.nə.məs	만장일치의	8632
명	animosity æ.nə.mɑ.sə.ti	반감	8633
형	unflinching ʌn.flɪntʃ.ɪŋ	불굴의, 단호한	8634
동	unveil ən.veɪl	~의 베일을 벗기다	8635
명동	veil veɪl	가리다, 면사포	8636
형	utopian juto.ʊ.pɪən	이상적인	8637
명	utopia juto.ʊ.pɪə	이상세계, 이상향	8638
명	vaccination væk.sə.neɪʃ.n	예방접종	8639
동	vaccinate væk.sə.net	예방접종 하다	8640
명	vein veɪn	맥락, 정맥, 광맥	8641
명	venom ve.nəm	독	8642
형	venomous ve.nə.məs	독이 있는	8643
명동	vent vent	배출구, 배출하다	8644
명	ventilation ven.tə.leɪʃ.n	통풍, 환기	8645
동	ventilate ven.tə.let	환기하다	8646
형명	veteran ve.tə.rən	퇴역 군인, 노련한(사람)	8647
형	victorious vɪk.tə.rɪəs	승리한	8648
형	invincible ɪn.vɪn.səb.l̩	무적의	8649
동	vie vaɪ	경쟁하다	8650

품사	단어	뜻	번호
명	vigilance	경계, 불침번	8651
형	vigilant	철야로 지키는	8652
동	invigorate	활성화하다	8653
명	vigor	활기, 힘	8654
형	vigorous	활발한, 격렬한	8655
형	volatile	휘발성의, 변덕스런	8656
명·동	voyage	항해[여행](하다)	8657
명	invoice	송장, 청구서	8658
명	convoy	호송, 호위대	8659
명	envoy	사절, 외교관	8660
명	voyager	항해자	8661
명	vogue	유행	8662
동	wane	기울다, 쇠하다	8663
동	weary	피곤한, 싫증난, 지치다	8664
명·동	whistle	휘파람(불다)	8665
명·동	whisper	속삭이다, 속삭임	8666
형	wired	연결된, 유선의	8667
형	wireless	무선의	8668
명·동	wreck	조난[파멸](하다)	8669
형	wretched	비참한	8670
명	zoology	동물학	8671
	a slew of	많은	8672
동	abduct	납치하다	8673
명	abortion	낙태, 유산	8674
동	abort	낙태[유산]하다	8675

348

형/명	accessory æk.se.sə.ri	보조적인, 장신구	8676
명/동	ache eik	아프다, 통증, 열망하다	8677
형	acoustic ək.u.stik	음향의, 청각의	8678
명	acrimony æ.krəmo.ʊ.ni	험악함	8679
명	massacre mæ.səkər	대학살	8680
동	adhere əd.hɪr	고수하다, 들러붙다	8681
명	adherence əd.hɪ.rəns	고수, 집착	8682
형	adhesive æd.hi.sɪv	접착제, 붙는	8683
명	adherent əd.hɪ.rənt	추종자	8684
명	adjacency ə.dʒeɪsn.si	인접	8685
형	adjacent ə.dʒeɪ.sənt	인접한	8686
동	adjourn ə.dʒɜn	연기하다, 옮기다	8687
동	agitate æ.dʒə.teɪt	휘젓다, 선동[동요]하다	8688
명	agitation æ.dʒə.teɪʃ.n	동요, 시위	8689
명	agnostic æg.nɑ.stɪk	불가지론자	8690
명	algebra æl.dʒə.brə	대수학	8691
명	allegation æ.lə.geɪʃ.n	주장, 변명, 진술	8692
동	allege ə.ledʒ	주장하다	8693
동	be alleged to V bi.ə.ledʒd.tə	~라고들 주장하다	8694
명	allegiance ə.li.dʒəns	충성	8695
명/동	pledge pledʒ	맹세(하다)	8696
명/동	plight plaɪt	곤경, 맹세하다	8697
명	altercation ɑl.tərk.eɪʃ.n	언쟁	8698
형/명	amateur æ.mə.tər	비전문가, 취미의	8699
형	amateurish æ.mə.tʃə.rɪʃ	아마추어 같은	8700

명	**ambassador** æm.bæ.sə.dər	대사, 특사	8701
명	**embassy** em.bə.si	대사관	8702
동	**ameliorate** ə.mi.ljə.ret	개선[개량]하다	8703
명	**amnesia** æm.ni.ʒə	기억 상실	8704
명	**amnesty** æm.nə.sti	사면	8705
명동	**anchor** æŋkər	닻, 고정하다, 진행자	8706
명	**anchorage** æŋk.ə.rədʒ	정박지	8707
형명	**antarctic** æn.tɑrk.tɪk	남극(의)	8708
명	**Antarctica** æn.tɑrk.tɪk.ə	남극 대륙	8709
형명	**antique** æn.tik	골동품, 골동의	8710
명	**antiquity** æn.tɪ.kwə.ti	낡음, 고대	8711
명	**antiseptic** æn.tə.sep.tɪk	방부제	8712
명	**ape** eip	유인원, 영장류	8713
형	**apocalyptic** ə.pɑk.ə.lɪp.tɪk	종말론적인	8714
명	**apocalypse** ə.pɑk.ə.lɪps	종말	8715
명	**arboretum** ɑr.bə.ri.təm	수목원	8716
형	**arcane** ɑrk.ein	비밀의, 불가사의한	8717
동	**archive** ɑrk.aɪv	보관하다	8718
명	**archives** ɑrk.aɪvz	기록 보관소	8719
명	**arena** ə.ri.nə	(원형) 경기장	8720
형명	**arsenic** ɑr.sə.nɪk	비소(의)	8721
명	**artery** ɑr.tə.ri	동맥, 도로	8722
명	**artillery** ɑrtɪ.lə.ri	대포, 포병	8723
형	**astute** ə.stut	기민한, 교활한	8724
명	**attire** ə.taɪər	의복, 복장	8725

품사	단어	뜻	번호
명	auction ɔk.ʃn	경매	8726
명,동	augment ɒɡ.ment	증가(시키다)	8727
형	autocratic ɒ.tə.kræ.tik	독재적인	8728
명	autocracy ɒ.tɑ.krə.si	독재 정치	8729
명	autocrat ɒ.tə.kræt	독재자	8730
형	auxiliary aɡzɪ.ljə.ri	보조의	8731
명	avalanche æ.və.læntʃ	눈사태	8732
명	avatar æ.və.tɑːr	화신	8733
명	avenue æ.və.nu	대로, 길	8734
명	venue ve.nju	장소	8735
	avenue to æ.və.nu.tu	~로 가는 길	8736
형	banal bə.nɑl	진부한	8737
명	banquet bæŋ.kwət	연회	8738
명	buffet bə.feɪ	셀프 식당	8739
명	basin beɪs.n	분지, 유역	8740
동	beckon bekən	손짓[신호]하다	8741
명	beak bik	(새) 부리	8742
동	beg beg	구걸하다	8743
명	beggar be.ɡər	거지	8744
명	behest bɪ.hest	명령	8745
형	belligerent bə.lɪ.dʒə.rənt	공격적인	8746
형	bellicose be.lɪkoʊs	공격적인	8747
명	belly be.li	복부	8748
동	bestow bəstoʊ	수여[부여]하다	8749
명	bin bɪn	쓰레기통, 큰 상자	8750

형	**bland** blænd	싱거운, 단조로운	8751
형	**blatant** bleɪ.tənt	노골적인, 뻔뻔한	8752
명동	**bloom** blum	꽃(피다), 번영하다	8753
동	**blossom** blɑ.səm	(꽃)피다	8754
동	**bolster** boʊl.stə	지지[보강]하다	8755
명	**bombast** bɑm.bæst	장담, 허풍	8756
형	**bombastic** bɑmbæ.stɪk	허풍스런	8757
명	**boon** bun	혜택	8758
명	**bounty** baʊn.ti	현상금, 관대함	8759
명	**bonanza** bə.næn.zə	노다지, 대박	8760
명	**bonus** boʊ.nəs	보너스, 상여금	8761
명	**booth** buθ	노점, 칸막이석	8762
형	**botanical** bə.tæ.nɪk.l̩	식물의	8763
명	**botanist** bɑ.tə.nəst	식물학자	8764
명	**botany** bɑ.tə.ni	식물(학)	8765
동	**bother** bɑð.r	괴롭히다, 신경쓰다	8766
형	**bothersome** bɑð.r.səm	성가신	8767
명	**bracket** bræ.kɪt	계층, 괄호, 받침대	8768
형	**brash** bræʃ	자신만만한, 성급한	8769
형명	**rash** ræʃ	두드러기, 성급한	8770
명	**brass** bræs	황동, 금관악기	8771
형	**brittle** brɪt.l̩	부서지기 쉬운	8772
명동	**bulge** bʌldʒ	부풀다, 급증(하다)	8773
명	**bunch** bʌntʃ	다발, 묶음, 떼	8774
명	**bundle** bʌn.dl̩	묶음, 소포	8775

명	**bureau** bjʊro.u	사무국	8776
형	**bureaucratic** bjʊ.rə.kræ.tɪk	관료적인	8777
명	**bureaucrat** bjʊ.rə.kræt	관료	8778
명	**burglary** bɜ.glə.ri	절도	8779
명	**burglar** bɜ.glər	도둑	8780
명,동	**butcher** bʊ.tʃər	정육업자, 도살하다	8781
명	**butler** bʌt.lər	집사	8782
명	**cabinet** kæ.bə.nət	장식장, 내각, 회의실	8783
명	**cabin** kæ.bən	오두막, 객실	8784
동	**cajole** kədʒoʊl	아첨하다	8785
형	**callous** kæ.ləs	굳은, 무감각한	8786
명	**canopy** kæ.nə.pi	차양, 천 지붕	8787
동	**caramelize** ke.rə.mə.laɪz	카라멜화하다	8788
명	**caricature** ke.rək.ə.tʃər	풍자 만화	8789
명	**carpenter** kɑr.pən.tər	목수	8790
명	**catalyst** kæ.tə.ləst	촉매(제)	8791
명	**catapult** kæ.tə.pəlt	새총, 투석기	8792
명	**cataract** kæ.tə.rækts	큰 폭포, 백내장	8793
명	**cemetery** se.mə.te.ri	묘지	8794
명	**census** sen.səs	인구 조사	8795
명	**char** tʃɑr	숯	8796
명	**charcoal** tʃɑkoʊl	숯	8797
형	**charismatic** ke.rəz.mæ.tɪk	지도력있는	8798
명	**charisma** kə.rɪz.mə	지도력	8799
동	**chase** tʃeɪs	추적[추구, 재촉]하다	8800

명	chore	허드렛일	8801
동	churn	휘젓다	8802
명·동	claw	발톱, 할퀴다	8803
명	clerk	사무원	8804
명	client	고객	8805
명	clown	광대	8806
명	coercion	강요, 강제	8807
동	coerce	강요[강제]하다	8808
형	coercive	강제적인	8809
형	compatible	호환[공존]가능한	8810
명	compatibility	양립성, 호환성	8811
형	incompatible	호환[공존]불가능한	8812
명	condiment	조미료	8813
형	congenial	적절한, 잘 맞는	8814
형	congenital	선천적인	8815
동	congest	정체[혼잡]시키다	8816
명	congestion	정체, 혼잡	8817
형	congruent	일치하는, 어울리는	8818
형	incongruous	어울리지 않는	8819
동	conspire	음모를 꾸미다	8820
명	conspiracy	음모	8821
명	contempt	경멸, 모욕, 무시	8822
동	scorn	경멸하다	8823
형	scornful	경멸하는	8824
동	convolute	뒤얽히다, 감다	8825

형	convoluted kɑn.və.lu.təd	복잡한, 뒤얽힌	8826
형	convulsive kən.vʌl.sɪv	경련하는	8827
동	convulse kən.vʌls	경련하다	8828
형명	copper kɑ.pər	구리(의), 동전	8829
명	corridor kɔ.rə.dər	복도, 통로	8830
형	cosmetic kazme.tɪk	미용의	8831
명	cosmetics kazme.tɪks	미용품	8832
명	cotton kɑt.n	면직물, 솜	8833
형	cozy = cosy koʊ.zi	기분 좋은, 편안한	8834
명	crane kreɪn	기중기, 두루미	8835
형	cranky kræŋk.i	괴상한	8836
동	crank kræŋk	가동하다	8837
명	crease kris	주름	8838
명	creek krik	시냇물	8839
동	creep krip	기어가다 ③ creep | crept | crept	8840
명동	cripple krɪp.l	불구(로 만들다), 약화하다	8841
동	cuddle kʌd.l	껴안다	8842
형	culinary kju.lə.ne.ri	주방의, 요리의	8843
동	culminate kʌl.mə.net	절정이 되다, 끝나다	8844
명	culmination kʌl.mə.neɪʃ.n	절정	8845
형	cumulative kju.mjə.lə.tɪv	누적된, 점증적인	8846
명동	cushion kuʃ.n	방석, 완충하다	8847
형	cynical sɪ.nɪk.l	냉소적인, 빈정대는	8848
형명	cynic sɪ.nɪk	냉소적인 (사람)	8849
형명	dairy de.ri	유제품의, 낙농업	8850

품사	단어	뜻	번호
명형동	**damp** dæmp	습기(있는), 축축하게 하다	8851
동	**dampen** dæm.pən	적시다, 꺾다	8852
형	**dank** dæŋk	축축한	8853
동	**dazzle** dæz.l	눈부시게 하다	8854
동	**daze** deɪz	멍하게 하다	8855
동	**debilitate** də.bɪ.lə.tet	약화시키다	8856
명	**debris** də.bri	파편	8857
동	**debunk** də.bəŋk	폭로하다	8858
형	**indecipherable** ɪn.dɪ.saɪ.frəb.l	해독할 수 없는	8859
동	**decipher** də.saɪ.fər	풀다, 해독하다	8860
동	**defer** də.fɜ	미루다, 따르다	8861
형	**indelible** ɪn.de.ləb.l	지울 수 없는	8862
명	**deletion** də.liʃ.n	삭제	8863
형	**deleterious** de.lə.tɪ.riəs	해로운	8864
명	**demagogue** de.mə.gɑg	선동가	8865
동	**demolish** də.mɑ.lɪʃ	부수다, 없애다	8866
명	**demolition** de.mə.lɪʃ.n	파괴, 해체	8867
동	**denigrate** de.nɪ.gret	모욕[검게]하다	8868
형	**deplorable** də.plɔ.rəb.l	한탄스런	8869
동	**deplore** də.plɔr	한탄하다	8870
명	**deputy** de.pjə.ti	대리인, 보좌관	8871
형	**destitute** de.stə.tut	궁핍한, 없는	8872
동	**detest** də.test	혐오하다	8873
명	**dew** du	이슬	8874
형	**diaphanous** daɪ.æ.fə.nəs	투명한	8875

명	**dichotomy** daɪk.ɑ.tə.mi	이분법	8876
명	**dictatorship** dɪk.teɪ.tər.ʃɪp	독재정권, 독재(기간)	8877
명	**dictator** dɪk.teɪ.tər	독재자	8878
명	**digression** daɪ.greʃ.n	여담	8879
동	**digress** daɪ.gres	벗어나다	8880
명	**dimension** dɪ.men.ʃn	차원, 관점, 치수	8881
형	**dimensional** dɪ.men.ʃnəl	차원적인	8882
형	**dismal** dɪz.məl	음울한, 비참한	8883
명동	**dismay** dɪ.smeɪ	실망, 경악(하다)	8884
동	**disparage** dɪ.spe.rɪdʒ	비난하다, 얕보다	8885
명	**ditch** dɪtʃ	배수로	8886
동	**divulge** dɪ.vəldʒ	누설[유출]하다	8887
형	**vulgar** vʌl.gər	천박한	8888
명	**dock** dɑk	부두	8889
명동	**dodge** dɑdʒ	회피(하다)	8890
형	**dormant** dɔr.mənt	휴면기의	8891
명	**dormancy** dɔr.mən.si	휴면, 잠복	8892
명	**dormitory** dɔr.mə.tɔ.ri	기숙사, 공동숙소	8893
명	**backdraft** bæk.dræft	역기류	8894
명동	**draft** dræft	초안(을 만들다), 바람, 징병	8895
형	**drastic** dræ.stɪk	극단적인	8896
형	**dull** dəl	지루한, 둔한, 흐린	8897
동	**dwindle** dwɪn.dl	줄어들다	8898
명	**dynasty** daɪ.nə.sti	왕조	8899
명	**ebb** eb	썰물	8900

명	ebullience	사기충천	8901
명동	eclipse	일식, 월식, 가리다	8902
형	ecstatic	황홀한	8903
명	ecstasy	황홀함	8904
형명	elastic	탄력 있는, 고무줄	8905
명	elasticity	탄력	8906
형	colloquial	구어체의, 일상 대화의	8907
형	eloquent	유창한	8908
명	eloquence	웅변	8909
형	loquacious	수다스런	8910
명	elucidation	해명, 설명	8911
형	lucid	투명한, 명쾌한	8912
동	elucidate	해명[설명]하다	8913
형	pellucid	투명한, 명쾌한	8914
동	embed	끼워 넣다, 포함하다	8915
명	embezzlement	횡령	8916
형	emblematic	상징적인	8917
명	emblem	상징	8918
명	embryo	태아, 초기	8919
동	emulate	모방하다	8920
동	simulate	모방하다	8921
명	simulation	모방, 모의	8922
명동	enamel	도료(칠하다)	8923
동	entrench	확립하다, 참호를 파다	8924
명	trench	참호, 도랑	8925

명	enzyme en.zaɪm	효소	8926
형	ephemeral e.fe.mə.rəl	일시적인, 하루살이의	8927
명	epitome ə.pɪ.tə.mi	전형, 요약	8928
동	epitomize ə.pɪ.tə.maɪz	전형이 되다, 요약하다	8929
형.동	erect ɪ.rekt	세우다, 세운	8930
명	erection ɪ.rek.ʃn	설립, 발기	8931
명.동	escort e.skɔrt	호위(하다), 경호원	8932
형	eternal ɪ.tɜ.nl	영원한	8933
명	eternity ɪ.tɜ.nə.ti	영원	8934
동	eulogize ju.lə.dʒaɪz	찬양하다	8935
명	eulogy ju.lə.dʒi	찬양	8936
명	euphemism ju.fə.mɪ.zəm	완곡 어법	8937
형	ex eks	전-, 이전의	8938
동	exhume eks.hjum	파내다	8939
형	expediency ɪk.spi.diən.si	편의	8940
형	expedient ɪk.spi.diənt	편리한, 적당한	8941
동	expedite ek.spə.daɪt	신속 처리하다	8942
명	expedition ek.spə.dɪʃ.n	탐험(대), 원정(대)	8943
명	exuberance ɪg.zu.bə.rəns	충만함	8944
형	exuberant ɪg.zu.bə.rənt	활기찬, 풍부한	8945
형	fabulous fæ.bjə.ləs	굉장한, 전설적인	8946
명	parable pe.rəb.l	우화	8947
명	fable feɪb.l	동화, 전설	8948
형.명	fallow fæloʊ	묵히는, 휴경지	8949
동	falter fɒl.tər	비틀대다, 주저하다	8950

명	fang fæŋ	송곳니	8951
명	fascism fæ.ʃt.zəm	독재주의	8952
명	fascist fæ.ʃəst	독재주의자	8953
명	faucet fɔ.sət	수도꼭지	8954
형	felicitous fə.lɪ.sə.təs	적절한, 절묘한	8955
명	felicity fə.lɪ.sə.ti	큰 행복, 절묘함	8956
명동	ferment fər.ment	발효(하다), 소동	8957
명	fever fi.vər	열(병), 열광	8958
명	fervor fɝ.vər	열렬, 열기	8959
형	fervent fɝ.vənt	열렬한, 뜨거운	8960
명	fiber faɪ.bər	섬유	8961
형	fickle fɪk.l	변덕스런	8962
명	fission fɪʃ.n	분열	8963
형명	flagship flæg.ʃɪp	기함, 대표적인	8964
동	flee fli	도망치다, 추방되다 ③ flee | fled | fled	8965
명	fugitive fju.dʒə.tɪv	도망자	8966
형	fleeting flit.ɪŋ	순식간의	8967
형명	fleet flit	함대, 빠른	8968
동	flutter flʌ.tər	펄럭이다, 떨리다	8969
동	flip flɪp	뒤집다	8970
형	flippant flɪ.pənt	경박한	8971
명동	flock flɑk	무리(짓다)	8972
동	flush fləʃ	홍조를 띄다	8973
명동	blush bləʃ	홍조, 부끄러워하다	8974
명	foe foʊ	적, 원수	8975

명	foliage foʊl.ɪdʒ	잎	8976
명동	forge fɔrdʒ	만들다, 위조하다, 대장간	8977
명	forgery fɔr.dʒə.ri	위조	8978
형	formidable fɔr.mɪ.dəb.l	무서운, 엄청난	8979
명	forum fɔ.rəm	광장, 공개토론	8980
명	frugality fru.gæ.lə.ti	절약	8981
형	frugal frug.l	절약하는, 간소한	8982
명	garage gə.rɑʒ	차고, 격납고	8983
명동	gaze geɪz	응시(하다)	8984
동	germinate dʒɝ.mə.net	싹트다	8985
명	glacier gleɪ.ʃər	빙하	8986
형	glacial gleɪ.ʃəl	빙하의, 차가운	8987
동	glitter glɪ.tər	반짝이다	8988
동	glisten glɪs.n̩	반짝이다	8989
동	glorify glɔ.rə.faɪ	영광화[미화]하다	8990
형	glorious glɔ.riəs	영광스런	8991
명	glory glɔr.i	영광	8992
명	glucose glukoʊs	포도당	8993
명	gossip gɑ.səp	소문, 뒷말	8994
형명동	grave greɪv	무덤, 엄숙한, 조각하다	8995
동	engrave ən.greɪv	새기다	8996
명	grease gris	윤활유, 기름	8997
형	greasy gri.si	기름진	8998
동	greet grit	환영[인사]하다	8999
형	gregarious grə.ge.riəs	사교적인, 떼 짓는	9000

명동	**grub** grəb	파헤치다, 먹다, 유충		9001
명동	**hail** heɪl	우박, 환영하다		9002
동	**haunt** hɒnt	출몰하다, 괴롭히다		9003
명동	**havoc** hæ.vək	파괴(하다)		9004
동	**play havoc with** pleɪ.hæ.vək.wɪθ	~을 혼란시키다		9005
형	**hectic** hek.tɪk	바쁜		9006
명동	**heed** hid	주의[유의](하다)		9007
형	**heedless** hid.ləs	부주의한, 무관심한		9008
명	**hegemony** hi.dʒe.mə.ni	주도권		9009
명동	**hinge** hɪndʒ	경첩, ~에 달려있다		9010
명동	**hoard** hɔrd	비축(하다), 사재기		9011
명	**hoop** hup	테, 고리		9012
명	**husk** həsk	껍질		9013
형	**husky** hʌ.ski	목이 쉰, 껍질의		9014
형	**iconic** aɪk.ɒ.nɪk	우상의, 상징적인		9015
명	**idol** aɪd.l	우상		9016
명	**idiosyncrasy** ɪ.dio.sɪn.krə.si	특이		9017
형	**impeccable** ɪm.pek.əb.l	결점[죄]없는		9018
형	**pertinent** pɜ.tə.nənt	적절한, 관련의		9019
동	**pertain** pər.teɪn	관련[적합]하다		9020
형	**impertinent** ɪm.pɜ.tə.nənt	무례한, 부적절한		9021
형	**impudent** ɪm.pju.dənt	뻔뻔스런, 무례한		9022
명	**impugnment** ɪm.pjun.mənt	비난, 공격		9023
형	**inadvertent** ɪnəd.vɜ.tənt	의도가 아닌, 부주의한		9024
동	**incinerate** ɪn.sɪ.nə.ret	소각하다		9025

형	incipient	초기의	9026
명	inception	시작	9027
명	indispensability	필수	9028
형	indispensable	필수적인	9029
동	dispense	나누다, 주다	9030
동	dispense with	~을 생략하다	9031
명	indolence	게으름, 나태함	9032
형	indolent	게으른	9033
형	inexorable	거침없는, 불변의	9034
동	infuriate	격노시키다	9035
명	fury	격노	9036
형	furious	격노한	9037
명	inkling	눈치챔, 암시	9038
명	inn	여관	9039
형	innocuous	무해한	9040
형	noxious	유해한	9041
형	insipid	맛없는, 따분한	9042
형	insolent	무례한	9043
동	install	설치[임명]하다	9044
명	installation	설치, 임명	9045
명	installment	할부, 분할	9046
명	internship	견습과정	9047
명동	intern	견습 직원, 억류하다	9048
형	intrepid	용감한	9049
동	intrude	침입[방해]하다	9050

영	intrusion ɪn.tru.ʒ.n	침입	9051
명동	itch ɪtʃ	가려움, 가렵다	9052
형	itinerant aɪ.tɪ.nə.rənt	떠도는	9053
명	itinerary aɪ.tɪ.nə.re.ri	여행 일정	9054
형	jaded dʒeɪ.dəd	지친, 진절머리가 난	9055
형	jealous dʒe.ləs	질투하는, 부러운	9056
명	jealousy dʒe.lə.si	질투	9057
동	jeopardize dʒe.pər.daɪz	위태롭게 하다	9058
명	jeopardy dʒe.pər.di	위험	9059
형	jubilant dʒu.bə.lənt	기뻐하는, 의기양양한	9060
명	karma kɑr.mə	업보	9061
명	ken ken	시야	9062
형	kinetic kə.ne.tɪk	움직임의	9063
명	knack næk	요령	9064
명	labyrinth læ.bə.rɪnθ	미로, 복잡함	9065
형	lanky læŋk.i	키 크고 마른	9066
명동	lash læʃ	채찍(질하다), 비난(하다)	9067
형명	laureate lɔ.riət	수상자, 영예의	9068
명	legacy le.gə.si	유산	9069
명	lexicon lek.sɪk.ɑn	사전, 어휘	9070
동	lick lɪk	핥다	9071
명	liquor lɪkər	독한 술	9072
명	liquid lɪ.kwəd	액체	9073
형	logistical lə.dʒɪ.stɪkəl	물류의	9074
명	logistics lə.dʒɪ.stɪks	물류	9075

명·동	**loom** lum	나타나다, 베틀	9076
명	**loop** lup	고리(형), 순환	9077
명	**lubricant** lu.brɪkənt	윤활유	9078
동	**lubricate** lu.brɪket	기름칠[매끄럽게]하다	9079
형	**lucrative** lu.krə.tɪv	돈이 벌리는, 유리한	9080
명	**luster = lustre** lə.stər.lʌ.stər	광택	9081
형	**majestic** mə.dʒe.stɪk	위엄 있는, 웅장한	9082
명	**majesty** mæ.dʒə.sti	위엄, 폐하	9083
형	**malleable** mæ.liəb.l	변하기 쉬운, 융통성 있는	9084
명	**manacle** mæ.nək.l	속박	9085
명	**manic** mæ.nɪk	미친	9086
명	**mania** meɪ.niə	열광	9087
형·명	**maniac** meɪ.ni.æk	미치광이, 미친	9088
명	**marsh** mɑrʃ	늪, 습지	9089
동	**meander** mi.æn.dər	굽이쳐 흐르다, 떠돌다	9090
형·명	**melancholy** me.lənk.ɑ.li	우울(한)	9091
동	**menace** me.nəs	위협하다	9092
형·명	**merchant** mɜr.tʃənt	상인(의), 상업의	9093
명·동	**merchandise** mɜr.tʃən.daɪz	상품, 매매하다	9094
형	**meticulous** mə.tɪ.kjə.ləs	꼼꼼한, 소심한	9095
형·동	**mimic** mɪ.mɪk	모방하다, 흉내내는	9096
명	**mimesis** mɪ.mi.sɪs	모방	9097
명	**mist** mɪst	옅은 안개	9098
형	**misty** mɪ.sti	안개 짙은	9099
동	**mitigate** mɪ.tə.get	완화[진정]하다	9100

형	**monstrous** mɑn.strəs	괴물 같은	9101
명	**monument** mɑ.nju.mənt	기념비, 기념물	9102
형	**monumental** mɑ.njə.men.tl	기념비적인	9103
명	**morbidity** mɔr.bɪ.də.ti	병적임	9104
명	**motto** mɑto.o	좌우명, 격언	9105
동	**mow** moo	깎다, 베다	9106
명	**meadow** medo.o	목초지	9107
형	**muggy** mʌ.gi	찌는 듯한	9108
동	**mull over** məl.oov.r	~을 숙고하다	9109
형	**mute** mjut	무언의, 침묵한	9110
명	**mutiny** mju.tə.ni	폭동, 반란	9111
명·동	**mutter** mʌ.tər	중얼대다, 불평(하다)	9112
동	**murmur** mɜ.mər	중얼대다	9113
동	**mumble** mʌm.bl	중얼대다	9114
명·동	**muzzle** mʌz.l	억압[입막음]하다, 입마개	9115
동	**nag** næg	잔소리하다	9116
형	**naughty** nɒ.ti	장난치는, 무례한	9117
형	**nebulous** ne.bjə.ləs	모호한	9118
형	**nefarious** nə.fe.riəs	불법의, 사악한	9119
명	**nitrogen** naɪ.trə.dʒən	질소	9120
명	**nuance** nuɑns	미묘한 차이	9121
명	**nudity** nu.də.ti	나체	9122
형·명	**nude** nud	나체(의)	9123
명	**nuisance** nu.səns	민폐, 성가심	9124
명·동	**oar** ɔr	노(젓다)	9125

형	obstinate ab.stə.nət	고집 센, 완강한	9126
형	obtuse abtus	둔한	9127
명	omen oʊ.mən	(불길한) 징조	9128
형	ominous a.mə.nəs	불길한	9129
명	onslaught ɒns.lɔt	맹공격	9130
명	slaughter slɔ.tər	도살, 학살	9131
동	slay sleɪ	살해[학살]하다 ③ slay | slew | slain	9132
형	opaque oʊ.peɪk	불투명한	9133
형	opulent u.pjə.lənt	부유한, 풍부한	9134
동	orchestrate ɔrk.ə.stret	조정[지휘]하다	9135
명	orgy ɔr.dʒɪ	흥청망청	9136
형	ostentatiously a.stən.teɪ.ʃə.sli	과시하는	9137
부	ostensibly asten.sə.bli	표면적으로	9138
명	oxymoron aksi.mɔran	모순 어법	9139
명	pagan peɪ.ɡən	이교도	9140
명	paralysis pə.ræ.lə.sɪs	마비	9141
동	paralyze pe.rə.laɪz	마비[무력화]시키다	9142
명	paralympic pe.rə.lɪm.pɪk	장애인 올림픽	9143
명	parasite pe.rə.saɪt	기생충	9144
형	parasitic pe.rə.sɪ.tɪk	기생적인	9145
명.동	pardon par.dn̩	용서(하다), 사면	9146
	Pardon me par.dn̩.mi	"실례합니다", "잘 못 들었습니다"	9147
형	sparse spars	드문, 부족한	9148
명	parsimony par.səmo.ʊ.ni	절약, 인색	9149
명	pathogen pæ.θə.dʒən	병원균	9150

품사	단어	뜻	번호
명	pathology pə.θɑ.lə.dʒi	병리학	9151
명	patio pæ.tio.ʊ	안뜰	9152
명	pasture pæs.tʃər	목초지	9153
명,동	pause pɔz	중지[휴식](하다)	9154
명,동	paw pɒ	(동물의) 발, 할퀴다	9155
형	peculiar pə.kju.ljər	특이한	9156
명	peculiarity pɪ.kju.li.e.rə.ti	특이함	9157
명	pediatrician pi.diə.trɪʃ.n̩	소아과의사	9158
명	pediatrics pi.di.æ.trɪks	소아과	9159
명	perpetrator pɜ.pə.tre.tər	가해자	9160
동	perpetrate pɜ.pə.tret	저지르다	9161
명	petrol petrol	석유	9162
형	pharmaceutical fɑr.mə.su.tɪk.l	제약의, 약물의	9163
명	pharmacy fɑr.mə.si	약국, 약학	9164
명	pharmacist fɑr.mə.səst	약사	9165
명	pickle pɪk.l	절임	9166
명,동	pinch pɪntʃ	꼬집다, 조금	9167
명,동	pioneer paɪə.nɪr	개척자, 개척하다	9168
명,동	pique pik	자극(하다)	9169
명	pike paɪk	창, 봉우리	9170
명,동	prick prɪk	찌르다, 가시	9171
명,동	pirate paɪ.rət	해적, 표절하다	9172
명	piracy paɪ.rə.si	해적질, 표절	9173
명	pit pɪt	구멍, 구덩이	9174
명	pitfall pɪt.fɒl	함정	9175

명	cockpit kɑk.pɪt	조종석	9176
명	pity pɪ.ti	동정, 연민, 유감	9177
명	piety paɪə.ti	경건, 신앙심	9178
형	pitiful pɪ.tə.fəl	가엾은	9179
형	pious paɪəs	경건한	9180
명	self pity self.pɪ.ti	자기 연민	9181
동	take a pity on teɪk.ə.pɪ.ti.ɑn	~을 동정하다	9182
형	pivotal pɪ.və.təl	중심의, 회전축의	9183
명,동	pivot pɪ.vət	중심, 회전하다	9184
동	plagiarize pleɪ.dʒɪə.raɪz	표절하다	9185
명	plumbing plʌm.ɪŋ	배관(공사)	9186
명	plumber plʌ.mər	배관공	9187
명,동	plunder plʌn.dər	약탈(하다)	9188
동	poach poʊtʃ	밀렵하다, 가로채다	9189
명,동	pore pɔr	숙고하다, (땀)구멍	9190
동	pore over pɔr.oʊv.r̩	자세히 보다	9191
명	portfolio pɔrtfo.lio.o	서류첩, 작품집	9192
형	potable poʊ.təb.l̩	마실 수 있는	9193
명	potion poʊʃ.n̩	물약	9194
형	dusty dʌ.sti	먼지투성의	9195
명	dust dəst	먼지	9196
동	prod into prɑd.ɪn.tu	~을 자극하다	9197
명,동	prod prɑd	찌르다, 재촉(하다)	9198
형	profuse prə.fjus	많은	9199
동	promulgate prɑmə.l.geɪt	발표하다	9200

형·명	**pulp** pʌlp	걸쭉한, 과육	9201
명	**punctuality** pʌŋk.tʃu.æ.lə.ti	시간 엄수, 정확함	9202
형	**punctual** pʌŋk.tʃuəl	시간 엄수의	9203
명	**pundit** pʌn.dət	전문가	9204
명	**pupil** pjup.l	학생, 눈동자	9205
명	**puppet** pʌ.pət	꼭두각시	9206
동	**reimburse** riəm.bɝs	갚다	9207
형	**rugged** rʌ.gəd	울퉁불퉁한, 튼튼한	9208
명	**rug** rəg	깔개	9209
형	**ragged** ræ.gəd	해진, 낡은	9210
명	**ramification** ræ.mə.fək.eɪʃ.n	파급력, 나뭇가지, 세분화	9211
명	**rapport** ræ.pɔr	친밀(관계)	9212
동	**redeem** rə.dim	되찾다, 벌충[상쇄]하다	9213
명	**refugee** re.fju.dʒi	난민, 망명자	9214
명	**refuge** re.fjudʒ	피난(처)	9215
동	**refurbish** ri.fɚ.bɪʃ	재단장하다	9216
형·동	**reiterate** ri.ɪ.tə.ret	되풀이하다, 반복된	9217
형	**remunerative** ri.mju.nə.rə.tɪv	수익이 좋은, 유리한	9218
동	**renounce** ri.naʊns	포기하다	9219
형	**renowned** rə.naʊnd	유명한	9220
명	**renown** rə.naʊn	명성	9221
명	**residue** re.zə.du	잔여(물), 나머지	9222
형·명	**residual** rə.zɪ.dʒuəl	나머지(의)	9223
동	**retaliate** rə.tæ.li.et	복수하다	9224
명·동	**retreat** ri.trit	후퇴[은퇴](하다)	9225

명	revenue re.və.nu	수익	9226
명·동	revoke rıvook	취소[폐지](하다)	9227
형	rife raıf	유행하는, 많은	9228
형	rigid rı.dʒəd	엄격한, 단단한	9229
형	rigorous rı.gə.rəs	엄격한	9230
동	roam room	배회하다	9231
명·동	rust rəst	녹(슬다)	9232
형	rusty rʌ.sti	녹슨	9233
형	sagacious sə.geı.ʃəs	현명한	9234
형·명	sage seıdʒ	현명한, 현자	9235
명	saliva sə.laı.və	침, 타액	9236
동	salute sə.lut	경례[안부 인사]하다	9237
형	sanguine sæŋ.gwın	낙관적인, 자신있는	9238
명	sap sæp	수액	9239
명	sapling sæp.l.ıŋ	묘목	9240
명	sarcasm surk.æ.zəm	풍자	9241
형	sarcastic sarkæ.stık	풍자적인	9242
명	satire sæ.taıər	풍자	9243
형	satirical sə.tı.rək.ļ	풍자적인	9244
명	sash sæʃ	띠, 창틀	9245
동	scold skoold	꾸짖다	9246
명·동	scout skaʊt	정찰병, 정찰(하다)	9247
명	seam sim	실밥, 이음새	9248
동	sew soʊ	꿰매다	9249
형	seamless sim.ləs	이음새가 없는, 매끄러운	9250

명/동	segment	구획, 부분, 나누다	9251
명	segregation	분리, 차별	9252
동	segregate	분리[차별]하다	9253
명	senator	상원의원	9254
명	sermon	설교	9255
형	shallow	얕은, 피상적인	9256
동	shave	면도하다 ③ shave | shaved | shaven	9257
동	shun	피하다	9258
명/동	sigh	한숨(쉬다)	9259
명	sin	죄	9260
형	sinner	죄인	9261
형	sinful	죄악의	9262
형	sinister	악한, 불길한	9263
동	seep	스미다	9264
명/동	sip	한모금(마시다)	9265
동	soak	적시다, 담그다	9266
형	sizzling	지글거리는, 뜨거운	9267
명	skirmish	교전, 충돌	9268
형	slimy	끈적한	9269
명	slot	홈, 구멍, 시간대	9270
형	snobbish	속물 같은	9271
동	solicit	간청하다	9272
형	somber = sombre	칙칙한	9273
명	soot	그을음, 매연	9274
형/동	sour	신, 시어지다	9275

명동	**spawn** spɔn	알(낳다), 생산하다	9276
명동	**spike** spaɪk	못, 찌르다	9277
형	**spinal** spaɪn.l	가시의, 척추의	9278
형	**spiky** spaɪk.i	뾰족한, 깐깐한	9279
명	**spine** spaɪn	가시, 척추	9280
명동	**spit** spɪt	침(뱉다) ③ spit | spat, spit | spat, spit	9281
명동	**squeeze** skwiz	압착(하다), 꽉 쥐다	9282
명동	**stare** ster	응시(하다)	9283
형	**startled** stɑr.tld	놀란	9284
동	**startle** stɑr.tl	놀라게 하다	9285
형동	**steep** stip	가파른, 적시다	9286
명	**steward** stuərd	집사, 남자 승무원	9287
명	**stewardship** stuərd.ʃɪp	관리, 책무	9288
명동	**stitch** stɪtʃ	꿰매다, 솔기	9289
명	**straw** strɔ	짚, 빨대	9290
명	**stud** stʌd	징, 장식 못	9291
형	**subliminal** sə.blɪ.mən.l	잠재의식의	9292
명동	**swamp** swɑmp	늪, 뒤덮다	9293
동	**synchronize** sɪŋ.krə.naɪz	동시에 하다	9294
명	**tack** tæk	압정, 방향	9295
명동	**taint** teɪnt	얼룩, 오점, 더럽히다	9296
형	**untainted** ʌn.teɪn.təd	더럽혀지지 않은	9297
형동	**tame** teɪm	길들이다, 길든	9298
형	**tattered** tæ.tərd	찢긴	9299
동	**tease** tiz	괴롭히다, 놀리다	9300

형	**tedious** ti.diəs	지루한	9301
형	**terse** tɜːs	간결한, 무뚝뚝한	9302
명	**theocracy** θi.ɑ.krə.si	신권 정치	9303
명	**theology** θi.ɑ.lə.dʒi	신학	9304
명동	**thirst** θɜːst	갈증, 목마르다	9305
형	**thirsty** θɜːr.sti	목마른, 건조한	9306
명	**thorn** θɔːrn	가시	9307
형	**thorny** θɔːr.ni	가시가 많은, 험난한	9308
명	**thriller** θrɪ.lər	전율시키는 것	9309
명동	**thrill** θrɪl	전율[감동](시키다)	9310
명동	**throb** θrɑb	고동(치다)	9311
명동	**throne** θroʊn	왕좌, 즉위(하다)	9312
명	**tide** taɪd	조류, 조수	9313
형	**tidal** taɪd.l	조수의	9314
명	**tin** tɪn	통조림, 알루미늄	9315
명	**toll** toʊl	통행료	9316
명	**tomb** tuːm	무덤	9317
명	**torch** tɔːrtʃ	횃불, 등불	9318
동	**toss** tɑs	던지다, 젖히다	9319
동	**trample** træm.pl	유린하다, 짓밟다	9320
명	**tranquility** træn.kwɪ.lə.ti	고요함	9321
형	**tranquil** træŋ.kwəl	고요한	9322
명	**treadmill** tred.mɪl	런닝머신, 단조로움	9323
명동	**tread** tred	걸음, 걷다, 밟다	9324
동	**trickle** trɪk.l	흐르다	9325

명동	triumph traɪəmf	승리[성공](하다)		9326
형	triumphant traɪəm.fənt	승리한, 성공한		9327
형	tropical trɑ.pɪk.l	열대의, 열렬한		9328
명	tropic tru.pɪk	열대지방		9329
동	trounce traʊns	완승하다		9330
동	tuck tʌk	쑤셔 넣다		9331
동	tumble tʌm.bl	떨어[무너]지다		9332
명	tumult tu.məlt	소란, 혼란		9333
동	tweak twik	조정하다, 비틀다		9334
형	ubiquitous ju.bɪ.kwə.təs	어디에나 있는		9335
명동	umpire ʌm.paɪər	심판 (보다)		9336
형	uncanny ʌnk.æ.ni	불가사의한, 이상한		9337
형	ungrudging ʌn.grʌdʒ.ɪŋ	아끼지 않는, 진심의		9338
명동	grudge grədʒ	원한, 아까워하다		9339
명동	leash liʃ	끈(으로 묶다)		9340
동	unleash ʌn.liʃ	끈을 풀다, 해방하다		9341
동	vacillate væ.sə.let	흔들리다, 동요하다		9342
명동	varnish vɑr.nɪʃ	광택제, 광택 내다		9343
동	veer vɪr	방향을 틀다		9344
형	venal vi.nəl	매수한, 부패한		9345
형	vile vaɪl	불쾌한		9346
명	vendor ven.dər	판매상, 노점상		9347
명	verdict vɝ.dɪkt	평결, 판정		9348
동	indict ɪn.daɪt	기소하다		9349
명	vermin vɝ.mɪn	해충		9350

명	**verse** vɜːs	운문, 시	9351
명	**prose** prouz	산문	9352
형	**vertical** vɜː.tɪk.l̩	수직의, 직립한	9353
명	**vertebrate** vɜː.tə.breɪt	척추동물	9354
형명	**veterinary** ve.trə.ne.ri	수의학의, 수의사	9355
동	**vindicate** vɪn.dəkeɪt	정당화[입증]하다	9356
형명	**virgin** vɜː.dʒɪn	처녀(의), 순수한	9357
형	**visceral** vɪ.sə.rəl	내장의, 본능적인	9358
명	**vocation** voʊk.eɪʃ.n̩	천직, 직업, 업무	9359
형	**vocational** voʊk.eɪ.ʃnəl	직업[업무]상의	9360
형동	**void** vɔɪd	빈, 비우다	9361
형	**devoid** dɪ.vɔɪd	없는	9362
동	**weep** wiːp	울다 ③ weep | wept | wept	9363
동	**wield** wiːld	휘두르다, 행사하다	9364
동	**wipe** waɪp	닦다	9365
동	**wither** wɪ.ðər	시들다	9366
동	**wilt** wɪlt	시들다, 지치다	9367
명	**wool** wʊl	양모, 털실, 모직물	9368
명동	**yell** jel	고함(치다)	9369
동	**abide** ə.baɪd	따르다, 참다, 살다 ③ abide | abode, abided | abode, abided	9370
동	**abide by** ə.baɪd.baɪ	~을 따르다	9371
동	**abolish** ə.bɑ.lɪʃ	폐지하다	9372
명	**abrasion** ə.breɪʒ.n̩	찰과상, 마모	9373
형명	**abrasive** ə.breɪ.sɪv	마모시키는, 연마재	9374
부	**abreast** ə.brest	나란히	9375

동	**abrogate** æ.brə.ɡeɪt	폐지하다	9376
명	**abyss** ə.bɪs	심연	9377
명	**acrobat** æ.krə.bæt	곡예사	9378
형	**acrobatic** æ.krə.bæ.tɪk	곡예의	9379
형·동	**puncture** pʌŋk.tʃər	구멍(나다)	9380
형·동	**punch** pʌntʃ	주먹질하다, 구멍(뚫다)	9381
형·부	**ad hoc** æd.hɑk	즉석(의), 특별한	9382
명	**adage** æ.dədʒ	격언	9383
명	**adjective** æ.dʒɪk.tɪv	형용사	9384
동	**admonish** æd.mɑ.nɪʃ	훈계하다	9385
동	**affiliate** ə.fɪ.li.eɪt	제휴[합병]하다	9386
명	**agenda** ə.dʒen.də	안건	9387
형	**agile** æ.dʒəl	민첩한	9388
명	**agility** ə.dʒɪ.lə.ti	민첩함	9389
명	**agony** æ.ɡə.ni	고통	9390
동	**agonize** æ.ɡə.naɪz	고통스럽다	9391
명	**agora** æ.ɡə.rə	광장, 집회	9392
명	**aisle** aɪl	복도, 통로	9393
명	**axis** æk.səs	(중심)축	9394
명	**alcoholic** ælk.ə.hɑ.lɪk	알콜 중독자	9395
명	**alcoholism** ælk.ə.hɒ.lɪ.zəm	알콜 중독	9396
명	**alloy** æ.lɔɪ	합금	9397
명	**alms** ɑlmz	구호품, 자선금	9398
명	**alumnus** (pl. alumni) ə.ləm.nəs	졸업생, 동창생	9399
명	**amalgam** ə.mæl.ɡəm	혼합물	9400

형	ambient æm.biənt	주변의	9401
명	ambience æm.biəns	분위기, 환경	9402
명	anachronism ə.næ.krə.nɪ.zəm	시대 착오	9403
명	anthology æn.θɑ.lə.dʒi	모음집	9404
명	antidote æn.tidoʊt	해독제	9405
명	apparatus æ.pə.ræ.təs	장치, 기관	9406
명	apparel ə.pe.rəl	의류	9407
형	ardent ɑr.dənt	열렬한	9408
명	aroma əroʊ.ʊ.mə	향기	9409
형명	aromatic e.rə.mæ.tik	향기로운, 향료	9410
명	atrocity ə.trɑ.sə.ti	잔혹함	9411
명	attic æ.tik	다락방	9412
명	attorney ə.tɜ.ni	변호사	9413
명	aura ɔ.rə	분위기, 기운	9414
명	autopsy ɑ.tɑp.si	부검	9415
명동	revenge ri.vendʒ	복수(하다)	9416
동	avenge ə.vendʒ	복수하다	9417
명	vengeance ven.dʒəns	복수	9418
동	babysit bei.bi.sit	아기를 돌보다	9419
동	baffle bæf.l	당황[좌절]시키다	9420
명동	bail beil	보석금(을 내다)	9421
동	bail out beil.aʊt	퍼내다, 구제하다	9422
명동	bait beit	미끼, 유혹하다	9423
형	balmy bɑ.mi	향기로운, 훈훈한	9424
명	baptism bæp.tɪ.zəm	세례	9425

명	**barn** bɑrn	헛간	9426
형	**barren** bæ.rən	메마른, 불모의, 불임의	9427
명동	**batch** bætʃ	묶음, 일괄로 처리하다[굽다]	9428
동	**bake** beɪk	굽다	9429
명	**bay** beɪ	만 *지형	9430
동	**beguile** bɪ.gaɪl	현혹하다, 시간 때우다	9431
형	**gullible** gʌ.ləb.l	잘 속는	9432
동	**betray** bə.treɪ	배신[누설]하다	9433
명	**betrayal** bə.treɪəl	배신	9434
명동	**bicker** bɪkər	언쟁(하다)	9435
명동	**billow** bɪlo.ʊ	파도, 소용돌이(치다)	9436
형	**bizarre** bə.zɑr	기이한	9437
명동	**blink** blɪŋk	깜빡이다, 일순간	9438
동	**bloat** bloʊt	부풀다	9439
형명	**blonde** blɑnd	금발의 (여자)	9440
형	**blond** blɑnd	금발의	9441
명	**blot** blɑt	얼룩, 오점	9442
형	**bluff** blʌf	허세, 절벽	9443
명	**bluster** blʌ.stər	고함, 허세	9444
명	**borough** bɜro.ʊ	자치구	9445
명	**boulevard** bʊ.lə.vɑrd	큰 길	9446
명동	**bounce** baʊns	튀다, 튐, 탄력	9447
동	**bounce off** baʊns.ɒf	튕기다, 반사하다	9448
명	**bowel** baʊəl	내장	9449
명동	**boycott** bɔɪ.kɑt	불매(하다)	9450

영	breeze briz	산들바람	9451
영·동	bribe braɪb	뇌물(주다)	9452
영	bribery braɪ.bə.ri	뇌물 수수	9453
형·부	brisk brɪsk	빠른, 바쁜, 딱딱한	9454
영	brokerage broʊk.ə.rɪdʒ	중개업	9455
영	broker broʊkə	중개인	9456
영	brook brʊk	시냇물	9457
영	broom brum	빗자루	9458
동	browse braʊz	둘러보다	9459
영	brutality bru.tæ.lə.ti	야만성	9460
형	brutal brut.l	야만적인	9461
영	brute brut	야수	9462
영·동	buckle bʌk.l	잠금장치, 잠그다	9463
동	buckle up bʌk.l.ʌp	안전벨트[버클]매다	9464
영·동	buffer bʌ.fər	완화하다, 완충기	9465
영	bulb bəlb	전구	9466
동	bustle bʌs.l	서두르다	9467
영	buttress bʌ.trəs	지지대	9468
영	cafeteria kæ.fə.tɪ.riə	구내식당	9469
영	calamity kə.læ.mə.ti	재앙	9470
영	caliber = calibre kæ.lə.bər	직경	9471
영	canyon kæ.njən	협곡	9472
형	capricious kə.prɪ.ʃəs	변덕스런	9473
영	carcass kurkəs	시체, 잔해	9474
영	carnage kar.nɪdʒ	대학살	9475

명	cartel kartel	담합, 연합	9476
동	cater keɪ.tər	(음식을) 제공하다	9477
명	catering keɪ.tər.ɪŋ	음식 공급(업)	9478
형	caustic kɑ.stɪk	부식성의, 신랄한	9479
명	censorship sen.sər.ʃɪp	검열	9480
명·동	censor sen.sər	검열하다, 검열관	9481
명·동	censure sen.ʃər	비난(하다)	9482
명	chamber tʃeɪm.bər	방, -실,	9483
명·동	chat tʃæt	잡담(하다)	9484
동	chatter tʃæ.tər	재잘대다	9485
명	chill tʃɪl	냉기, 추운	9486
명	clan klæn	씨족, 파벌, 집단	9487
형	clandestine klæn.de.stən	은밀한, 비밀의	9488
명	clause klɒz	단락, 절, 조항	9489
명	cliche kli.ʃeɪ	진부함	9490
명	cliff klɪf	절벽	9491
명	cloak klook	망토, 은폐	9492
명	clone kloon	복제[품, 인간]	9493
명	coalition kooə.lɪʃ.n	연합	9494
동	coax kooks	꼬시다	9495
명	cocktail kɑk.tel	혼합물	9496
명	coffin kɒ.fɪn	관	9497
동	collate kə.leɪt	대조(분석)하다	9498
형	colossal kə.lɑs.l	거대한, 놀랄만한	9499
명	coma koo.mə	혼수상태	9500

형/명	combatant kəm.bæ.tənt	전투적인, 전투원	9501
동	combat kʌm.bæt	싸우다	9502
형	combative kəm.bæ.tɪv	전투적인	9503
명	comet ku.mət	혜성	9504
동	commence kə.mens	시작하다	9505
형	compact kʌm.pækt	소형의, 조밀한	9506
동	condone kəndoʊn	용납하다	9507
명/동	confederate kən.fe.də.rət	연합(하다)	9508
명	confederation kən.fe.də.reɪʃ.n	연합	9509
동	confiscate kʌn.fə.sket	몰수하다	9510
형	fiscal fɪ.skl	재정적인	9511
명	conglomerate kən.glɑ.mə.rət	집단, 복합체	9512
명/동	conjecture kən.dʒek.tʃər	추측(하다)	9513
동	conjure kʌn.dʒər	간청[마술]하다	9514
명	constipation kʌn.stə.peɪʃ.n	변비	9515
명	corpse kɔrps	시체	9516
형	corporal kɔr.pə.rəl	신체의, 개인적인	9517
형	corpulent kɔr.pjə.lənt	뚱뚱한	9518
형	cosmic kɑz.mɪk	우주의, 보편적인	9519
명	cosmos kɑzmos	우주, 코스모스 꽃	9520
형	cosmopolitan kɑz.mə.pɑ.lə.tən	국제적인	9521
명	countenance kaʊn.tə.nəns	얼굴, 표정	9522
동	covet kʌ.vət	탐내다	9523
명	coward kaʊərd	겁쟁이	9524
동	cozen kʌz.n	속이다	9525

명	cradle krd.l	아기 침대, 받침대	9526
명	crater kreɪtər	분화구	9527
동	crave kreɪv	갈망[간청]하다	9528
동	crawl krɔl	기다, 서행하다	9529
명	crest krest	절정, 장식	9530
동	crystallize krɪstəlaɪz	구체화하다	9531
명	cult kʌlt	숭배(집단)	9532
형	occult əkʌlt	초자연적인	9533
형	cunning kʌnɪŋ	교활한, 교묘한	9534
명동	curse kɜrs	저주(하다) ③ curse | curst | curst	9535
명	custody kʌstədi	감금, 보관, 보호, 양육권	9536
명	cylinder sɪləndər	원통형, 기통	9537
동	daunt dɔnt	기죽이다	9538
명	debacle dəbɑkl	실패, 붕괴	9539
동	decant dəkænt	옮겨 붓다	9540
명	deficiency dəfɪʃənsi	결핍	9541
형	deficient dəfɪʃənt	부족한	9542
명	deficit defəsət	부족(액), 적자	9543
형	delirious dəlɪriəs	정신없는	9544
명	detergent dətɜrdʒənt	세제	9545
명	dexterity dekstɛrəti	손재주, 민첩	9546
명	diaper daɪpər	기저귀	9547
명동	disdain dɪsdeɪn	경멸(하다)	9548
동	dismantle dɪsmæntl	해체하다	9549
명	deity diəti	신	9550

명	divinity dɪ.vɪ.nə.ti	신성, 신학	9551
형	divine dɪ.vaɪn	신의, 신성한	9552
명	dosage dou.sɪdʒ	정량, 복용량	9553
명	dose dous	(1회) 복용량	9554
명동	overdose ouv.ədous	과다 복용(하다)	9555
명	dough dou	반죽	9556
명	dummy dʌ.mi	(인체)모형	9557
형	dumb dəm	벙어리의, 무언의	9558
명동	dye daɪ	염색(하다), 염색제	9559
명	elegance e.lə.gəns	우아함	9560
형	elegant e.lə.gənt	품위 있는, 우아한	9561
동	emanate e.mə.neɪt	내뿜다	9562
형	empirical em.pɪ.rɪk.l	경험적인	9563
명	empiricism em.pɪ.rə.sɪ.zəm	경험주의	9564
명	encore ɑnk.ɔr	재요청, 재방송	9565
명	enigma ə.nɪg.mə	수수께끼	9566
형	enigmatic e.nɪg.mæ.tɪk	수수께끼의	9567
명동	tangle tæŋ.ɡl	엉킴, 엉키다	9568
동	disentangle dɪ.sən.tæŋ.ɡl	풀다, 해방되다	9569
동	entangle en.tæŋ.ɡl	얽히다, 혼란시키다	9570
동	envelop en.ve.ləp	감싸다	9571
명	envelope en.vəloup	봉투	9572
명	epoch e.pɑk	신기원, 시대	9573
형	ergonomics ɔr.ɡə.nɑ.mɪks	인체 공학	9574
형	ergonomic ɔr.ɡə.nɑ.mɪk	인체 공학의	9575

명	euthanasia ju.θə.neɪ.ʒə	안락사	9576
명	eviction ɪ.vɪk.ʃn	퇴거	9577
동	evict ɪ.vɪkt	내쫓다	9578
동	exhort ɪg.zɔrt	권고[훈계]하다	9579
동	fade feɪd	사라지다, 시들다	9580
동	fade away feɪd.ə.weɪ	사라지다	9581
형	feasible fi.zəb.l	실행 가능한	9582
명	feasibility fi.zə.bɪ.lə.ti	실현성	9583
형	feeble fib.l	약한	9584
명	felony fe.lə.ni	중범죄	9585
명	felon fe.lən	중죄인	9586
동	fetch fetʃ	가져[데려]오다, 팔리다	9587
형	far fetched far.fetʃt	믿기지 않는	9588
명	fetish fe.tɪʃ	집착, 숭배물	9589
명	fetus fi.təs	태아, 초기	9590
형	fetal fit.l	태아의	9591
명	fidelity fə.de.lə.ti	충실, 충성	9592
명	infidelity ɪn.fə.de.lə.ti	무신론, 배신	9593
명	infidel ɪn.fə.del	무신론자	9594
형	bona fide boʊ.nə.faɪd	진실된	9595
형	filthy fɪl.θi	더러운	9596
명	filth fɪlθ	오물	9597
명	flake fleɪk	파편	9598
명	flank flæŋk	측면, 옆구리	9599
명	flaw flɒ	결함, 단점	9600

형	flawless fl
ɔ.ləs	흠없는	9601
동	flicker flɪkər	깜박이다	9602
형	floppy flɑ.pi	유연한, 기운 없는	9603
동	flop flɑp	자빠지다	9604
동	flounder flaʊn.dər	허둥대다	9605
형	flour flaʊər	(밀)가루	9606
명	fluff flʌf	솜털	9607
형	fluffy flʌ.fi	솜털[거품] 같은	9608
형	fluorescent flʊ.re.sənt	형광의	9609
동	forage fɔ.rɪdʒ	(먹이를) 찾다	9610
동	forfeit fɔr.fət	몰수[상실]하다	9611
형	fountain faʊn.tən	분수, 샘	9612
형	frantic fræn.tɪk	미친	9613
형	fraudulent frɑ.dʒə.lənt	사기성의	9614
동	defraud də.frɔd	사기치다	9615
명	fraud frɔd	사기	9616
형·명	freak frik	특이(한)	9617
형	frivolous frɪ.və.ləs	경솔한, 시시한	9618
명·동	frown fraʊn	찌푸린 얼굴(을 하다)	9619
명	funeral fju.nə.rəl	장례식	9620
명	funnel fʌn.l	깔때기, 굴뚝	9621
명	furnace fr.nəs	용광로	9622
명	fuss fəs	소란	9623
형	gallant gæ.lənt	용감한	9624
명	garbage gɑr.bɪdʒ	쓰레기	9625

명	garment gɑr.mənt	의복	9626
명	ghetto geto.ʊ	빈민가	9627
동	giggle gig.l	킥킥 웃다	9628
명	gill gɪl	아가미	9629
부	gingerly dʒɪn.dʒər.li	신중한, 신중히	9630
명	gist dʒɪst	요점	9631
형	glamorous glæ.mə.rəs	매력적인	9632
명동	glamor glæ.mər	매력, 매혹하다	9633
동	glean glin	줍다, 모으다	9634
명	gloom glum	우울, 침울	9635
형	gloomy glu.mi	우울한	9636
명동	glue glu	접착제, 붙이다	9637
형	gorgeous gɔr.dʒəs	멋진	9638
명	gourmet gʊr.me	미식가	9639
명	graft græft	접목, 이식	9640
형	grim grɪm	무서운, 잔인한	9641
명	grimace grɪ.məs	찡그린 얼굴	9642
동	grin grɪn	활짝 웃다	9643
형	grotesque groʊ.tesk	괴기한	9644
명동	growl graʊl	으르렁(대다)	9645
형	gruesome gru.səm	무서운, 소름 끼치는	9646
동	grunt grənt	꿀꿀대다, 불평하다	9647
명동	grumble grʌm.bl	투덜(대다)	9648
명	guerrilla gə.rɪ.lə	비정규병	9649
명	guild gɪld	협회, 조합	9650

동	**gulp** gʌlp	삼키다	9651
명	**gust** gʌst	돌풍	9652
명동	**gush** gʌʃ	분출(하다)	9653
동	**harass** hə.ræs	괴롭히다	9654
명동	**hash** hæʃ	다지다, 재탕	9655
명	**haze** heɪz	안개	9656
명	**hedge** hedʒ	울타리, 대비책	9657
명	**helix** hi.lɪks	나선형	9658
명동	**herald** he.rəld	알리다, 전조	9659
명	**herd** hɜd	떼, 대량	9660
명	**heap** hɪp	무더기	9661
명동	**hiccup** hɪk.ʌp	딸꾹질(하다)	9662
형	**hideous** hɪ.diəs	끔찍한, 무서운	9663
명동	**hijack** haɪ.dʒæk	납치(하다)	9664
명	**hoax** hoʊks	거짓말, 장난	9665
명	**hoof** huf	발굽	9666
형	**horizontal** hɔ.rə.zʊn.tl	수평(선)의, 가로의	9667
명	**horizon** hə.raɪz.n	수평선, 지평선	9668
동	**howl** haʊl	울부짖다	9669
명	**hue** hju	빛깔, 색조	9670
명동	**hurdle** hɜ.dl	장애물, 극복하다	9671
명	**hassle** hæs.l	번거로운 일[상황]	9672
명동	**hustle** hʌs.l	밀치다, 혼잡	9673
명	**hygiene** haɪ.dʒin	위생	9674
명	**hyperbole** haɪ.pɜ.bə.li	과장	9675

명	hypocrisy hə.pɑ.krə.si	위선	9676
명	hypocrite hɪ.pɪ.krɪt	위선자	9677
형	hypocritical hɪ.pɪ.krɪ.tɪk.l	위선적인	9678
명	idiom ɪ.diəm	숙어	9679
형	idle aɪd.l	게으른, 쉬는	9680
형	illegible ɪ.le.dʒəb.l	읽기 어려운	9681
형	legible le.gəb.l	읽을 수 있는	9682
형	immaculate ɪ.mæ.kju.lət	결점 없는, 순결한	9683
명	impeachment ɪm.pit.ʃmənt	탄핵	9684
동	impeach ɪm.pitʃ	탄핵하다	9685
형	imperative ɪm.pe.rə.tɪv	필수적인, 긴급한	9686
명	impetus ɪm.pə.təs	힘, 기동력, 자극	9687
형	impetuous ɪm.pet.ʃwəs	충동적인, 격렬한	9688
형	inaugural ɪ.nɑ.gə.rəl	취임(식)의, 최초의	9689
동	inaugurate ɪ.nɑ.gjə.ret	취임하게 하다	9690
동	infest ɪn.fest	들끓다, 감염시키다	9691
명	infusion ɪn.fjuʒ.n	주입	9692
동	infuse ɪn.fjuz	붓다, 주입하다	9693
동	inoculate ɪ.nɑ.kjə.let	예방접종하다	9694
동	insert ɪn.sɝt	삽입하다	9695
동	instill ɪn.stɪl	주입하다	9696
동	distill dɪ.stɪl	증류[추출]하다	9697
동	insult ɪn.sʌlt	모욕하다	9698
형	intermittent ɪn.tər.mɪ.tənt	간헐적인	9699
형.명	interim ɪn.tə.rəm	임시적인, 중간기	9700

형·명	intestine in.te.stən	창자, 내부의		9701
동	inundate i.nʌn.det	침수되다		9702
명·동	jet dʒet	분출(하다)		9703
명	jet lag dʒet.læg	시차 피로		9704
동	jog dʒɑg	조깅하다		9705
동	juggle dʒʌg.l	곡예하다, 속이다		9706
동	enkindle ink.in.dl	불타게[자극]하다		9707
동	kindle kin.dl	불 붙이다, 빛내다		9708
명	knob nɑb	손잡이, 혹		9709
명·동	lag læg	지연(되다)		9710
형	lame leim	절름발의, 서투른		9711
형·명	limp limp	절뚝거림, 지친		9712
명	latch lætʃ	자물쇠		9713
부	lateral læ.tə.rəl	측면의, 옆으로		9714
형	bilateral bai.læ.tə.rəl	양쪽의		9715
형	multilateral mʌlt.i.læt.ər.əl	다각적인		9716
형·명	collateral kə.læ.tə.rəl	부수적인, 담보물		9717
형	unilateral ju.nə.læ.tə.rəl	일방적인		9718
명	laundry lɒn.dri	세탁소, 세탁물		9719
명	lava lɑ.və	용암		9720
형	lavish læ.viʃ	사치스런, 풍부한		9721
형	lenient li.niənt	관대한		9722
형	lethal liθ.l	치명적인		9723
형	lethargic lə.θɑr.dʒik	혼수상태의, 무기력한		9724
명	lethargy le.θər.dʒi	혼수상태, 무기력		9725

명동	**levy** le.vi	부과(하다)	9726
동	**libel** laɪb.l	비방하다	9727
명	**litigation** lɪ.tə.geɪʃ.ŋ	소송, 고소	9728
명	**liver** lɪ.vər	간	9729
동	**loathe** loʊð	싫어하다	9730
형	**loath** loʊθ	싫은	9731
형	**lousy** laʊ.zi	엉망인	9732
명동	**lumber** lʌm.bər	목재, 벌목하다	9733
명	**lumberjack** lʌm.bər.dʒæk	벌목꾼	9734
명	**lynch** lɪntʃ	집단폭행	9735
명	**magnet** mæg.nət	자석, 끌리는 것	9736
형	**magnetic** mæg.ne.tɪk	자석의, 자성을 띈	9737
형	**electromagnetic** ɪ.lektro.ʊ.mæg.ne.tɪk	전자기의	9738
형	**mellow** melo.ʊ	달콤한, 부드러운	9739
명	**mercy** mɝ.si	자비, 인정	9740
	at the mercy of ʌʌ.ðə.mɝ.si.ʌv	~의 처분에 달린	9741
형	**merciful** mɝ.sə.fəl	자비로운	9742
명	**mesh** meʃ	망사	9743
형	**metropolitan** me.trə.pa.lə.tən	대도시의, 수도의	9744
형동	**mock** mɑk	흉내내다, 모조의	9745
명	**mockery** mɑk.ə.ri	흉내	9746
명	**module** mɑ.dʒul	규격 부품, 부분	9747
동	**modulate** mɒdʒ.ju.let	조절하다	9748
명	**monk** mɑŋk	수도승	9749
명	**monastery** mɑ.nə.ste.ri	수도원	9750

형	monotonous mə.na.tə.nəs	단조로운	9751
명	monotony in.ét.nu.tə.ni	단조로움	9752
명동	mop map	대걸레(로 닦다)	9753
명	moratorium mɔ.rɔ.ɔ.ri.əm	중단, 지불 유예	9754
명	mortification mɔr.ti.fik.eiʃ.n	굴욕	9755
동	mortify mɔr.ɛt.faɪ	억제하다, 굴욕을 주다	9756
동	mourn mɔrn	슬퍼하다	9757
형	mournful mɔrn.fəl	슬픈	9758
명	mummy mʌ.mi	미이라	9759
형	mundane mʌn.dein	속세의, 평범한	9760
명	municipality mju.nɪ.sə.pæ.lə.ti	지방 자치제	9761
형	municipal mju.nɪ.səp.l	지방 자치제의	9762
형	murky mɜk.i	어두운	9763
명	mustache mə.stæʃ	콧수염	9764
동	muster mʌ.stər	모으다	9765
동	mutilate mju.tə.let	훼손[절단]하다	9766
형	myopic maɪɑ.pɪk	근시의, 근시안적인	9767
동	nominate nɑ.mə.net	지명[임명]하다	9768
형	nominal nɑ.mən.l	명목상의, 아주 적은	9769
명	nomination nɑ.mə.neiʃ.n	지명, 임명	9770
명	nominee nɑ.mə.ni	피지명자	9771
명	nostalgia nɔ.stæl.dʒə	그리움	9772
명동	notch nɑtʃ	단계, 홈(파다)	9773
명	oath ouθ	맹세, 서약	9774
명	obituary obɪ.tʃu.e.ri	부고	9775

형	obsolete ɑb.sə.lit	구식의	9776
명	obstruction əb.strək.ʃn	방해(물), 차단	9777
동	obstruct əb.strəkt	방해[차단]하다	9778
형	obstructive əb.strək.tɪv	방해하는	9779
명	ombudsman ɑm.bədz.mən	고충처리원	9780
명	omnibus ɑm.nə.bəs	모음집	9781
전	on behalf of ɑn.bə.hæf.ʌv	~을 대신하여	9782
동	ooze uz	흘러나오다	9783
명	ordeal ɔr.dil	시련	9784
명동	ornament ɔr.nə.mənt	장식(하다)	9785
형	ornamental ɔr.nə.men.tl	장식적인	9786
명	orphan ɔr.fn	고아	9787
명	orphanage ɔr.fə.nədʒ	고아원	9788
명	oscillation ɑ.sə.leɪʃ.n	진동	9789
동	oscillate ɑ.sə.let	진동[동요]하다	9790
동	overhaul oʊv.ə.hɔl	점검[추월]하다	9791
명동	overture oʊv.r.tjʊə	교섭(하다)	9792
형	palpable pæl.pəb.l	실재하는, 명백한	9793
동	pant pænt	헐떡이다	9794
형명	parallel pe.rə.lel	평행(의), 유사(한)	9795
명	parchment part.ʃmənt	양피지	9796
명	parenthesis pə.ren.θə.sɪs	괄호, 삽입구	9797
명	parody pe.rə.di	흉내, 풍자	9798
명	parole pəroʊl	가석방	9799
명동	patrol pətroʊl	순찰(하다)	9800

명	pawn /pɔn/	담보	9801
명	pebble /peb.l/	조약돌	9802
명	pedagogy /pe.də.go.dʒi/	교육학	9803
형	pedagogical /pe.də.gu.dʒik.əl/	교육상의	9804
동	peel /pil/	벗기다	9805
형	pejorative /pə.dʒɔ.rə.tɪv/	경멸적인	9806
형	penniless /pe.ni.ləs/	무일푼의	9807
형	perverse /pər.vɜs/	괴팍한, 고집센	9808
명동	pervert /pɜ.vərt/	왜곡하다, 변태	9809
명동	petition /pə.tɪʃ.n/	청원[탄원](하다)	9810
명	pill /pɪl/	알약	9811
명	plagiarism /pleɪ.dʒɔ.rɪ.zəm/	표절	9812
명	plea /pli/	애원, 변명	9813
동	plead /plid/	애원[변호]하다	9814
명동	plow /plaʊ/	쟁기, 갈다	9815
명	furrow /fɜ.oʊ/	고랑, 주름	9816
명	monopoly /mə.nu.pə.li/	독점	9817
명	polygamy /pə.li.gə.mi/	일부다처제	9818
동	postulate /pɑs.tʃə.leɪt/	상정[가정]하다	9819
명	prairie /pre.ri/	대초원	9820
명	prank /præŋk/	장난	9821
동	preach /pritʃ/	설교[전도]하다	9822
명	precursor /prik.ɜ.sər/	선구자	9823
명	predicament /prə.dɪk.ə.mənt/	곤경	9824
명	prerogative /pri.ru.gə.tɪv/	특권	9825

품사	단어	뜻	번호
명	prestige (pre.stiʒ)	명성, 명문, 일류	9826
형	prestigious (pre.sti.dʒəs)	명문의, 일류의	9827
형	prodigal (pra.dɪg.l)	낭비하는	9828
명	prophet (pra.fət)	예언자	9829
명	prophecy (pra.fə.si)	예언	9830
명	quarry (kwɔ.ri)	채석장, 사냥감	9831
형명	queer (kwɪr)	특이한, 동성애자	9832
명동	queue (kju)	줄(서다)	9833
형	oblique (ə.blik)	비스듬한, 간접적인	9834
명	quotation (kwoʊ.teɪʃ.n)	인용문	9835
명	quota (kwoʊ.tə)	할당, 한도	9836
명동	quote (kwoʊt)	인용[예시]하다, 견적	9837
명동	ransom (ræn.səm)	몸값(을 요구하다)	9838
명	rapture (ræp.tʃər)	황홀	9839
동	rebate (ri.beɪt)	부분 환불하다	9840
동	abate (ə.beɪt)	줄이다, 내리다	9841
명동	rebuke (ri.bjuk)	비난(하다)	9842
명	reel (ril)	실타래	9843
명	rehearsal (rə.hɜ.sl)	예행연습	9844
동	rehearse (ri.hɜs)	예행연습하다	9845
동	relish (re.lɪʃ)	즐기다	9846
명	remorse (rə.mɔrs)	후회	9847
명동	reproach (rɪproʊtʃ)	비난(하다)	9848
동	rescind (rə.sɪnd)	폐지[철회]하다	9849
명	respite (re.spɪt)	중지, 유예	9850

형	**retarded** rə.tɑr.dəd	지체된	9851
동	**retard** rə.tɑrd	감속하다	9852
형	**tardy** tɑr.di	늦은	9853
명	**retina** re.tə.nə	망막	9854
명·동	**retrospect** re.trə.spekt	회상[추억](하다)	9855
	in retrospect in.re.trə.spekt	돌이켜보면	9856
형	**retro** retro.ʊ	복고풍의	9857
명	**riddle** rɪd.l	수수께끼	9858
명	**brim** brɪm	가장자리, 가득	9859
명	**rim** rɪm	가장자리, 테	9860
명·형·동	**trim** trɪm	다듬다, 정돈(된)	9861
명	**riot** raɪət	폭동	9862
형	**roar** rɔr	으르렁대다, 요란한	9863
명	**rod** rɑd	회초리, 막대	9864
동	**roil** rɔɪl	휘젓다	9865
동	**rotate** roʊ.teɪt	회전[교대]하다	9866
명	**rotation** roʊ.teɪʃ.n	회전, 교대	9867
형	**rotary** roʊ.tə.ri	회전하는	9868
형	**rotten** rɑt.n	썩은	9869
명·동	**rot** rɑt	썩다, 부패	9870
명	**rubbish** rʌ.bɪʃ	쓰레기	9871
형·명	**ruminant** ru.mə.nənt	명상하는, 반추 동물	9872
형	**ruthless** ruθ.ləs	무자비한	9873
명	**sabotage** sæ.bə.tɑʒ	파괴	9874
형	**insane** in.seɪn	정신 나간, 미친	9875

형	sane seɪn	제정신인	9876
명	sanity sæ.nə.ti	제정신	9877
명	scaffold skæfoʊld	처형대, 발판	9878
명·동	slander slæn.dər	비방(하다)	9879
명	scandal skæn.dl	추문, 수치, 비방	9880
형	scanty skæn.ti	부족한	9881
동	scour skaʊər	닦다, 찾다	9882
명	scourge skɜːdʒ	재앙, 채찍	9883
동	screw up skruː.ʌp	망치다	9884
동	sear sɪr	그을리다	9885
형	secular se.kjə.lər	속세의	9886
명	session seʃ.n	회의, 기간	9887
명	shelf ʃelf	선반	9888
동	shelve ʃelv	보류하다, 선반에 두다	9889
형	shrewd ʃruːd	재빠른, 교활한	9890
형	shrill ʃrɪl	날카로운	9891
동	shrug ʃrʌg	으쓱하다	9892
동	shrug off ʃrʌg.ɔf	무시하다	9893
동	shuffle ʃʌf.l	섞다	9894
명·동	siege siːdʒ	포위(하다)	9895
명	silhouette sɪ.lə.wet	윤곽	9896
부	silly sɪ.li	어리석은	9897
명	silo saɪloʊ	저장고	9898
동	skim skɪm	훑다	9899
형	slender slen.dər	날씬한, 가느다란	9900

형	**slim** slɪm	날씬한, 얇은	9901
명·동	**sling** slɪŋ	던지다, 새총, 팔 붕대 ③ sling | slung | slung	9902
형	**sloppy** slɑ.pi	엉성한, 더러운	9903
형	**sly** slaɪ	교활한	9904
명·동	**smear** smɪr	얼룩, 더럽히다	9905
동	**smother** smʌ.ðər	억누르다, 질식시키다	9906
동	**smuggle** smʌg.l	밀수하다	9907
동	**sneak** snik	몰래 가다	9908
명	**souvenir** su.və.nɪr	기념품	9909
명	**span** spæn	기간, 간격, 한 뼘	9910
명	**sparkle** spɑrk.l	쾌활, 불꽃	9911
명·동	**spark** spɑrk	불꽃, 불붙다	9912
명	**spoonful** spun.ful	한 숟갈	9913
형	**spurious** spjʊ.riəs	가짜의	9914
명·동	**stack** stæk	무더기, 많음, 쌓다	9915
형	**stale** steɪl	상한, 진부한	9916
명	**stall** stɔl	가판대, 마구간	9917
명	**stamina** stæ.mə.nə	체력	9918
명	**stationery** steɪ.ʃə.ne.ri	문구점	9919
명·동	**stink** stɪŋk	악취(나다) ③ stink | stank | stunk	9920
명	**stool** stul	의자, 변기	9921
동	**stroll** stroʊl	거닐다	9922
형	**sturdy** stɝ.di	튼튼한	9923
형	**stocky** stɑk.i	단단한, 튼튼한	9924
형	**stout** staʊt	뚱뚱한, 튼튼한	9925

동	**submit** səb.mɪt	제출[복종]하다	9926
형	**submissive** səb.mɪ.sɪv	복종하는	9927
동	**summon** sʌ.mən	소환[소집]하다	9928
명	**summit** sʌ.mɪt	정상(회담)	9929
형	**surreptitious** sʌ.rəp.tɪ.ʃəs	은밀한	9930
명동	**swap** swɑp	교환(하다)	9931
동	**swerve** swɜv	빗나가다, 이탈하다	9932
명동	**swindle** swɪn.dl	사기(치다)	9933
명	**syllabus** sɪ.lə.bəs	강의 요강, 시간표	9934
명동	**taboo** tæ.bu	금기(하다)	9935
형	**taciturn** tæ.sə.tɜrn	과묵한	9936
명동	**tally** tæ.li	일치하다, 기록, 계산	9937
동	**tamper** tæm.pər	조작[간섭]하다	9938
명	**tattoo** tæ.tu	문신	9939
동	**taunt** tɔnt	조롱하다	9940
명	**tempest** tem.pəst	폭풍	9941
명	**tenant** te.nənt	세입자, 소작농	9942
명	**tenure** te.njər	재직, 보유	9943
명	**tenet** te.nət	교리, 신조	9944
형	**tenuous** te.njə.wəs	미약한, 얇은	9945
형	**tepid** te.pəd	미지근한	9946
명동	**tether** te.ðər	묶다, 밧줄	9947
동	**thwart** θwɔrt	방해[반대]하다	9948
동	**tickle** tɪk.l	간지럽히다	9949
형	**tidy** taɪ.di	단정한	9950

형	**untidy** ʌn.taɪd.i	단정치 못한	9951
명	**tier** tir	단계	9952
형	**timber** tɪm.bər	목재	9953
명	**tint** tɪnt	색조, 염색	9954
명동	**toil** tɔɪl	애쓰다, 고역	9955
명	**token** toʊkən	표시, 이용권	9956
명	**treason** triz.n	반역죄	9957
명	**traitor** treɪ.tər	반역자, 배신자	9958
형	**trite** traɪt	진부한	9959
명	**trousers** traʊ.zərz	바지	9960
명	**trunk** trəŋk	줄기, 여행 가방	9961
명	**tow** toʊ	당기다, 견인차	9962
명	**in tow** ɪn.toʊ	뒤따르는	9963
동	**tug** təg	당기다	9964
명	**tug-of-war** təg.əv.wɔr	줄다리기	9965
명	**tumor** tu.mər	종양	9966
형	**ultra** ʌl.trə	초-, 극단의	9967
동	**unravel** ʌn.ræ.vəl	풀다, 해결하다	9968
명	**upheaval** əp.hi.vəl	격변	9969
명	**urine** jʊr.ən	소변	9970
명동	**usher** ʌ.ʃər	인도하다, 안내인	9971
명	**vandalism** væn.də.lɪ.zəm	반달리즘 *문화재 파괴	9972
명	**vault** vɒlt	금고, 뛰어넘기	9973
명	**vector** vek.tər	경로, 방향량	9974
명	**velocity** və.lɑ.sə.ti	속도	9975

형	venerable ve.nə.rəb.l	존경할 만한	9976
명	verge vɜrdʒ	경계, 변두리	9977
	on the verge of ʌn.ðə.vɜrdʒ.ʌv	~하기 직전에	9978
명	veto vito.ʊ	거부권	9979
동	vex veks	괴롭히다	9980
동	wade weɪd	(힘겹게) 걷다, 훑어보다	9981
명	waiver weɪ.vər	포기	9982
동	waive weɪv	포기[면제]하다	9983
명	wax wæks	밀랍	9984
명동	wedge wedʒ	쐐기(를 박다)	9985
명동	weld weld	용접(하다)	9986
명	whim wɪm	변덕	9987
형	whimsical wɪm.zɪk.l	변덕스런	9988
동	whine waɪn	흐느끼다, 투덜대다	9989
동	whimper wɪm.pər	훌쩍이다	9990
명동	whip wɪp	채찍(질하다)	9991
동	whisk wɪsk	휘젓다	9992
명	wig wɪg	가발	9993
명동	yawn jɒn	하품(하다)	9994
명	yeast jist	효모	9995
명	zeal zil	열정	9996
형	zealous ze.ləs	열심인, 열렬한	9997
명	zenith θen.ɪθ	정점	9998
명	zinc zɪŋk	아연	9999
명동	zoom zum	확대[급증](하다)	10000